FLENSBURGER HEFTE

Depression

Aus dem Inhalt

Liebe Leserinnen und Leser!

Sie alle werden Gefühle der Niedergeschlagenheit, Traurigkeit und Verzweiflung aus eigener Erfahrung kennen, aber in welchem Verhältnis stehen diese Gefühle zu dem, was Psychologen und Psychiater als Depression bezeichnen? Was also ist eigentlich eine Depression? Wie entsteht sie? Welche verschiedenen Formen gibt es? Was kann man zu ihrer Heilung tun? Und was hat sie mit unserem alltäglichen Erleben zu tun? Als wir diesen und weiteren Fragen nachgingen, stießen wir auf eine Schwierigkeit, die uns schon bei der Vorbereitung des FLENSBURGER HEFTES 48 zum Thema „Angst" in ähnlicher Weise zu schaffen machte: Über die Beschreibung der Symptome hinaus ist unter den Fachleuten der verschiedenen Ausrichtungen und Arbeitsgebiete so gut wie keine Einigkeit zu erzielen. Das heißt, es ist leicht, die Symptome jeweiliger Depressionen zu benennen, aber jede Frage nach Klassen, Ursachen und Therapien führt in die babylonische Vielfältigkeit.

„Als Kern der depressiven Stimmung werden Gefühle von Niedergeschlagenheit, Verzweiflung, Aussichtslosigkeit genannt, sowie ein Interesseverlust an Befriedigung durch Ereignisse oder Aktivitäten, d.h. eine Art Lustlosigkeit, die es unmöglich macht, noch Befriedigung zu finden oder zu suchen. Aber daneben gibt es noch zahllose andere, mit dieser eng zusammenhängende Gefühlsmodalitäten wie ein negatives Selbstwertgefühl, das sich in Schuld und Minderwertigkeitsgefühlen äußert, Kraft und Machtlosigkeit, die manchmal auch körperlich erlebt werden, Anspannung und Angst im Angesicht einer aussichtslosen Situation, die Erwartung, im Stich gelassen zu werden, im Bewußtsein, selbst zu wenig zu bieten." (Albersnagel, Franz/Emmelkamp, Paul/Hoofdakker, Rudi: Depression. Göttingen/Stuttgart 1993, S.21)

In hemdsärmeliger Manier könnte man sagen, daß eine Depression einfach dadurch entsteht, daß bestimmte Anteile des alltäglichen Seelenlebens die – mitunter erdrückende – Überhand über alle anderen gewinnen und dadurch die normale Ausgeglichenheit verlorengeht. Im Seelenleben eines depressiven Menschen erklingt nur noch eine Saite, alle anderen sind scheinbar gerissen oder zumindest gedämpft. Wenn die Niedergeschlagenheit den Charakter allen Denkens, Fühlens und Wollens über längere Zeit bestimmt, wenn alle Farbigkeit verlorengeht und alles nur noch Grau wird, dann wird man von einer Depression sprechen. Konkret kann sich diese Vereinseitigung in ganz verschiedener Weise zeigen:

„Wenn jemand sich ‛einfach so' unglücklich fühlt; wenn eine Frau sich Jahre nach dem Verlust ihres Mannes noch stets traurig und einsam fühlt, im übrigen aber gut funktioniert; wenn jemand augenscheinlich ohne Anlaß im Lauf einiger Tage verzweifelt zu dem Schluß kommt, daß er dem Bettelstab verfallen ist, obwohl er ein gutes Einkommen hat; wenn jemand hartnäckige Verstopfung hat, kaum mehr schläft, ernsthaft abmagert, aber mit lustloser Stimme jegliche Sorge oder Kummer abstreitet; oder wenn jemand in seinem Leben Perioden von tiefer Niedergeschlagenheit und unbändiger Heiterkeit kennt, während er in den Intervallen dazwischen völlig normal funktioniert –, dann ist in allen diesen Fällen die Wahrscheinlichkeit groß, daß sowohl im häuslichen Kreis als auch unter Fachleuten die Ausdrücke 'depressiv' oder 'manisch-depressiv' fallen." (Albersnagel/Emmelkamp/Hoofdakker: Depression, a.a.O., S.19)

Mit dem vorliegenden FLENSBURGER HEFT möchten wir Verständnishilfen für die Zeitkrankheit Depression geben, indem wir darstellen, wie sich Depressionen äußern und wie groß die Spannweite depressiver Verstimmungen sein kann – von einer leichten Verstimmung, die zwar das Lebensgefühl beeinträchtigt, aber die Betroffenen kaum an der Erfüllung ihrer täglichen Pflichten hindert bis zu schweren, psychiatrisch relevanten Fällen, die aus eigenem Antrieb so gut wie keine Aktivität mehr entfalten können. Wir wollen Wege aufzeigen, wie man sich die Entstehung einer Depression erklären und wie betroffenen Menschen geholfen werden kann. Ärzte, Psychologen, Psychotherapeuten und Psychiater kommen zu Wort und vermitteln jeweils ihre Sicht des Phänomens Depression. Immer wieder wird deutlich, daß Depressive häufig in einen Teufelskreis geraten sind, aus dem sie sich selbst kaum befreien können, wenn sie nicht jemanden finden, der sie in ihrem Kummer und Schmerz ernst nimmt.

Es grüßt Sie
Ihre
FLENSBURGER HEFTE-Redaktion

Zu den Steiner-Zitatangaben in den FLENSBURGER HEFTEN: Die GA-Nummern beziehen sich auf die jeweilige Bibliographie-Nummer der Rudolf Steiner Gesamtausgabe im Rudolf Steiner Verlag, Dornach/Schweiz. Danach sind in der Regel das Erscheinungsjahr der benutzten Ausgabe, das Vortragsdatum bzw. Kapitel und die Seitenzahl angegeben, von der Autor-, Titel- und Ortsnennung wird abgesehen. Nach Bibliographie-Nummern geordnet ist die Rudolf Steiner Gesamtausgabe im Katalog des Rudolf Steiner Verlags aufgeführt. Der Katalog ist durch den Buchhandel erhältlich.

Teufelskreis Depression

Interview mit Martin Hautzinger

von Thomas Höfer

Prof. Dr. Martin Hautzinger, *Studium in Bochum und Berlin, anschließend Assistent am Institut für Psychologie der Freien Universität Berlin in der Abteilung für Klinische Psychologie. 1980 Promotion zum Thema „Depressive und ihre Sozialpartner". Danach zweijährige Auslandsaufenthalte in Philadelphia und Eugene, Oregon. Ab 1984 Assistent in der Fachgruppe Psychologie der Universität Konstanz. Dort Habilitation mit Untersuchungen zur „Bewältigung von Belastungen und antidepressivem Verhalten".*

Verschiedene Forschungsprojekte zur Wirksamkeit von kognitiver Verhaltenstherapie. Seit 1990 Professor am Psychologischen Institut der Universität Mainz. Enge Kooperation mit der Psychiatrischen Universitätsklinik und verschiedenen anderen (psychosomatischen) Fachkliniken. Arbeitsschwerpunkte sind Depressionen, Angststörungen, Zwänge, Suchtmittelabhängigkeit, chronische Schmerzen und Psychoserisiken. – Zahlreiche Veröffentlichungen, von denen nur ein Buch zum Thema herausge-

hoben sei: „Kognitive Verhaltenstherapie bei Depressionen. Behandlungsanleitungen und Materialien" (zus. mit W. Stark u. R. Treiber), Weinheim 1994.

Im diesem Interview mit Martin Hautzinger werden unter anderem folgende Fragen erörtert: Was ist eine Depression? Wie entsteht sie? Wie kann man verschiedene Formen der Depression unterscheiden? Welche Möglichkeiten der Behandlung stehen heute zur Verfügung? In das Interview sind außerdem Übersichten und Fallbeispiele eingestreut, die das Gesagte zusammenfassen, ergänzen und illustrieren, so daß ein umfassender, einleitender Überblick zum Thema gegeben wird. Darüber hinaus wird auf die sogenannte kognitive Verhaltenstherapie bei Depressionen näher eingegangen, eine Therapieform, die sich insbesondere bei depressiven Störungen als sehr wirksam erwiesen hat.

Thomas Höfer: Was ist eigentlich eine Depression im klinischen Sinne?

Martin Hautzinger: So einfach die Frage klingt, so schwer ist sie zu beantworten. Jeder Mensch kennt aus eigener Erfahrung Gefühle der Niedergeschlagenheit, Traurigkeit und Verzweiflung. Das sind ganz normale Emotionen, die je nach Anlaß auch sehr heftig ausfallen können. Wenn ein Mensch z.B. extrem niedergeschlagen und traurig ist, weil er nach langjähriger erfüllter Ehe seinen Lebenspartner verliert, so wird niemand diesen Zustand als abnorm oder krankhaft bezeichnen, selbst wenn er längere Zeit andauert. Das heißt, im Leben jedes Menschen kann es durch entsprechende Lebensumstände zu Phasen extremer Niedergeschlagenheit kommen.

Solche Zustände nun von krankhaften, klinisch relevanten Fällen abzugrenzen ist im Grunde nach wie vor eine ungelöste Aufgabe, die immer wieder diskutiert wird. In der Praxis hilft man sich durch eine pragmatische Setzung. Man spricht dann von einer klinisch relevanten, therapiebedürftigen Depression, wenn eine gewisse Anzahl an Symptomen vorliegt, die über einen gewissen Zeitraum andauern. Die verschiedenen Symptome, die bei einer Depression auftreten können, werden dabei in sechs Gruppen eingeteilt. Aus diesen sechs Gruppen müssen fünf Symptome über einen Zeitraum von mindestens zwei Wochen nachweisbar sein – und zwar zeitgleich –, damit man von einer ernsten, behandlungsbedürftigen Depression reden kann, deren Therapiekosten dann auch von der Krankenkasse übernommen werden.

Symptome

T.H.: Was sind das für Symptomgruppen?

M. Hautzinger: In die erste Gruppe gehören die *affektiven* Symptome, also Traurigkeit, Niedergeschlagenheit, Angst usw. Als nächstes kommen *motivatio-*

nale Symptome wie Interesse-, Willens- und Ziellosigkeit sowie Lethargie. Dann gibt es Symptome, die die *Motorik* betreffen. Die Betroffenen kommen nicht mehr in die Gänge, müssen sich zwingen, überhaupt etwas zu tun, leiden also unter Antriebsmangel. Oder sie sind extrem nervös und hektisch, das kommt ebenfalls vor.

Andere Symptome stammen aus dem *kognitiven* Bereich. Depressive Menschen neigen z.B. dazu, sich abzuwerten und sich selbst schlechtzumachen. Sie erleben ihre Umwelt als feindlich und ablehnend und haben überhaupt keine Hoffnung, daß in Zukunft eine Besserung eintreten könnte.

Weiterhin kann man an Depressiven Symptome beobachten, die das *Interaktionsgeschehen* betreffen, also den Umgang mit anderen Menschen. Sie meiden in der Regel Kontakt zu anderen, sie ziehen sich zurück und begeben sich in eine selbstgewählte Isolation. Oder aber sie klagen viel und fallen anderen Menschen dadurch auf den Wecker, daß sie ständig betonen, wie schlecht es ihnen geht.

Symptome bei depressiven Störungen

- Depressive, gedrückte Stimmung
- Sichtbare Verringerung des Interesses oder Vergnügens an allen oder beinahe allen Aktivitäten
- Unvermögen, auf gewöhnlich angenehme Reize zu reagieren
- Wahnvorstellungen und/oder Halluzinationen, deren Inhalt zur depressiven Stimmung paßt und die den negativen Gefühlen über die eigene Person, Situation, Gesundheit und Zukunft entsprechen
- Unbeabsichtigte Gewichtsab- oder zunahme oder Ab- oder Zunahme des Appetits
- Schlafstörungen (zuviel schlafen müssen oder nicht genug schlafen können)
- Depressive Gefühle sind morgens am stärksten (Morgentief)
- Psychomotorische Gehetztheit oder Gehemmtheit, die auch von anderen beobachtet werden kann
- Müdigkeit und Energieverlust, Verminderung des Antriebes
- Gefühle von Wertlosigkeit, ernsthafte, aber unangemessene Schuldgefühle, unangemessen pessimistische Beurteilung der eigenen Situation
- vermindertes Selbstwertgefühl und Selbstvertrauen
- Verringerung des Denkvermögens oder der Konzentrationsfähigkeit, Entschlußlosigkeit
- Gefühle von Verzweiflung, Selbstverletzungen, Selbstmordgedanken, Selbstmordversuch

(Nach: Albersnagel/Emmelkamp/Hoofdakker, S.25–27)

Schließlich gibt es noch eine Reihe von *somatischen* Symptomen wie Schlaf-störungen, sexuelle Antriebslosigkeit, Appetitmangel, Gewichtsverlust. Somati-sche Beschwerden kommen bei Depressiven häufig vor, teilweise stehen sie sogar im Vordergrund. – Die Gruppe schwerer *psychotischer* Störungen, die auch noch zu nennen wäre, lasse ich jetzt außen vor, da es sich hier um Extremfälle handelt.

T.H.: Wenn nun aber nur vier oder gar nur drei oder zwei Symptome nach-weisbar sind, dafür aber über einen viel längeren Zeitraum? Würde man dann nicht von einer Depression sprechen?

M. Hautzinger: Doch, das wäre eine andere Form der Depression. Wenn nur zwei oder drei Symptome über einen Zeitraum von einem oder mehreren Jahren vorliegen, würde man von einer *chronischen* Depression sprechen.

Chronische Depressionen sind im aktuellen Erleben der Betroffenen nicht so heftig wie bei der vorhin geschilderten Gruppe, dafür aber sind sie dauernd anwesend. Chronisch Depressive fühlen sich ständig verstimmt, sind trübsinnig, leicht niedergeschlagen und lassen sich schnell entmutigen. Ab und zu gibt es Zeiträume von wenigen Wochen, in denen es ihnen besser geht, aber dann fallen sie in ihre bedrückte Stimmung zurück.

Eine dritte Gruppe will ich dann auch gleich nennen, die sogenannte *bipolare* Depression, in der sich depressive mit manischen Phasen abwechseln. Die de-pressive Phase unterscheidet sich nicht von anderen Formen der Depression, sie ist aber durch Phasen unterbrochen, in denen die Betroffenen sehr euphorisch und überaktiv werden.

Diese Einteilung ist übrigens nur eine von vielen Möglichkeiten, mit dem Symptomreichtum bei Depressionen fertigzuwerden. Auch wenn sie auf einem weitgehenden Konsens zwischen Klinikern verschiedener Schulen beruht, wer-den einige damit nicht einverstanden sein und andere Klassifikation vornehmen.

Depressive Episode, einmalig, mit somatischen Merkmalen

„Herr B., 62 Jahre, verheiratet, wurde auf Drängen seiner Frau und Empfehlung des Hausarztes in einem psychiatrischen Zentrum aufgenommen (geschlossene Abteilung). Herr B. ist 'ein Baum von einem Mann', der bis vor drei Jahren einen großen Betrieb mit Milchvieh führte. Mit 59 Jahren hat er sich nach einem schweren Herzanfall aus dem Betrieb zurückgezogen. Seitdem wird dieser von einem Geschäftsführer geleitet. Bis vor einem halben Jahr, als der Betrieb verkauft wurde, wohnte Herr B. in seinem daneben gelegenen Haus. Jetzt wohnt er schon ein halbes Jahr in einem hübschen Bungalow in einem Pendlerstädtchen. Das Ehepaar B. hat drei Kinder, zwei Töchter und einen Sohn. Die älteste Tochter ist mit ihrem Mann nach Australien ausgewandert. Die jüngste ist verheiratet mit

dem Filialleiter einer Bank. Aus dieser Ehe stammen auch zwei Töchter und ein Sohn; dieser Sohn, der Enkel von Herrn B., hatte einen tödlichen Autounfall. Der Sohn von Herrn B. ist das 'schwarze Schaf' der Familie. Nach einer gescheiterten Schul- und Ausbildungslaufbahn ist er inzwischen Besitzer eines florierenden Tanzcafés. Von Kindheit an empfand er nichts für den Betrieb seines Vaters. Herr B. hat nicht mehr viel Kontakt zu seinem Sohn. Obwohl Herr B. immer ein etwas in sich gekehrter Mensch war, hat er sich in den letzten Wochen auffallend zurückgezogen. Dabei ist er sehr reizbar und bedrückt. Er wird morgens jetzt schon um 4 Uhr wach (normal gegen 8 Uhr) und kann dann nicht mehr einschlafen. Obwohl er sich müde und kraftlos fühlt, hat sein Schlafbedürfnis abgenommen. Morgens ist seine Bedrücktheit am stärksten. Er kann dann stundenlang in seinem Stuhl sitzenbleiben, ohne auf etwas oder jemanden zu reagieren. Von Zeit zur Zeit wird er körperlich sehr unruhig und läuft rastlos im Haus herum. Manchmal wird er über eine Kleinigkeit zornig und läuft böse weg. Unlängst ist er in so einem Anfall mit dem Auto weggefahren und bekam eine Strafe wegen rücksichtslosen Fahrens. Er hat keinen Appetit mehr und hat in den letzten Monaten ca. 10 kg abgenommen. Während der Gespräche hier scheint er mit seinen Gedanken nicht immer anwesend zu sein und schneidet manchmal völlig neue Themen an, immer mit einem Unterton und tiefer Niedergeschlagenheit und Suizidalität. 'Und dann lief ich neben dem tiefen, dunklen Wasser, das so ruhig und anziehend aussah.' 'Manchmal fühle ich mich wie ein Stück Holz.' Er äußert auch Schuldgefühle über die Laufbahn seines Sohnes. Wenn er danach gefragt wird, kann Herr B. gut den Unterschied zwischen seiner Trauer aus Anlaß des Todes seines Enkels vor eineinhalb Jahren und seinem heutigen Gemützstand beschreiben. [...]
Herr B. macht einen ausgesprochen erloschenen Eindruck, wie er so mit fahlem, unrasiertem Gesicht und gebeugtem Kopf in seinem Morgenmantel über die Abteilung schlurft. Seine Augen sind matt, und seine Bewegungen und sein Gesicht strahlen Mattigkeit aus. Er ist mager und sieht viel älter aus als 62. Von Zeit zu Zeit ist er sehr irritiert und aufbrausend, z.B. wenn er morgens ermahnt wird, aus seinem Bett zu kommen oder wenn er gebeten wird, sich zum Essen an den Tisch zu setzen. Im Kontakt ist er wenig entgegenkommend. Manchmal macht er einen sehr vergeßlichen und desorientierten Eindruck. [...]
Herr B. reagierte gut auf trizyklische Antidepressiva. Alle Beschwerden und Symptome verschwanden, auch die Vergeßlichkeit und die Orientierungslosigkeit. Im Anschluß an die Medikation fanden Ehepaargespräche statt, die sich auf die Verbesserung der Kommunikation untereinander und die (Frei)Zeitplanung – gemeinsam und getrennt – bezogen. Während der Aufnahme verbesserte sich auch der Kontakt mit dem Sohn. Die Partnergespräche wurden nach der Entlassung noch einige Zeit ambulant fortgeführt. Bis heute (10 Jahre danach) fand keine Wiederaufnahme statt."
(Albersnagel/Emmelkamp/Hoofdakker, S.29–31)

Die diagnostische Verwirrung

T.H.: Das Problem, das Sie eben anschnitten, begegnet einem sofort, wenn man sich in die Literatur zum Thema einarbeitet. Man stößt dort auf eine Vielzahl an Begriffen und Einteilungssystemen, die man nicht in Übereinstimmung bringen kann und die zusammen eher Verwirrung stiften, als Klarheit bringen. Woran soll man sich halten, wenn man sich einfach um ein Verständnis des Phänomens Depression bemüht?

M. Hautzinger: Zunächst kann man sagen, daß die Einteilung in *unipolare* und *bipolare* Depression heute weltweit unumstritten ist. Von einer unipolaren Depression spricht man, wenn nur depressive Symptome vorliegen, bei einer bipolaren Störung kommen im Wechsel noch die manischen Symptome hinzu. Wenn eine Depression das erste Mal auftritt, kann man zwar nicht sagen, ob es sich um eine unipolare oder bipolare Störung handelt, so daß auch hier eine gewisse Unsicherheit in der Diagnostik besteht. Aber wenn drei depressive Phasen nacheinander aufgetreten sind, ohne daß es zu einer manischen Phase gekommen wäre, kann man eine bipolare Störung fast ausschließen.

Weiter ist es sinnvoll, in beiden Gruppen zwischen einer *episodisch-akuten* und einer *chronischen* Verlaufsform zu unterscheiden. Die erste Form der Depression, die ich schilderte, wäre episodisch: fünf Symptome über einen Zeitraum von zwei Wochen. Es gibt einen mehr oder weniger klaren Beginn, und die Beschwerden klingen auch wieder ab. Man spricht hier auch von einer *Major depression.*

Bei der chronischen Verlaufsform einer unipolaren Depression spricht man heute von einer *Dysthymie.* Der Patient hat nur zwei oder drei Symptome, aber die erstrecken sich dafür über Jahre. Früher bezeichnete man diese Form auch als *neurotische* Depression.

Handelt es sich um eine bipolare Störung, deren einzelne Phasen nicht extrem ausgeprägt sind, so spricht man von einer *Zyklothymie.* Es ist zwar ständig ein Auf und Ab in den Stimmungslagen zu beobachten, aber die Phasen sind nicht ausgesprochen depressiv oder manisch. Dafür ist die Störung chronisch.

Diese Einteilung findet sich heute sowohl im amerikanischen System – dem DSM-III-R oder DSM-IV[1] – wie auch im europäischen bzw. WHO-System – dem ICD-10[2]. In den einzelnen Gruppen gibt es natürlich immer noch Untergruppen. Außerdem gibt es noch andere affektive Störungen, Anpassungsstörungen etwa, die man früher *reaktive* Depression nannte.

---

1. Diagnostic and Statistical Manual of Mental Disorders der American Psychiatric Association.
2. International Classification of Diseases der Weltgesundheitsorganisation (WHO).

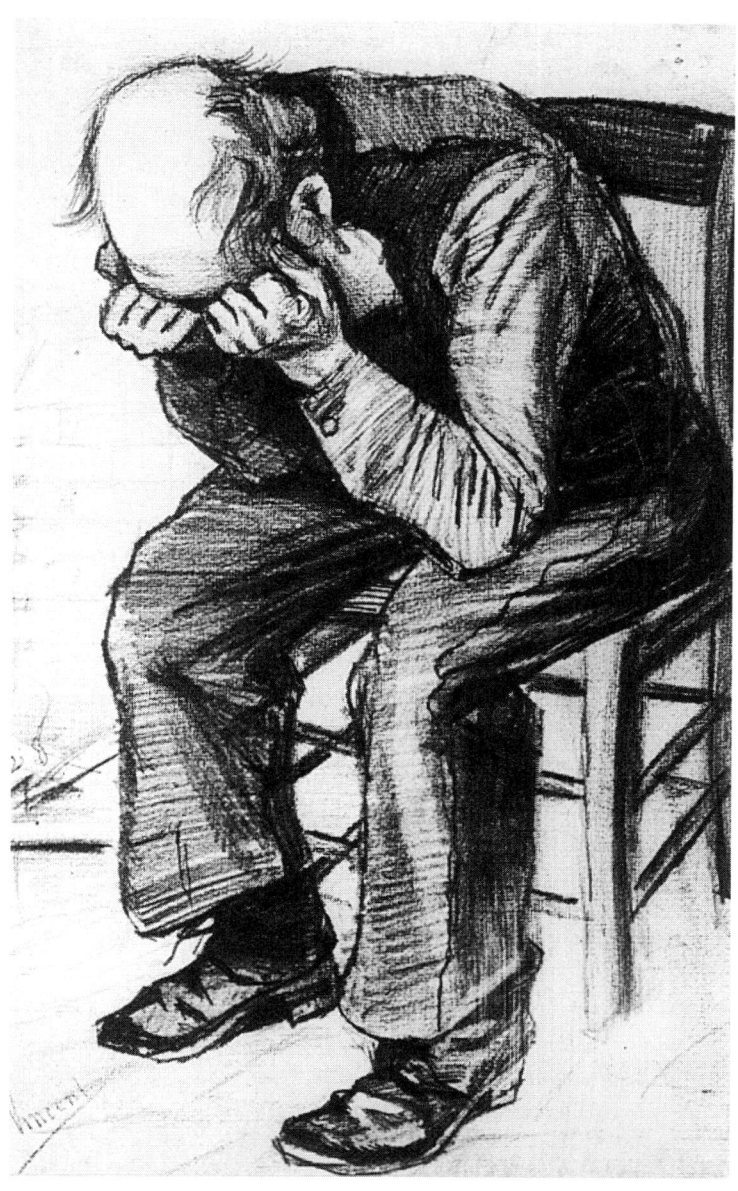

Vincent van Gogh, Alter Mann in Kummer, 1882
Amsterdam, Rijksmuseum Vincent van Gogh

Verschiedene Einteilungen von Depressionen

endogen – neurotisch (reaktiv)
Wenn eine Depression als endogen bezeichnet wird, geht man davon aus, daß ihre Ursachen im Menschen selbst, im Körperinnern zu suchen seien. Äußerlich auslösende Faktoren (Verlusterlebnisse, traumatisierende Schocks) sind nicht feststellbar.
Bei einer neurotischen oder reaktiven Depression hingegen werden äußere Umstände als depressionsauslösend gesehen. Die betroffene Person reagiere demnach auf bestimmte Ereignisse oder Lebenslagen mit einer depressiven Verstimmung.

psychotisch – neurotisch
Bei dieser Unterscheidung kommt es darauf an, ob der Betroffene nur an einer Stimmungsstörung leidet (neurotische Depression) oder ob außerdem noch wahnhafte Vorstellungen auftreten und der Bezug zur Realität verlorengegangen ist (psychotische Depression). Jemand kann z.B. an Schuldgefühlen leiden und wissen, daß sie im Grunde irrational sind. Oder aber er kann an Schuldgefühlen leiden, weil er der festen Überzeugung ist, den Tod seiner Mutter verschuldet zu haben, obwohl dies nachweislich nicht der Fall ist.

vital – personal
Bei einer vitalen Depression stehen somatische (körperliche) Beschwerden im Vordergrund, bei einer personalen Depression dagegen emotionale Symptome.

unipolar – bipolar
Diese Unterscheidung bezieht sich auf den Verlauf der Stimmungsstörung. Kommt es nur zu depressiven Symptomen, spricht man von einer unipolaren Depression, wechseln depressive mit manischen Zuständen handelt es sich um eine bipolare Depression. Dieses Begriffspaar ist das einzige, das heute noch in diagnostischen Manualen gebräuchlich ist.
(Vgl. Albersnagel/Emmelkamp/Hoofdakker, S.23 f.)

Begriffe wie *neurotische, reaktive* oder *endogene* Depression werden heute nicht mehr gern verwendet, weil sie immer schon auf bestimmte Ursachen hindeuten. Bei der endogenen Depression ging man z.B. davon aus, daß den Symptomen biologische Ursachen zugrunde liegen, ohne daß diese Annahme durch Fakten gesichert gewesen wäre. Aber die somatischen Beschwerden standen so sehr im Vordergrund, daß man einfach die Voraussetzung machte, es müsse eine biologische Ursache geben. Heute redet man in einem solchen Fall von einer depressiven Episode mit somatischen Beschwerden. Im Vordergrund stehen körperliche Beschwerden: Gewichtsverlust, Schlaf- und Appetitstörungen, fehlende Ansprechbarkeit, Schwankungen im Tagesverlauf usw. In den USA würde man von einer *Major depression with melancholie* sprechen.

Heute vermeidet man allgemein solche Begriffe, die eine Ursachenzuweisung vorwegnehmen und bemüht sich um operationalisierte Begriffe, die einfach eine Bezeichnung für bestimmte typische, beobachtbare Verläufe und Symptome sind. Der große Vorteil dabei ist, daß die Verständigung der Kliniker untereinander sehr viel einfacher geworden ist. Die Begriffe sind schulenunabhängig und international, dadurch ist die Übereinstimmung verschiedener Kliniker in der Diagnose sehr groß.

T.H.: Halten sich denn alle Ärzte und Psychologen, die mit psychischen Erkrankungen zu tun haben, an diese Art der Nomenklatur?

M. Hautzinger: Ja, doch Sie werden immer wieder Kliniker finden, die sich z.B. noch nach dem ICD-9 richten, dem ein inzwischen völlig veralteter Begriffsapparat zugrunde liegt. Die Übereinstimmung, von der ich eben sprach, gilt nur für die neueren diagnostischen Manuale, also das ICD-10 oder das DSM-IV.

Entstehung von Depressionen

T.H.: Wie entsteht eine Depression?

M. Hautzinger: Wenn Sie diese Frage verschiedenen Klinikern vorlegen, werden Sie keine einhellige Antwort bekommen. Kraß gesagt wäre es vermessen, wenn heute jemand behaupten würde, er kenne die Ursachen von Depressionen. Übereinstimmung wird man am ehesten mit der Feststellung erzielen, daß es für Depressionen nicht eine Ursache, sondern viele verschiedene Ursachen gibt. Vielleicht wird sich eines Tages zeigen, daß sich hinter dem Erscheinungsbild der Depression viele verschiedene Krankheiten verbergen, so daß man dann gar nicht mehr von *der* Depression sprechen wird, sondern von ganz unterschiedlichen Erkrankungen mit je eigenen Ursachen, die sich lediglich in ihrer Symptomatik ähneln. Heute ist man allerdings noch weit von einem Konsens entfernt, und der Streit um die Frage der Ursachen wird mitunter recht erbittert geführt.

T.H.: Welche Erklärungsmodelle sind denn heute von Bedeutung?

M. Hautzinger: Es gibt eine ganze Reihe von Hypothesen, die von genetischen, biologischen, biochemischen oder endokrinologischen Ursachen ausgehen. Andere nehmen an, daß ganz bestimmte Bereiche im Gehirn verantwortlich für die Entstehung von Depressionen seien. Wieder andere Hypothesen besagen, daß es im Körper besonders lichtempfindliche Substanzen gebe, die dann insbe-

Biomedizinische Annahmen über die Entstehung von Depressionen

Depressionen beruhen in einer extrem biomedizinischen Sicht letztlich auf anatomischen Defekten, chemischen Störungen oder physiologischen Dysfunktionen. Psychische Störungen sind demnach die Folge von physischen Prozessen.

Biochemisch

Depressionen beruhen in biochemischer Sicht auf einer Störung im Stoffwechsel bestimmter Neurotransmitter, chemischer Botenstoffe, die für den zellübergreifenden Informationsaustausch verantwortlich sind. Ein Mangel an Serotonin oder Noradrenalin oder ein Überschuß an Azetylchoalin, bestimmte Neurotransmitter, führen nachweislich zu einer depressiven Verstimmung.

Neuroendokrinologie

Depressionen entstehen hiernach durch die streßbedingte Ausschüttung von Hormonen oder hormonähnlichen Substanzen. Von besonderem Einfluß ist die „Achse limbisches System – Hypothalamus – Hypophyse – Nebennierenrinde", die im wesentlichen die hormonellen Prozesse im menschlichen Körper steuert.

Chronobiologie

Depressionen beruhen mitunter auf einer Störung der rhythmischen Prozesse im menschlichen Leben, z.B. des Wach-Schlafrhythmus. Einige Formen der Depression stehen offenbar in engem Zusammenhang mit jahreszeitlichen Schwankungen der Lichtmenge, so daß sie nur im Herbst oder Winter auftreten.

(Vgl.: Albersnagel/Emmelkamp/Hoofdakker, S.64–82)

sondere für die jahreszeitlichen Schwankungen in den Verläufen verantwortlich gemacht werden.

Neben diesen mehr biologisch orientierten Erklärungsmodellen gibt es noch eine ganze Reihe von psychologischen Hypothesen, die die Lerngeschichte, bestimmte Lebensereignisse, Kognitionen, das Interaktionsgeschehen usw. in den Mittelpunkt rücken.

Grundsätzlich lassen sich zwei große Richtungen unterscheiden. Die eine wird hauptsächlich von Psychiatern, Medizinern also, vertreten. Ihrer Meinung nach könne eine ernsthafte Depression letztlich nur biologische Ursachen haben und beruhe auf einer Stoffwechselstörung im Bereich der Rezeptoren oder Neurotransmitter im zentralen Nervensystem. Therapeutisch würde man unter diesen Voraussetzungen entweder mit Psychopharmaka arbeiten, oder man würde ab-

Cornelis Bloemaert nach Abraham Bloemaert (1564–1651), Melancholie

warten, bis sich der Stoffwechsel von allein wieder reguliert. Das wäre eine extrem biologisch orientierte Theorie.

In der gleichen Weise kann man eine extrem psychologisch orientierte Theorie entwickeln. Man würde dann annehmen, daß eine Depression einzig und allein auf die Lebensumstände der Menschen, auf negative Erfahrungen und belastende Situationen zurückzuführen sei, z.B. auf ungünstige Einflüsse im Elternhaus, eine zerrüttete Partnerschaft usw. Diese Faktoren würden eine Disposition bewirken, also eine verstärkte Anfälligkeit, und um die Depression dann ausbrechen zu lassen, bedürfe es nur eines geringen Anlasses.

Für beide Positionen gibt es Belege, die sie teilweise untermauern. Ich denke aber, daß die Anhänger beider Extrempositionen oft mit jeweils anderen Gruppen von Patienten gearbeitet haben. Sie haben unterschiedliche Diagnoseinstrumente benutzt und finden daher leicht die Voraussetzungen, von denen sie ausgehen, bestätigt. Extrem werden die Postionen erst dadurch, daß die Erfahrungen, die jeweils nur einen Teilbereich des Gesamtspektrums depressiv Erkrankter betreffen, verallgemeinert werden.

Körper und Seele wirken zusammen

T.H.: Wie gehen Sie mit diesen Gegensätzen um?

M. Hautzinger: Ich denke, daß eine ernsthafte Depression, also eine *Major depression,* eigentlich nicht denkbar ist, ohne daß sich im Stoffwechsel des zentralen Nervensystems Veränderungen nachweisen lassen. Man wird also immer auch eine Störung bei den Neurotransmittern finden, wenn man danach sucht. Die Frage ist nur, wie es zu dieser Störung kommt. Hier werden wahrscheinlich genetische, physikalische, biologische, psychische, psychosoziale und viele andere Faktoren in jeweils unterschiedlicher Weise zusammenwirken, sich gegenseitig beeinflussen und die Störung verursachen. Aber auch dies ist eine Spekulation, die zwar von vielen Kollegen geteilt wird, die sich aber gegenwärtig genauso wenig beweisen läßt wie andere Überzeugungen.

Für die Arbeit mit einzelnen Patienten ist dieses Modell allerdings viel zu komplex. Die Betroffenen wären völlig überfordert, wenn der Therapeut es ihnen erklären sollte. Da die Menschen aber wissen wollen, was bei ihnen vorliegt, muß der Therapeut eine Erklärung liefern. Das gelingt in der Regel auch, indem man mit dem Patienten gemeinsam Ursachen und Zusammenhänge – ich spreche allerdings lieber von Bedingungsgefügen – aufdeckt. Man stößt dann z.B. auf bestimmte Ereignisse, die den Betroffenen aus dem Gleichgewicht brachten, oder auf Verhaltensmuster, die sich wie ein roter Faden durch das

Psychosoziale Annahmen über die Entstehung von Depressionen

Den hier aufgeführten Deutungsansätzen ist gemeinsam, daß nicht physiologische Prozesse, sondern die Einflüsse der Umwelt und deren psychische Verarbeitung für die Entstehung von Depressionen verantwortlich gemacht werden.

Lebensereignisse
Einer Depression liegen mitunter langfristige Probleme oder belastende Lebensereignisse (Life-events) zugrunde, die nicht angemessen verarbeitet wurden. Allerdings führen bestimmte Lebensereignisse nicht zwingend bei jedem Menschen zu einer Depression. Eine Vorhersage ist daher nicht möglich.

Konditionierung
Diese Theorie geht davon aus, daß normales Verhalten von der Umgebung nicht hinreichend beachtet wird, d.h. der Mensch wird in diesem Verhalten nicht bestärkt. Auf Dauer unterbleibt daher dieses Verhalten, es kommt zu einer Aktivitätsverminderung, die in die Depression mündet. Dieser Mechanismus ist gut beobachtbar bei Menschen, die ihren Partner verloren haben. Der Partner „bildete z.B. einen Anlaß, gut zu kochen, daher auch gut einzukaufen, abzuwaschen, das Zimmer aufzuräumen etc. Und da das eine Verhalten notwendig ist, um das andere zu ermöglichen (Geld bei der Bank holen, um Einkäufe zu machen, um kochen zu können, um eine geliebte Person zu bewirten), fallen mit dem Verlust eines geliebten Menschen für den Zurückbleibenden oft eine Menge Verhaltensweisen weg." (Albersnagel/Emmelkamp/Hoofdakker, S.99)

Interaktionen
Interaktionsmodelle beschreiben die Entstehung und Aufrechterhaltung von Depressionen durch die Wechselwirkung zwischen dem Patienten und seiner Umgebung. Bestimmte Verhaltensmuster eines Menschen rufen im Umgang mit anderen Menschen entsprechende Reaktionen hervor. Ein Mensch zeigt z.B. wenige depressive Symptome. Diese rufen bei anderen Menschen negative Reaktionen hervor, die die depressive Stimmung verstärken. Das depressive Verhalten nimmt zu, die negativen Reaktionen nehmen zu usw. So kommt eine abwärts laufende Spirale in Gang, die in einer schweren Depression münden kann.
(Vgl.: Albersnagel/Emmelkamp/Hoofdakker, S.83–142)

ganze Leben ziehen. Oder man stellt fest, daß man gar keine speziellen Gründe entdecken kann, sondern daß die depressive Episode an einem Tag begann, eine gewisse Zeit anhielt und an einem anderen Tag wieder endete. Hier würde man dann eine biologische Ursache vermuten, ohne den Beweis für diese Vermutung erbringen zu können. Für den Einzelfall wird also eine Erklärung entwickelt, die für den Patienten und den Kliniker Sinn macht und mit der man arbeiten kann, die aber nicht zweifelsfrei beweisbar zu sein braucht.

T.H.: Letztlich ist aber doch die Erklärung, die im Einzelfall entwickelt wird, von der Sichtweise des Klinikers abhängig. Ein Lerntheoretiker wird eine andere Erklärung anbieten als ein Psychiater oder ein Verhaltenstherapeut.

M. Hautzinger: Das ist natürlich richtig, das wird man auch nicht ändern. Mir wäre nur sehr daran gelegen, wenn die Interaktion zwischen dem Stoffwech-

Depressive Episode mit psychotischen Merkmalen

„Herr C., 40 Jahre, verheiratet, zwei Kinder (eine 17jährige Tochter und 15jähriger Sohn) wurde über den Betriebsarzt in einem psychiatrischen Zentrum (geschlossene Abteilung) aufgenommen. Er arbeitet als Produktionsmitarbeiter in einer Maschinenfabrik im Dreischichten-Dienst. Unlängst hat er sich auf seinem Arbeitsplatz in der Toilette eingesperrt, wo er sich mit einem Stanley-Messer leichte Verwundungen an den Pulsadern zufügte. Man mußte die Tür der Toilette aufbrechen. Die ersten Tage auf der Abteilung macht er einen sehr verwirrten und außergewöhnlich ängstlichen Eindruck. Seine Stimmung ist sehr niedergeschlagen. Aus Anamnese und Heteroanamnese geht hervor, daß er schon seit Wochen schlecht schläft, erschöpft ist und schnell ermüdet. Früher ein gesunder Esser, kann er jetzt kaum einen Bissen herunterbringen. Sein sexuelles Interesse ist gleich Null. Sein Zustand kennzeichnet sich außerdem durch eine psychomotorische Hemmung. Herr C. macht sich Tag und Nacht schwere Vorwürfe über die Art, wie er mit 18 Jahren ein Mädchen, mit dem er eine Beziehung hatte, behandelt hat. Er machte damals mit ihr Schluß, nachdem er ihr untreu geworden war. [...] Er ist davon überzeugt, das Mädchen hiermit zugrundegerichtet zu haben. Während einem der Gespräche sagt er plötzlich, er könne nicht weitersprechen, solange das Ding/die Gestalt zuschaue und zuhöre. Es scheint, daß er ab und zu einen großen schwarzen Vogel auf der Schulter seines Gesprächspartners bzw. eine schwarze Gestalt hinter seinem Gesprächspartner sieht. Während dieses Gesprächs ist er sehr ängstlich und wagt es kaum, aufzublicken wegen der beängstigenden Konfrontation. Er gibt an zu wissen, daß 'die Gestalt' ihn für schuldig hält und Rache nehmen wird für alle seine Vergehen gegen die Menschheit. Als am nächsten Tag diese für ihn sehr beängstigende Erfahrung zur Sprache gebracht wird, streitet er sie heftig ab und bricht in Schluchzen aus. Er hat Angst, verrückt zu werden, würde dies jedoch als gerechte Strafe empfinden."
(Albersnagel/Emmelkamp/Hoofdakker, S.31 f.)

selgeschehen und den psychischen Vorgängen stärker in den Blick käme, so daß die vorhin geschilderten Extrempositionen fallengelassen werden können. Sie passen einfach nicht mehr in unsere Zeit.

Frauen sind anfälliger für Depressionen

T.H.: Gibt es Unterschiede zwischen den Geschlechtern in der Häufigkeit von Depressionen?

M. Hautzinger: Ja, sehr signifikante Unterschiede sogar. Depressionen kommen bei Frauen etwa doppelt so häufig vor wie bei Männern. Das wird immer wieder durch die verschiedensten Untersuchungen bestätigt, und zwar nicht nur in Europa, sondern quer durch alle Kulturkreise. Befriedigende Erklärungen für dieses Phänomen gibt es bis heute nicht. Eine Zeitlang meinte man, das X-Chromosom verantwortlich machen zu können, denn Männer haben bekanntlich nur eines, Frauen zwei. Oder man glaubte, den Hormonhaushalt oder die unterschiedliche Sozialisation von Männern und Frauen verantwortlich machen zu können. Aber wirklich überzeugende Ergebnisse hat noch niemand vorweisen können.

Interessant ist, daß sich die Schere zwischen den Geschlechtern erst mit der Pubertät auftut. Die Daten hierzu sind allerdings noch ziemlich dünn, so daß auch diese Aussage unter Vorbehalt steht. Es scheint sich aber abzuzeichnen, daß die Häufigkeit von Depressionen bei Jungen und Mädchen vor der Pubertät etwa gleich niedrig ist und daß dann die Depressionsrate bei Frauen früher ansteigt als bei Männern und insgesamt höher ist. Frauen neigen auch eher zu Rückfällen als Männer. Diese Unterschiede gelten allerdings nur für die unipolaren Erkrankungen, bei den bipolaren affektiven Störungen sind sie nicht oder nur wenig zu finden.

Depressionen treten heute zehn Jahre früher auf

T.H.: Gibt es bestimmte Lebensalter, die besonders anfällig für die Entstehung von Depressionen sind?

M. Hautzinger: Insgesamt gesehen hat sich das Ersterkrankungsalter für Depressionen um etwa zehn Jahre nach vorn verlagert. Während ca. vor 30 Jahren das Ersterkrankungsalter für eine ernsthafte Depression noch zwischen dem 30. und 40. Lebensjahr lag, so liegt es heute zwischen dem 20. und 30. Lebensjahr. Offensichtlich gib es noch nicht näher bekannte Einflüsse, die diese Verschiebung bewirkt haben.

T.H.: Ich dachte immer, daß Menschen in der Lebensmitte besonders anfällig für Depressionen seien, etwa um die Zeit der Midlife-crisis.

M. Hautzinger: Das ist die landläufige Meinung, die sich aber statistisch nicht bestätigen läßt. Wenn man untersucht, in welchem Alter Depressionen am häufigsten zum ersten Mal auftreten, so ist das eben das junge Erwachsenenalter. Kommt es dann zu Chronifizierungen oder Wiederholungen, werden die Betroffenen auch im späteren Leben an Depressionen leiden. Aber die größte Anfälligkeit für die Entstehung einer ernsthaften Depression liegt zwischen dem 20. und 30. Lebensjahr.

Im Alter finden sich zwar auch hohe Depressionsraten. Bei älteren Menschen aber sind häufig schon in jüngeren Jahren Depressionen aufgetreten, die dann chronifizierten oder durch körperliche Gebrechen heftiger wurden. Entscheidend ist, daß Depressionen in jeder Lebensphase auftreten können.

Depression und Partnerschaft

T.H.: Gibt es Faktoren, die die Entstehung einer Depression fördern oder begünstigen?

M. Hautzinger: Hier spielen natürlich all die Faktoren eine Rolle, die ich bereits erwähnte. So gibt es z.B. eine genetisch bedingte Disposition für Depressionen, d.h. wenn in der Großeltern- oder Elterngeneration schwere Depressionen aufgetreten sind, ist das Risiko der Kinder, ebenfalls an einer Depression zu erkranken, höher als in nicht betroffenen Familien. Das sind natürlich nur statistische Erfahrungen, die nicht für den Einzelfall zu gelten brauchen.

Außerdem gibt es eine ganze Reihe sozialer Einflüsse – widrige Lebensumstände und kritische Lebensereignisse etwa –, die offensichtlich das Entstehen von Depressionen begünstigen.

Sowohl Männer als auch Frauen sind anfälliger für Depressionen, wenn sie allein leben. Das heißt allerdings nicht, daß das Zusammenleben in einer Beziehung an sich ein Schutz vor Depressionen wäre. Eine Beziehung, die nicht intakt ist, wirkt sich auf Frauen stärker depressionsfördernd aus als auf Männer, die offensichtlich über andere Kompensationsmechanismen verfügen, als sie Frauen zur Verfügung stehen. Wenn Frauen nur Hausfrauen sind, d.h. keine Ausbildung haben und nicht berufstätig sind, dann erhöht dies die Anfälligkeit, insbesondere wenn sie außerdem noch kleine Kinder zu versorgen haben. Eine gut funktionierende, emotional befriedigende Partnerschaft kann hier die Anfälligkeit der Frauen wieder verringern, auch wenn die sozialen Verhältnisse, in denen die Familie lebt, nicht sehr befriedigend sind, d.h. der Rückhalt in der Beziehung kompen-

Biologische Behandlung von Depressionen

Neben der psychotherapeutischen Behandlung von Depressionen gibt es eine Reihe von biologisch orientierten Therapien, z.B. die Verabreichung von Medikamenten oder Eingriffe in den Wach-Schlaf-Rhythmus. Ihnen allen ist gemeinsam, daß sie die Psyche der Patienten zu beeinflussen versuchen, indem sie in physiologische Prozesse eingreifen.

Psychopharmaka
Psychopharmaka beeinflussen menschliches Verhalten auf chemischem Wege, ohne daß man genau wüßte, auf welche Weise dies geschieht. Es ist bisher nicht möglich, menschliches Verhalten chemisch gezielt in eine bestimmte Richtung zu lenken.
Antidepressiva wie Amitripylin, Clomipramin oder Trazodon unterdrücken die depressive Stimmung. Bei schweren Depressionen sind sie mitunter die einzige Möglichkeit, den Patienten aus seiner extremen Niedergeschlagenheit herauszureißen. Zu einer Heilung führen sie allerdings nicht. Sie führen mitunter aber auch zu einer Reihe von Nebenwirkungen wie Herzvergrößerung, Rhythmusstörungen, Verstopfungen und Sehstörungen, so daß sie nur unter strenger ärztlicher Kontrolle verabreicht werden dürfen.
„Ein Psychopharmakon geben wir, weil die wissenschaftliche Forschungserfahrung lehrt, daß es Menschen gibt, die trotz intensiver psychischer und sozialer Betreuung keine Besserung zeigen, bei gleichzeitiger Verabreichung eines Pharmakons aber sehr wohl." (Albersnagel/Emmelkamp/Hoofdakker, S.151) Psychopharmaka können eine Psychotherapie also nicht ersetzen, sondern lediglich ergänzen.

Lichttherapie
Jahreszeitlich bedingte Depressionen wie die Winterdepression können mitunter erfolgreich behandelt werden, indem die Betroffenen Bestrahlungen mit tageslichtähnlichem Kunstlicht erhalten.

Beeinflussung des Wach-Schlafrhythmus
Depressive Menschen klagen beinahe immer über Schlafstörungen. Man versuchte daher, durch Schlafkuren, in denen die Patienten durch Medikamente in einen Halbschlaf versetzt wurden, die depressive Stimmung zu bessern, allerdings ohne Erfolg. Unmittelbar nach dem Erwachen kehrten die Symptome zurück.
Erfolgversprechender sind Versuche, die Stimmung durch Schlafentzug zu beeinflussen. Patienten berichteten, daß sich ihre Stimmung merklich besserte, nachdem sie eine Nacht nicht geschlafen hatten. Doch umfaßende Forschung auf diesem Feld steht noch aus.
(Vgl.: Albersnagel/Emmelkamp/Hoofdakker, S.149–190)

siert dann die anderen Belastungsfaktoren. Ist allerdings die Partnerschaft nicht intakt, wirkt das wie ein Multiplikator, die Depressionsneigung steigt also drastisch.

T.H.: Gibt es bestimmte Persönlichkeitseigenschaften, die auf ein erhöhtes Depressionsrisiko hindeuten?

M. Hautzinger: Ja. Menschen, die sehr korrekt und kontrolliert sind, die keine Unordnung dulden können, die alle Aufgaben mit beinahe zwanghafter Gewissenhaftigkeit erledigen und sich von anderen Menschen abhängig machen, scheinen verstärkt zu Depressionen zu neigen.

Ich muß allerdings davor warnen, die Aspekte, die ich eben aufgezählt habe, als zwingend zu betrachten. Nicht jeder, auf den die geschilderten Umstände zutreffen, muß depressiv werden. In diesen Gruppen von Menschen haben lediglich statistische Untersuchungen eine höhere Depressionsrate ergeben als in anderen Gruppen.

Interessant ist, daß frühe Verlustereignisse – Verlust der Mutter oder des Vaters in früher Kindheit – offenbar keinen Einfluß auf das Entstehen einer Depression im späteren Leben haben. Das wird zwar immer wieder einmal behauptet, Belege gibt es dafür allerdings nicht. Meistens zeigte sich, daß nicht der Verlust an sich die Ursache war, sondern die sich daraus ergebenden ungünstigen Lebensumstände, also etwa sozial schwache Verhältnisse, ausbleibende Unterstützung und fehlender emotionaler Rückhalt.

Neben den Risikofaktoren gibt es auch eine Reihe von behütenden Faktoren, die negative Umstände kompensieren können, z.B. ein stabiles soziales Umfeld, reichhaltige Kontakte zu anderen Menschen, Rückhalt im Freundes- und Familienkreis, aber auch sinnvolle Gewohnheiten usw.

Therapieansätze

T.H.: Wie geht man nun therapeutisch mit depressiven Menschen um?

M. Hautzinger: Da gibt es wieder ganz unterschiedliche Ansätze, die eng mit den eingangs geschilderten Annahmen über die Ursachen zuammenhängen. So gibt es zunächst eine Reihe von pharmakologischen Methoden, die durch den Einsatz von Antidepressiva die depressive Verstimmung auflösen. Auf diesem Gebiet hat man ohne Zweifel große Erfolge erzielt, die ich auch ohne weiteres anerkenne. Einer großen Zahl von Patienten kann mit Psychopharmaka zumindest kurzfristig sehr wirkungsvoll geholfen werden.

Daneben gibt es die große Gruppe von Psychotherapien, von denen sich in der Praxis allerdings nur zwei Modelle bei der Behandlung von Depressionen

Giovanni Benedetto Castiglione (1610–1665), Melancholie

nachweislich bewährt haben. Zum einen ist das die kognitive Verhaltenstherapie, deren Wirksamkeit inzwischen weltweit in über 50 Studien nachgewiesen wurde. Kognitive Verhaltenstherapie hat sich dabei als ebenso wirksam wie Pharmakotherapie erwiesen.

Die andere Methode ist die interpersonelle Psychotherapie, in der die aktuellen sozialen Kontakte, die Familien- sowie die Lern- und Erfahrungsgeschichte sozialer Kontakte in den Mittelpunkt gestellt werden. Diese Richtung hat zwar einen tiefenpsychologischen Hintergrund, arbeitet aber auch sehr pragmatisch und im Hier und Jetzt, d.h. es geht um eine Bearbeitung der sozialen Beziehungen und die Verbesserung sozialer Interaktionsweisen.

Psychotherapie bei Depressionen sollte aller Erfahrung nach sehr auf die aktuelle Situation des Patienten bezogen sein, sie muß stark steuern, dem Betroffenen Bewältigungsstrategien für Alltagsprobleme an die Hand geben und diese auch übend erarbeiten. Wenn man nun beobachtet, wie in verschiedenen Therapieformen konkret vorgegangen wird, stellt man fest, daß hier vielfach trotz aller theoretischen Differenzen häufig gar keine oder kaum Unterschiede auszumachen sind. Auf der praktischen Seite ist also eine Annäherung zu beobachten, selbst wenn die theoretischen Hintergründe jeweils ganz unterschiedlich sind.

Das Denken spielt eine entscheidende Rolle

T.H.: Kommen wir zur kognitiven Verhaltenstherapie bei Depressionen. Was hat man sich darunter genau vorzustellen?

M. Hautzinger: Viele Kollegen hatten die Erfahrung gemacht, daß bei etlichen depressiven Menschen fehllaufende, verzerrte, einseitige und ungeschickte Verarbeitungs- und Deutungsmuster zu finden waren.

Ein Beispiel: Ein Mensch wacht morgens zu spät auf, weil der Wecker in der Nacht stehengeblieben ist. Er zieht sich in aller Eile an, um noch rechtzeitig zur Arbeit zu kommen, steigt ins Auto, aber es springt nicht an. Als er zum Bus eilt, fährt dieser ihm vor der Nase weg.

Diese Verkettung von unglücklichen Zufällen kann ein Mensch relativ problemlos wegstecken; viel mehr, als daß er zu spät kommt, wird ihm nicht passieren.

Ein depressiv veranlagter Mensch wird diesen Tagesbeginn ganz anders beurteilen: „Das ist wieder einmal typisch für mich. So etwas kann ja auch nur mir geschehen. Wie sollte es auch anders sein." Solche und ähnliche Gedanken werden ihm durch den Kopf schießen und sich entsprechend auf seinen Gemütszustand auswirken. Er hat also eine Neigung, Dinge, die ihm zustoßen, auf sich

Gedankliche Verzerrungen

„Alles-oder-nichts-Denken: Die Dinge werden nur in Schwarz-Weiß-Kategorien gesehen. Sobald eine Leistung nicht perfekt ist, sieht der Depressive sich als totalen Versager an.

Übertreibende Verallgemeinerungen: Ein einzelnes negatives Ereignis wird als Beispiel einer unendlichen Serie von Niederlagen angesehen.

Geistiger Filter: Ein einzelnes negatives Detail wird herausgegriffen, so daß das gesamte Wirklichkeitsbild dadurch getrübt wird.

Abwehr des Positiven: Positive Erfahrungen werden zurückgewiesen, indem darauf bestanden wird, daß sie aus irgendeinem Grund nicht zählen. Auf diese Weise werden negative Grundüberzeugungen aufrechterhalten, auch wenn sie im Gegensatz zu den alltäglichen positiven Erfahrungen stehen.

Voreilige Schlußfolgerungen: Negative Interpretationen werden vorgenommen, auch wenn keine unumstößlichen Tatsachen vorhanden sind, die diese Schlußfolgerungen erhärten könnten. Depressive gehen häufig davon aus, daß eine andere Person negativ über sie denkt. Sie versuchen nicht, sich darüber Klarheit zu verschaffen (Gedankenlesen). Oder es wird erwartet, daß die Dinge sich ungünstig für die eigene Person entwickeln, und es herrscht die Überzeugung vor, daß diese Vorhersage eine bereits feststehende Tatsache ist (falsche Vorhersagen).

Über- und Untertreibung: Die Wichtigkeit bestimmter Dinge (z.B. ein eigener Fehler oder die Leistung anderer) wird überschätzt oder andere Aspekte werden so stark unterschätzt, daß sie schließlich ganz unwichtig erscheinen (z.B. die eigenen Fähigkeiten oder die Schwächen anderer Leute).

Emotionale Beweisführung: Es wird angenommen, daß die negativen Gefühle notwendigerweise genau das ausdrücken, was wirklich geschieht ('Ich fühle es, also muß es wahr sein').

Wunschaussagen: Es wird versucht, sich mit Aussagen wie 'man sollte' oder 'man sollte nicht' zu motivieren. Anforderungen wie 'man muß' oder 'es hätte sich gehört' gehören ebenfalls dazu. Der Druck derartiger Anforderungen produziert jedoch meistens Teilnahmslosigkeit, Resignation anstatt Hilfe.

Etikettierungen: Hierbei handelt es sich um eine besonders übertriebene Form der Verallgemeinerung. Mangels Verständnis für eigene Verzerrungen versieht sich der Depressive mit einem negativen Etikett (Selbstbeschreibung): 'Ich bin ein ewiger Verlierer.' Wenn das Verhalten eines anderen Anstoß erregt, wird ihm ein negatives Etikett gegeben: 'Er ist ein Vollidiot!' Falsches Etikettieren bedeutet, ein Ereignis mit einer ungenauen und emotional aufgeladenen Sprache zu beschreiben.

Dinge persönlich nehmen: Depressive neigen dazu, sich für ein negatives Ereignis verantwortlich zu fühlen, obwohl sie damit in Wirklichkeit gar nichts zu tun haben." (Hautzinger/Stark/Treiber, S.100)

zu beziehen, sie negativ zu bewerten und sich Mißerfolge immer persönlich zuzuschreiben.

Diese Verarbeitungsmuster nennt man Kognitionen: Wahrnehmungen, Erwartungen, Deutungen in den Köpfen der Menschen. Bei Depressiven sind sie sehr einseitig verzerrt. Aaron Beck – einer der Begründer der kognitiven Verhaltenstherapie – spricht von dysfunktionalen Kognitionen, d.h. diese Kognitionen bewirken, daß der Mensch sich selbst in seiner Handlungsfähigkeit hemmt.

Automatische Gedanken

T.H.: Eine besondere Rolle spielt in diesem Zusammenhang der Begriff des automatischen Gedankens. Was hat man darunter zu verstehen?

M. Hautzinger: Automatische Gedanken sind blitzartig ablaufende Gedanken, die einem unmittelbar im Anschluß an eine Wahrnehmung durch den Kopf schießen und die das Wahrgenommene mit einer bestimmten Bedeutung belegen. Das Auftreten dieser automatischen Gedanken ist kein bewußt gesteuerter Prozeß, sondern geschieht eben automatisch. An diese automatischen Gedanken schließen sich unmittelbar Gefühle an, die das Wahrgenommene interpretieren. Dieser Vorgang ist ganz normal und spielt sich laufend in unserem Leben ab. Wenn Sie z.B. jetzt auf Ihre Fragenliste schauen und feststellen, Sie haben nur noch wenig Zeit, aber noch viele Fragen, wird Ihnen blitzschnell der Gedanke durch den Kopf schießen: „Das schaffe ich nie. Ich muß mich beeilen." Die Folge wird sein, daß Sie hektischer sprechen, einige Fragen auslassen, mich eher abwürgen usw., damit das Interview nicht halbfertig beendet werden muß.

Bei Depressiven sind nun die automatischen Gedanken so, daß die Wahrnehmungen einseitig in einer Weise gedeutet werden, die ein schwaches Selbstbild bestätigen. Nehmen Sie z.B. an, Sie sind guter Dinge und machen sich an den Abwasch. Dabei fällt Ihnen eine Tasse herunter, und sofort bemerken Sie, daß sich Ihre Stimmung verschlechtert. An das Herunterfallen der Tasse mag sich der automatische Gedanke geknüpft haben: „Kaum habe ich gute Laune, schon geht etwas schief." Dieser Gedanke ist ebenso schnell wieder verflogen, wie er gekommen ist, aber er hat ausgereicht, um Ihre Stimmung zu dämpfen.

T.H.: Welcher Art sind die kognitiven Verzerrungen bei Depressiven?

M. Hautzinger: Es gibt verschiedene Muster, die auf bestimmten, der Situation unangemessenen Grundsätzen basieren. Ein Beispiel wären Übergeneralisierungen: „Wenn ich heute versagt habe, werde ich immer versagen." Eine andere Art der Verzerrung sind selektive Abstraktionen, die dazu führen, daß die Menschen nur Mißerfolge, Entbehrungen usw. wahrnehmen.

Dysthymie

„Frau D., 30 Jahre, verheiratet, Hausfrau, zwei Söhne (3 und 5 Jahre alt), hat sich selbst in der Ambulanz eines psychiatrischen Zentrums angemeldet. Sie konsultiert schon seit Jahren häufig ihren Hausarzt wegen zahlreicher unklarer Beschwerden. Ihre Nacken- und Rückenschmerzen wurden mehrmals mit Physiotherapie behandelt, aber es konnte nie eine deutlich organische Ursache gefunden werden. Auch eine Gallenblasenoperation und eine Uterus-Extirpation brachten keine Veränderung. Sie nennt sich selbst eine 'Flasche': 'Wenn es keine körperliche Ursache gibt, dann stimmt etwas nicht mit mir.' Sie berichtet, schon seit Jahren unter depressiven Anfällen zu leiden, wobei sie manchmal so mutlos ist, daß sie lieber aufgeben möchte. Zu einem Selbstmordversuch ist es nie gekommen, obwohl sie manchmal viel lieber tot wäre. Während ihrer depressiven Perioden fühlt sie sich kraftlos und zu nichts imstande, sehr zur Unzufriedenheit ihres Mannes, der inzwischen einen gut funktionierenden Haushalt erwartet, nachdem er jahrelang Geduld und Verständnis für ihr 'Gegrübel' aufgebracht hat. Frau D. neigt in solchen Perioden auch dazu, zuviel zu essen, was ihr die Mißbilligung ihres Mannes einträgt und auch ihrem Selbstwertgefühl nicht zugute kommt. Die sexuellen Aspekte der Beziehung sind unbefriedigend. Auch mit den Kindern geht es nicht so gut: Kleine Konflikte, die sie in besseren Zeiten leicht lösen kann, scheinen ihr dann hoffnungslos kompliziert. Nachdem sie einige Zeit – ein- bis eineinhalb Monate – einen solchen Tiefpunkt durchgemacht hat, reißt sie sich zusammen, wonach es manchmal tage- bis wochenlang gut geht. 'Aber auch dann habe ich nicht viel Selbstvertrauen.' Der Zukunft sieht sie düster entgegen. Mit ihren Eltern hatte die Klientin nie ein gutes Verhältnis. Sie ist die Tochter aus einer früheren Beziehung der Mutter, und ihr Stiefvater hat sie nie wirklich akzeptiert. Auch mit ihren beiden Stiefbrüdern ist die Beziehung mäßig, obwohl sie noch immer hofft, daß sich das eines Tages bessern wird: 'Es sind doch meine Brüder.' Ab und zu gibt es Kontakte mit den Schwiegereltern, die in einem anderen Teil des Landes leben. Das Ehepaar hat wenig Freunde und Bekannte und wenig gemeinsame Aktivitäten. [...]

Wir sehen eine gepflegte, düster aussehende Frau, die älter aussieht, als sie ist. Sie sitzt geduckt in ihrem Stuhl und erwidert den Blickkontakt nur selten. Nach einem schüchternen Beginn wird sie im Lauf des Gesprächs einigermaßen aufgeregt, wobei sie nach Luft schnappt und über zahllose Beschwerden klagt. Bei für sie schmerzlichen Themen grimassiert sie. Viele Beschwerden werden in der Form von Anklagen formuliert: gegen ihre Eltern, ihre Kinder, den Hausarzt, Facharzt und Physiotherapeuten. Sie ist zu einer Behandlung motiviert, erwartet aber, daß der Therapeut die dafür nötigen Wunder schon vollbringen wird. [...]

Mit der Klientin wurde eine psychotherapeutische Behandlung begonnen (Verhaltenstherapie, 45 Minuten pro Woche), die im ganzen drei Jahre dauern sollte. Die

Behandlung zielte darauf hin, die Häufigkeit von angenehmen Aktivitäten zu erhö-
hen, ihr Repertoire an Fertigkeiten in sozialen Beziehungen (Mann, Kinder, Familie, Freunde, Bekannte) zu vergrößern und ihre Selbstsicht und ihren eigenen
Beitrag an die gegenwärtige und zukünftige Lebenssituation in positivem Sinn zu
verändern. Verschiedene Methoden wurden dabei angewendet: Rollenspiel, Ent-
spannungs- und Atmungsübungen, kognitive Techniken, Beziehungsgespräche usw.
Die Behandlung konnte mit Erfolg abgeschlossen werden."
(Albersnagel/Emmelkamp/Hoofdakker, S.33 f.)

T.H.: Diese Art der Verzerrung ist mir schon häufiger in der Eheberatung
untergekommen. Ein Ehepaar berichtete mir z.B., daß das gemeinsam verbrachte
Wochenende ganz furchtbar gewesen sei. Bei genauerem Nachfragen stellte sich
dann heraus, daß der Freitagabend völlig normal verlief, der Samstag war sogar
ausgesprochen schön, mit gemeinsamen Aktivitäten, viel gemeinsam verbrachter
Zeit usw. Erst am Sonntagmittag gab es ein Problem, das zu einem kurzfristigen,
gar nicht einmal heftigen Streit führte, und von da ab war die Stimmung auf
dem Tiefpunkt. Der kurze Streit war also der Anlaß für das Paar, das gesamte
Wochenende als vertan anzusehen.

M. Hautzinger: Das ist typisch für eine kognitive Verzerrung. Wenn man
Depressive befragt, wie ihr gestriger Tag war, so schildern sie ihn häufig als grau
in grau, eben trist wie alle Tage. Wenn man genauer hinschaut, findet man, daß
vielleicht vier Ereignisse nicht so gut gelaufen sind, zehn waren eigentlich ganz in
Ordnung und zwei sogar ausgesprochen gut. Zieht man hieraus die Bilanz, ergibt
sich ein ganz anderes Bild, als die Betroffenen es voreilig malen.

Wichtig hierbei ist aber, daß man diese Entdeckung den Patienten selbst
machen läßt. Das ist oft eine schwierige und mühselige Arbeit, die beharrliches
Nachfragen seitens des Therapeuten erfordert. Das kann viele Stunden dauern.
Menschen ändern ihre Denkmuster nicht von heute auf morgen. Sie fallen
immer wieder in ihre alten Gewohnheiten zurück. Aber die Arbeit ist wichtig
und hilfreich.

T.H.: Selbst wenn es den Menschen für einen Moment gelingt, eine positive
Sicht zu entwickeln, kann sie im nächsten Moment wieder umschlagen. Eine
Frau schilderte, wie sie mit ihrem Mann über eine Wiese ging, sich am schönen
Wetter und an den Blumen freute, die dort wuchsen, und mit einem Mal – von
einem Augenblick auf den anderen – schlug ihre Stimmung um, ohne daß sie
einen Grund dafür angeben konnte. Sie traute sich einfach nicht, sich zu freuen.

M. Hautzinger: Ja, genau. Plötzlich bemerken solche Menschen, daß sie sich
anders verhalten als sonst. „Oh, ich freue mich. Das darf ich doch gar nicht. Ich

hab doch die Wäsche noch gar nicht gebügelt." Oder sie empfinden ihre gute Stimmung unangemessen angesichts der Schlechtigkeit der Welt oder angesichts des Fehlers, den sie vor einer Woche gemacht haben. Solche oder ähnliche Gedanken laufen dann blitzartig ab, so schnell, daß die Betroffenen sie gar nicht bemerken, und bewirken einen krassen Stimmungsumschwung. Die Leute vermiesen sich regelrecht selbst die Stimmung.

Wie Verzerrungen entstehen

T.H.: Wie kommt es zu diesen verzerrten Kognitionen?

M. Hautzinger: Man erklärt sie sich als Produkt einer ungünstigen Lerngeschichte. Wenn jemand z.B. von seinen Eltern vermittelt bekommt, daß es eine Schande sei, Fehler zu machen, dann wird er alle seine Handlungen unter dem Aspekt betrachten, ob er auch ja alles richtig gemacht hat. Fehler, die ihm unweigerlich unterlaufen, wird er stets sich selbst anlasten und als Beweis seines Versagens deuten. Schließlich wird er jede Situation danach beurteilen, ob er ihr gewachsen ist oder nicht, auch wenn es darauf gar nicht ankommt. Dieses kognitive Muster wird bestimmend für das Lebensgefühl dieses Menschen.

In der Therapie wird daher unter anderem an dieser Stelle angesetzt; man sucht Wege, diese Verarbeitungsmuster zu verändern, indem man z.B. belastende Situationen wieder durchspielt und versucht, die automatischen Gedanken zu identifizieren und auf ihre Stichhaltigkeit hin zu überprüfen. „Ist es wirklich wahr, daß ich immer versage?" „Stimmt es eigentlich, daß alles nur schrecklich ist?" „Bin ich wirklich der einzige, der Fehler macht?" Wenn deutlich wird, daß die automatischen Gedanken der Situation nicht angemessen sind, kann man anschließend versuchen, sie durch realistische Kognitionen zu ersetzen.

Die Bedeutung muß sich ändern

T.H.: In dem, was Sie schildern, liegt meines Erachtens einer der mächtigsten Hebel jeder Psychotherapierichtung. Die Menschen müssen lernen, das, was ihnen widerfährt, mit einer anderen Bedeutung zu versehen. Das geschieht von Therapierichtung zu Therapierichtung anders, aber wenn Menschen nicht eine andere Sicht der Welt entwickeln – sei es durch Gedanken oder durch Taten –, dann ändert sich letztlich wenig. Genau dies ist ja auch der Punkt, an dem in der Therapie oder Beratung Widerstand entsteht: Die Menschen weigern sich unbewußt, eine andere Deutung anzunehmen oder Dinge anders als bisher zu tun, weil sich dann ihr Selbst- und Weltbild verändert.

M. Hautzinger: Ja, genau. Ich staune oft, wenn ich erlebe, wie sich Menschen nur dadurch das Leben zur Hölle machen, daß sie ein verzerrtes Bild von sich selbst haben. Einer meiner Patienten z.B. war Professor an einer Universität und hatte eine Karriere hinter sich, die sich andere nur wünschen können. Irgendwann begann er jedoch, an sich selbst zu zweifeln, er hielt sich für unfähig und wollte sogar aus dem Hochschuldienst ausscheiden, weil er der Meinung war, andere seien viel qualifizierter für diesen Job als er. Dabei gab es keine objektive Grundlage für diese Selbsteinschätzung, denn seine Kollegen und Mitarbeiter schätzten ihn, die Studenten kamen gut mit ihm zurecht und er war anerkannt in Fachkreisen. Dennoch meinte er, nicht für seinen Beruf zu taugen, und deutete jede kleine Panne, die ihm unterlief, als Beweis für seine Unfähigkeit und Inkompetenz.

So schwierig es ist, solch einem Menschen zu helfen, so verwunderlich ist es zu erkennen, daß die Ursache in diesem Fall und in ähnlichen Fällen einzig in einer völlig verzerrten Wahrnehmung der eigenen Person, in einer falschen Bedeutungszumessung und kognitiven Verarbeitung von Ereignissen zu sehen ist. Dieser Mensch stand sich regelrecht selbst im Wege.

Mit angezogener Bremse bergauf

An diesem Beispiel kann ich noch einmal verdeutlichen, wie sich die Lerngeschichte auf die Psyche eines Menschen auswirken kann. Dieser Mensch hat sich ständig mit Selbstzweifeln herumgeschlagen, lebte fortwährend in der Vorstellung, was er anpackte, nicht zu können, alles falsch zu machen und den Ansprüchen nicht zu genügen, denen er ausgesetzt war. Dabei verlor er völlig aus dem Blick, mit welch ungeheurer Leistung er sein Leben in den Griff bekommen hat. Im Grunde ist er ständig mit angezogener Handbremse bergauf gefahren, er hatte immer gegen seine auf die eigene Person gerichteten Ablehnungen anzukämpfen. Als er dann Chef einer Abteilung an der Uni wurde, blieben natürlich die Rückmeldungen der Umgebung aus. Es gab dann keine Prüfungen mehr zu bestehen, kaum noch jemand munterte ihn auf und lobte ihn für seinen Sachverstand. In seiner Stellung hätte er lernen müssen, sich selbst zu sagen: "Das hast du gut gemacht!" Genau das war ihm aber unmöglich.

Das Beispiel macht vielleicht noch einmal deutlich, welche Macht Einstellungen und Verarbeitungsmuster auf die psychische Befindlichkeit eines Menschen haben. Wäre dieser Mensch mit der Einstellung groß geworden, daß Fehler einen nicht umbringen und man Zuversicht in die eigene Leistung haben kann, wäre sein emotionales Leben ganz anders verlaufen.

Kognitive Therapie

T.H.: Einige Aspekte Ihrer Therapie haben wir ja schon besprochen. Gibt es weitere?

M. Hautzinger: Die grundsätzliche Idee ist, daß man durch die Beeinflussung des Denkens und des Verhaltens auf die Stimmung, den Affekt, positiv einwirken kann. Der erste Schritt ist, daß man die Deutungsmuster, die ein Mensch anwendet, herausarbeitet und bewußt macht. Das würde z.B. in der oben geschilderten Weise geschehen, indem automatische Gedanken identifiziert und ersetzt werden. Wenn die Betroffenen erst einmal verstehen, welchen Einfluß diese Deutungsmuster auf ihre Weltsicht haben, sind sie schnell bereit, in der Therapie alternative Deutungsmuster zu entwickeln, die ihnen andere Erfahrungen ermöglichen, die dann wieder den ursprünglichen Deutungen widersprechen und die neuen bestätigen.

Im zweiten Schritt arbeiten wir dann daran, die Interaktionsmuster und sozialen Fähigkeiten der Patienten zu verbessern. Wer nie gelernt hat, wie man auf Menschen zugeht, wer nicht weiß, wie man es schafft, Freunde zu gewinnen, muß diese Dinge trainieren. Fragen wie „Wie kann ich Freunde gewinnen? Wie bringe ich mich in Gespräche ein? Wie setze ich mich besser durch?" sind für Depressive häufig ein Problem. Das kann man mit noch so viel gutem Willen nicht herbeireden, sondern man muß ganz konkrete Anleitungen geben und Verhalten regelrecht erüben.

Wie man Kontakt zu anderen herstellt

T.H.: Können Sie das einmal an einem Beispiel erläutern? Was konkret tun Sie mit einem Menschen, der Schwierigkeiten hat, auf andere Menschen zuzugehen und sie anzusprechen?

M. Hautzinger: Depressive Menschen verhalten sich im Umgang mit anderen oft zurückweisend, sie reagieren schnell gereizt oder verbittert, lehnen es ab, sich helfen zu lassen und machen mit jedem Wort und jeder Geste deutlich, daß sie sich gestört fühlen und lieber in Ruhe gelassen werden möchten. Wer sich so verhält, kann aber auf die Dauer nicht erwarten, daß man Wert auf seine Gesellschaft legt, ihn zu Parties einläd usw. Die ablehnende Haltung der Umwelt bestätigt dann wieder das Bild, das der Depressive von sich und seiner Stellung in der Welt hat, so daß er sich noch mehr zurückzieht und so in eine unter Umständen selbstverschuldete Isolation gerät. Wenn sich daran etwas ändern soll, muß der Betreffende lernen, sich anderen gegenüber anders zu verhalten.

Nachdem man mit dem Patienten diese Zusammenhänge erarbeitet hat, kann man alternative Verhaltensweisen erproben, z.B. im Rollenspiel. Man spielt z.B. eine Situation auf einer Geburtstagsfeier durch. Der Patient sitzt an einem Tisch und hört ein Gespräch zwischen seinen Nachbarn mit an. Er würde sich gern beteiligen, weiß aber nicht wie. Nun muß er lernen, Gesprächsbereitschaft auszudrücken, durch Herstellen von Blickkontakt, durch eine offene, vorgebeugte Körperhaltung und entsprechende Formulierungen. „Entschuldigt, daß ich mich einmische, aber ich höre gerade, daß Ihr Euch über den Film von gestern Abend unterhaltet. Wie fandet Ihr denn das Ende?" Die Anweisungen sind also situationsbezogen und zum Teil ganz konkret.

Wenn man sich selbst im Wege steht

T.H.: Gibt es neben der Arbeit an den Kognitionen und Interaktionsmustern noch weitere Elemente in der Therapie?

M. Hautzinger: Als Drittes machen wir mit den Betroffenen intensives Verhaltenstraining, das den Aktivitätsaufbau fördert. Wir erstellen z.B. gemeinsam Wochenpläne und bearbeiten Lebensziele.

Häufig fühlen sich die Patienten von den Anforderungen, die das Alltags- und Berufsleben an sie stellen, überfordert. Sie wissen nicht, wie sie das alles unter einen Hut bekommen sollen und haben das Gefühl, in einem Chaos von Belastungen zu ertrinken. Mitunter sind das Menschen, die voll aktiv sind, die ihre beruflichen und familiären Angelegenheiten selbständig regeln können, die aber bei allem, was sie tun, das Gefühl haben, sie tun es nicht gern, nicht freiwillig, sondern aus einem Pflichtgefühl heraus. Ihr Tag ist daher voll mit Anforderungen, aber die Betroffenen versäumen völlig, an sich selbst zu denken und etwas zu tun, was sie nur für sich tun und als angenehm empfinden. Das Verhältnis von unangenehmen, verpflichtenden und angenehmen, freiwilligen und aufbauenden Tätigkeiten ist völlig aus dem Gleichgewicht geraten.

In solchen Fällen ist es geboten, in der Therapiestunde den Tagesablauf zu strukturieren, also mit dem Patienten zusammen zu überlegen, was konkret zu tun ist, in welcher Reihenfolge und zu welcher Zeit die Dinge am besten getan werden usw. Dabei lege ich Wert darauf, daß es auch feste Zeiten gibt, die nur ihnen allein zur Verfügung stehen, die sie für sich nutzen können. Und sei es nur eine Stunde täglich. Die Menschen müssen wieder lernen, positive, verstärkende Erfahrungen zu machen.

Die Menschen erleben dann – vorausgesetzt sie tun, was man gemeinsam vereinbart –, daß sie mehr leisten können, daß ihr Tun effizienter wird. Diese

Ernst Barlach, Das schlimme Jahr, 1937
© Ernst und Hans Barlach Lizenzverwaltung Ratzeburg, 1995

Erfahrung wirkt dann auch auf ihr Verarbeitungsmuster zurück, d.h. die Patienten erleben das Alltagsgeschehen anders, positiver, weil sie selbst eine andere Wahrnehmung der Welt entwickeln und auch anders mit den Dingen umgehen können. Die Einstellung zur eigenen Person ändert sich, sie fassen wieder Mut, werden selbstbewußter und zuversichtlicher; sie erleben sich als selbstwirksamer. Verhalten und Kognitionen beeinflussen sich also gegenseitig.

Der Griff in die Trickkiste bringt nichts

T.H.: Wie lange dauert eine wirkungsvolle Depressionstherapie?

M. Hautzinger: Meiner Erfahrung nach dauert eine Therapie zwischen 20 bis 50 Sitzungen, verteilt auf einen Zeitraum von sechs Monaten bis einem Jahr. Eines möchte ich aber noch klarstellen: Die Methoden der kognitiven Verhaltenstherapie können nicht wirkungsvoll angewendet werden, wenn man sie wie Kochrezepte behandelt. Zu glauben, das Methodenarsenal sei eine Trickkiste, in die man nach Belieben greifen könne, ist ein Irrtum.

Die speziellen Methoden, die wir anwenden, sind vielmehr eingebettet in einen therapeutischen Rahmen, bei dem es zunächst einmal darum geht, das Vertrauen des Patienten zu erlangen, Hoffnung in ihm aufzubauen und ihm das Gefühl zu geben, daß der Therapeut weiß, was er tut und warum er es tut. Der Therapieerfolg hängt ganz wesentlich von der Mitarbeit der Patienten ab, ohne die geht gar nichts. Damit die Patienten aber zur Zusammenarbeit bereit sind, müssen sie zunächst die Sichtweise und das Modell, nach dem der Therapeut vorgeht, verstanden und für sich akzeptiert haben. Sie müssen erleben, daß das, was der Therapeut sagt, nicht einfach dahergesagt ist, sondern direkt etwas mit ihrem individuellen Leben zu tun hat, also auf sie selbst zutrifft. Erst wenn das gewährleistet ist, kann man anfangen, die einzelnen Methoden einzusetzen, denn dann ist dem Patienten deutlich, warum und mit welchem Ziel bestimmte Dinge getan werden müssen. Nur dann wird er überhaupt in der notwendigen Weise zur Mitarbeit bereit sein.

Die Menschen müssen mit Rückfällen rechnen

T.H.: Wie hoch ist das Rückfallrisiko?

M. Hautzinger: Man muß bei Depressionen nach erfolgreicher konventioneller pharmakologischer Therapie innerhalb von einem Jahr mit einer Rückfallquote von 50 % rechnen. Das Rückfallrisiko ist hier also beträchtlich, und niemand kann die Gewißheit haben, daß es ihn nicht trifft.

Daher lege ich großen Wert darauf, die Menschen schon während der Therapie darauf vorzubereiten. Sie müssen einfach damit rechnen, daß die Depression sich wiederholt. Wenn es dann dazu kommt, sind sie nicht so überrascht und werden nicht völlig dadurch gelähmt, daß die ungeliebte Stimmung auf einmal wieder da ist.

Die Therapie schützt nicht vor den Schicksalsschlägen, die das Leben zukünftig bereithält. Es kann immer geschehen, daß ein Mensch in eine Lebenslage kommt, die wirklich schwierig und belastend ist. Um die Patienten davor zu schützen, daß sie ein solches Erlebnis wieder völlig zu Boden schlägt, spiele ich mit ihnen schon in der Therapie Situationen dieser Art durch. Wir bewegen dann Fragen wie: „Was mache ich, wenn z.B. mein Partner mich verläßt? Welche Strategien kann ich entwickeln, um damit fertig zu werden? Wo kann ich mir Hilfe holen, wenn ich nicht mehr weiter weiß?"

In der Therapie gelingt es häufig recht gut, dem Patienten mit Blick auf solche Situationen Zuversicht einzuflößen. Schwierig wird es erst, wenn sie im Alltag allein zurechtkommen müssen. Deshalb versuche ich, das Ende der Therapie so zu gestalten, daß sie langsam ausklingt. Die letzten Sitzungen werden dann z.B. so über ein Jahr verstreut, daß man sich nur noch alle vier oder sechs Wochen sieht und dann die Probleme, die im Alltag aufgetaucht sind, bespricht. Die Patienten müssen dann nicht von heute auf morgen allein zurechtkommen.

Dieses Vorgehen hat sich als sehr erfolgreich erwiesen, so daß wir nach einer Verhaltenstherapie erst nach zwei oder drei Jahren eine Rückfallquote von 50 % erreichen, d.h. die Langzeitwirkung ist eindeutig besser.

T.H.: Kann man als Betroffener etwas tun, um Rückfällen vorzubeugen?

M. Hautzinger: Einen hundertprozentigen Schutz gibt es nicht. Aber die Erfahrung hat gezeigt, daß die Menschen die besten Chancen haben, von Rückfällen verschont zu bleiben, die bestimmte Dinge gelernt haben: Sie sind in der Lage, an sich selbst zu denken und dafür zu sorgen, daß in ihrem Alltag auch immer wieder Raum für angenehme, verstärkende Erfahrungen ist. Sie haben gelernt, darauf zu achten, daß die Partnerschaft intakt bleibt. Sie pflegen ihre sozialen Kontakte und haben ihre zu pessimistische Weltsicht korrigiert. Wem diese Dinge gelingen, ist gut gegen depressive Episoden gewappnet.

Literatur:

Albersnagel, Franz/Emmelkamp, Paul/Hoofdakker, Rudi: Depression. Göttingen/Stuttgart 1993

Hautzinger, Martin/Stark, Wolfgang/Treiber, Renate: Kognitive Verhaltenstherapie bei Depressionen. Behandlungsanleitungen und Materialien. Weinheim 1994

Angst

188 Seiten, 16 farb. Abb., kt., DM 24,80   ISBN 3-926841-66-4

Artikel von Thomas Höfer, *Redaktion FH: Warum Angst? Zur Phänomenologie der Angst.* Angst ist, was ein Mensch als Angst erlebt / Angst als Schutzimpuls vor akuten Gefahren / Angst vor der Angst / Angst weist den Weg zu Entwicklungen / Angst bestimmt unser Leben / Phobien / Soziale Phobien / Paniksyndrom / Das generalisierte Angstsyndrom / Posttraumatische Streßreaktion.

Interview mit Markus Treichler, *leitender Arzt der Abteilung für Psychosomatische Medizin, Kunsttherapie und Heileurythmie an der Filderklinik bei Stuttgart: Die verschlüsselte Sprache der Organe.* Zeitsituation und Krankheit / Das Verhältnis von Leib und Seele / Krankheit ist Steigerung des biologischen Lebens / Krankheit macht den Menschen sensibler und offener / Psychosomatische Krankheitsbilder / Die Organoberflächen als Spiegel der Wahrnehmungen / Niere und Leber / Herzphobie und Herzinfarkt / Zweifel an der eigenen Erlebnisfähigkeit / Neues Vertrauen durch die Therapie / Die Atmung als sozialer Prozeß / Asthmatiker wollen geliebt sein / Psychiatrische Krankheitsbilder / Reaktive seelische Erkrankungen / Neurosen / Psychosen / Depression / Halluzinationen / Wahn / Leibhaftige Angstzustände.

Interview mit Hanna Gekle, *Psychoanalytikerin am Sigmund-Freud-Institut, Frankfurt/M.: Der Angst auf der Spur.* Angst im Dienst der Selbsterhaltung / Sigmund Freud über Realangst, Gewissensangst und Triebangst / Die Angst vor Triebdurchbrüchen / Im Krieg wird die Aggressionsunterdrückung schlagartig ausgesetzt / Angstbewältigung / Alle verpönten Triebe hängt man den dunklen Fremden an / Die Angst sucht sich ein Objekt / Unsere Zukunftsangst hat erstmals auch reale Gründe.

Interview mit Willi Butollo, *Professor für Klinische Psychologie an der Universität München: Mit der Angst in Kontakt.* „Es ist wichtig, angstfähig zu bleiben" / Nehmen Angststörungen zu? / Kinder müssen Kompetenz im Umgang mit Angst erwerben / Traumatische Kindheitserlebnisse schaffen Angstdispositionen / Kontaktstörung und Gestalttherapie / Die Angst in Beziehungen / Aggressionen ausdrücken lernen / Verhalten gegenüber angstgestörten Menschen / Hilfe bei Panikattacken.

Artikel von Birgit Diebel-Alberts, *Redaktion FH: Angst vor anderen. Soziale Angst.*

Interview mit Henning Elsner, *Oberarzt am Krankenhaus Lahnhöhe (Lahnstein): Entwickle Dich!* Scham und Schuldgefühle bei einer seelischen Entwicklungsstörung / Frauen gehen eher zum Therapeuten, Männer fliehen in die Betäubung / Eine Panikattacke im Kaufhaus / Verunsicherungen im Geborgenheitsgefüge / Wenn man nicht mehr über Brücken fahren kann / Die Angst, verrückt zu werden / Jede Angststörung ist individuell / Angststörungen durch Mißbrauch und Schwangerschaftsabbruch.

Interview mit Hertha Lauer, *Leiterin der psychiatrisch-psychotherapeutischen Abteilung im Gemeinschaftskrankenhaus Herdecke: Angstanfälle und ihre Heilung.* Durch drei Anamnesen zur Diagnose / Grundlegende Faktoren im 1., 2.. und 3. Lebensjahrsiebt, die auf spätere Angstanfälle hindeuten können / Angst vor Menschen, Drogen, neurotische Störungen in der Gefühlsentwicklung.

Bezug über den Buchhandel oder direkt beim Verlag (zzgl. Porto und Verpackung):
Flensburger Hefte Verlag • Holm 64 • D-24937 Flensburg • Fax: (0461) 2 69 12

Kokon aus Stein

Interview mit Markus Treichler

von Judith Pehrs und Wolfgang Weirauch

Markus Treichler, *geb. 1947 in Stuttgart; Waldorfschüler, verheiratet, einen Sohn. Studium der Theaterwissenschaft, Philosophie, Psychologie und Medizin. Nach dem Staatsexamen Facharztausbildung und ärztliche Tätigkeit in Psychiatrie, Kinder- und Alterspsychiatrie, Innere Medizin, Neurologie, Psychosomatik und Psychothera-*

pie in verschiedenen Kliniken. Seit dem Studium im Sinne einer anthroposophisch-geisteswissenschaftlichen Erweiterung der Medizin und Psychologie engagiert. Seit 1987 leitender Arzt der Abteilung für Psychosomatische Medizin, Kunsttherapie und Heileurythmie an der Filderklinik bei Stuttgart.

Zahlreiche Veröffentlichungen sowie Lehr- und Vortragstätigkeit im Bereich der anthroposophischen Medizin, Psychotherapie und Kunsttherapie. Buchveröffentlichung zum Thema: „Sprechstunde Psychotherapie. Krisen – Krankheiten an Leib und Seele. Wege zu ihrer Bewältigung", Stuttgart 1993.

Stellen Sie sich vor, Sie wachen eines Morgens auf – früher als gewöhnlich –, und der übliche rasche und lockere Sprung aus dem Bett gelingt Ihnen heute nicht: Sie fühlen sich zentnerschwer, Blei scheint durch Ihre Arme und Beine zu fließen, und über Ihrer Seele liegt ein Schleier der Trübnis und Schwermut. Vielleicht gelingt es Ihnen aufzustehen, aber Sie sehen sich außerstande, heute zur Arbeit zu gehen, denn in Gedanken türmt sich ein unermeßlich großer Berg von unerledigten Dingen auf, den Sie nicht mehr bewältigen können. Selbst die kleinste Tätigkeit scheint Ihnen plötzlich die größte Mühe zu bereiten. Kaum können Sie sich überwinden, den Telefonhörer abzunehmen, um bei Ihrer Arbeitsstelle anzurufen und sich krankzumelden. Sie versuchen, sich mit kaltem Wasser zu kühlen, aber es hilft nichts. Selbst der Kaffee, den Sie noch mühsam zusammenbrauen können, ermuntert Sie kaum, und Appetit haben Sie schon gar nicht. Zitternd setzen Sie sich auf einen Stuhl, Angstschweiß bricht Ihnen aus allen Poren, und Sie fangen an zu weinen. Aber es sind Tränen einer Traurigkeit, die Sie noch nie erlebt haben, denn Sie können sich nicht erklären, weshalb Sie weinen. Sie fühlen sich merkwürdig leer und gefühllos, fast wie tot.

„Vielleicht hilft ein Spaziergang, draußen ist ein schöner Frühlingsmorgen, und das war schon immer die beste Medizin für mich", denken Sie und raffen sich mit größter Willensanstrengung auf. Langsam schleppen Sie sich auf den nahegelegenen Park zu, aber Sie schauen sich nicht die aufgeblühten Knospen und die jungen Blätter an den Bäumen an – so wie sonst immer! –, denn Ihr Kopf fällt schwer auf die Brust. Natürlich sind die Blumen, an denen Sie vorübergehen, unübersehbar – und Sie pflücken eine ab, um sie zu betrachten, weil Sie sich an ihr erfreuen wollen –, aber: Heute empfinden Sie gar nichts! Weder erscheint sie Ihnen schön, noch können Sie sich über sie freuen. Nichts regt sich in Ihnen. Kein Gefühl macht sich bemerkbar. Wie ein versteinertes Lebewesen starren Sie auf die Blume, und nur ein Gedanke schießt Ihnen durch den Kopf: „Bald müssen sowieso alle Blumen sterben." Und mit lascher Bewegung werfen Sie die Blume zu Boden.

„Was ist bloß los mit mir?" Dieser Gedanke kreist unaufhörlich durch Ihren Kopf. „Seit wann kann ich mich nicht mehr über die Natur freuen? Noch nie habe ich so wenig empfunden!" Regungslos verharren Sie auf der Stelle und haben nur noch einen Wunsch: zurück nach Hause ins Bett!

Dabei begegnet Ihnen eine kleine Gruppe Kinder, die auf dem Weg zur Schule ist. Fröhlich lachend ziehen die Mädchen und Jungen an Ihnen vorüber – und schlagartig spüren Sie die Diskrepanz zwischen Ihrer extremen Trübnis und Schwere und dieser fast unerträglichen Heiterkeit und Leichte der Kinder. Ein Schmerz durchzieht dabei Ihre Seele – und ergreift auch Ihren ganzen Körper –, der so stark ist, daß Sie mit einem einzigen Schrei die Welt auf sich aufmerksam machen möchten, um allen von Ihrem Unglück zu künden. Aber Sie bleiben stumm, schleppen sich nach Hause und werfen sich wieder auf Ihr Bett.

So oder ähnlich mag es einem Menschen ergehen, der schlagartig von einer depressiven Phase überfallen wird. Natürlich kann der depressive Zustand auch ganz anders erlebt werden, denn Ursachen und Depressionsformen sind zahlreich, aber trotz allem sind die oben beschriebenen Phänomene typisch für das Erleben eines depressiven Menschen.

Im FLENSBURGER HEFT 48, „Angst", sprachen wir mit Markus Treichler über psychosomatische und psychiatrische Krankheitsbilder („Die verschlüsselte Sprache der Organe"). Da er im besonderen Spezialist für depressive Erkrankungen ist und jahrelange Erfahrungen im Umgang mit depressiven Patienten hat, besuchten wir ihn erneut, um nachstehendes grundlegendes Interview mit ihm über die Krankheit Depression zu führen.

Wolfgang Weirauch: Es gibt die verschiedensten Erscheinungsformen depressiver Erkrankungen. Allen gemein ist das immer wieder geschilderte Schweregefühl der Seele bzw. des Körpers. Können Sie beschreiben, wie sich dieses Schweregefühl für die Betroffenen äußert?

Markus Treichler: Das Gefühl der Schwere ist das allgemeinste und durchgängigste Gefühl der Depressiven. Alles geht schwerer als vorher. Häufig beginnt die Depression morgens mit dem Unvermögen, aufstehen zu können. Sämtliche Verrichtungen, die man dann während des Tages machen muß, fallen schwerer, gleich ob dies berufliche oder häusliche Tätigkeiten sind. Man muß sich mehr anstrengen, alles geht schwerer von der Hand, und es dauert länger.

Ein typisches Erlebnis, das sehr viele depressive Patienten erzählen, wenn ich sie nach dem Beginn des Tages befrage, ist: „Der Tag beginnt wie ein Berg, der vor mir steht, und ich weiß nicht, ob ich diesen Berg heute bezwingen kann." Und diese Depression hat man jeden Tag, jeden Morgen aufs neue. Deswegen

Nicolas Chaperon (1612–1656), Melancholie
Paris, Musée du Louvre

kann man auch spontan verstehen, weshalb es vielen Depressiven morgens
schlechter, aber abends besser geht. Denn dann ist der Berg des Tages etwas
abgebaut, zu einem Teil bewältigt.

Die Schwere lastet im Depressiven

W.W.: Oft wird von Depressiven geschildert, daß die Erde sie seelisch in sich
ziehe bzw. herunterreiße. Inwiefern wirkt der physische Leib bzw. die Erdensphä-
re bei dieser Erkrankung mit?

M. Treichler: Das sieht man schon an der Tatsache, daß die Haltung der
Depressiven oft eine gebückte ist, der Kopf ist gebeugt, der Blick ist nicht frei.
Der Depressive spürt diese Schwere auch deutlich in seinem Körper. Er spürt sie
in seinem Nacken, in seinen Schultern, er spürt, wie alles an ihm hängt oder
sogar zerrt. Er folgt damit der Anziehungskraft der Erde und wird in die Tiefe
hinabgezogen. Das führt bei den meisten depressiv Erkrankten auch zu körperli-

chen Beschwerden. Einige wichtige therapeutische Ziele liegen deswegen auch darin, daß man hilft, etwas gegen diese Schwere zu unternehmen, z.B. durch Krankengymnastik, Massagen und Einreibungen. Wichtig ist auch, den Blickkontakt mit dem Depressiven zu bekommen, weil er sich oft schwer tut, überhaupt den Kopf zu heben.

Diese Schwere erlebt der Depressive in vielgestaltigen körperlichen Beschwerden. Das ist eine der Formen heutiger Depression, die sich in körperlichen Beschwerden manifestiert, die vom Kopf bis zu den Füßen reichen können. Häufig sind sie am Kopf am stärksten, was an der gebeugten Kopfhaltung und der Verspannung im Schulter-Nacken-Bereich zu bemerken ist. Man nennt das auch die larvierte bzw. maskierte Depression, denn diese Menschen erleben sich seelisch nicht ausgesprochen depressiv, sondern glauben, daß es ihnen seelisch besser gehen würde, sobald die körperlichen Beschwerden verschwänden. Diese Menschen erleben zwar seelisch eine Einschränkung in ihrem Lebensgefühl, äußern aber, daß die Ursache in ihren körperlichen Beschwerden liege. Meist ist das aber eine seelische Erkrankung, die von den betreffenden Menschen seelisch nicht zugelassen wird und deswegen aus dem Seelischen in das körperliche Erleben herabgedrängt wird. Deswegen versteckt sich diese Form der Depression hinter körperlichen Beschwerden, obwohl sie eigentlich als Depression seelisch erlebt werden sollte. Das ist eine Depressionsform, die heutzutage immer häufiger auftritt, vermutlich auch häufiger, als das früher der Fall war. Einschränkend muß ich sagen, daß das nicht ganz sicher ist, weil man früher nicht so diagnostiziert hat. Heute weiß man allerdings, daß diese Form der Erkrankung zunimmt und daß sie mit dem Verdrängen von seelischen Problemen zusammenhängt.

Die Verlockung des Abgrunds

W.W.: Inwieweit erscheint einem Depressiven der Suizid als Erlösung aus seiner Krankheit?

M. Treichler: Der Suizid, die Selbsttötung, ist ein ganz problematisches Phänomen im Rahmen einer depressiven Erkrankung. Wollte man den Suizid als Flucht oder Ausweg beschreiben, so wäre das nicht ausreichend. Denn die Schwere, die ein Depressiver erlebt, hat die Tendenz, den Menschen vollkommen herabzuziehen, und diese Schwere hat man sich nicht ausgesucht, sondern sie kommt über einen. Viele Depressive erleben sich in dieser Schwere wie an einem Abgrund stehend. Wer an diesem Abgrund steht, schaut hinunter und sieht die Tiefe, das Dunkle, das Gefährliche und das Schwarze. Er erlebt dann aber auch das Anziehende, das Abgründe ohnehin haben können, obendrein das Anziehende der Schwerkraft. Gesunde, nichtdepressive Menschen würden sich in so einem Moment umdrehen und woanders hinschauen. Der Depressive kann das aber nicht, sondern ist gezwungen, in diesen Abgrund hineinzuschauen, in ihn hinunterzustarren. Er fühlt sich von diesem Abgrund angezogen. Wenn man dann nichts anderes mehr sieht als diesen Abgrund, sich nicht umdrehen kann, nicht über ihn hinwegzuschauen vermag, dann gewinnt der Gedanke, in den Abgrund hineinzuspringen, etwas Verlockendes. Das ist wie ein Sog, und man glaubt, daß dieser Sprung die einzige Befreiung ist, die es noch gibt. Sobald es weder vor noch zurück geht, gibt es nur noch das Hinunter.

W.W.: Und dieser Sog ist stärker als alle Gedanken an die Einseitigkeit und Endgültigkeit dieses Weges?

M. Treichler: Ja. In dem „Tagebuch eines Schriftstellers" beschreibt Dostojewski sich als russischen Schriftsteller, der an diesem Abgrund steht. Er beschreibt auch, daß die russische Seele eigentlich prädestiniert sei, sich in diesen Abgrund hineinzustürzen. Damals mag das typisch russisch gewesen sein, heute ist es auf jeden Fall allgemein bei depressiv Erkrankten verbreitet. So etwas entsteht durch die Einengung im Denken und Wahrnehmen, indem man keinen Ausweg mehr sieht. Es steht vor diesen Menschen gedanklich das Bild, daß es keinen anderen Weg mehr als den in den Abgrund hinein gibt. Hinzu kommt der Sog. Das ist aber nur das eine Bild.

Man muß noch das hinzunehmen, was der Depressive in seiner Depression erlebt. Und das ist der Schmerz, den er in seiner Melancholie durchmacht. Im Verlauf einer Depression wird dieser Schmerz oftmals permanent schwerer, bis er so stark erlebt wird, daß man es nicht mehr aushalten kann. In diesem Stadium entstehen Phantasien, in denen es als Erlösung erscheint, an irgendeiner Krankheit zu sterben. Natürlich kommt diese Krankheit nicht, und es entstehen weitere Phantasien: „Wenn ich jetzt mit dem Auto durch einen Unfall plötzlich sterben würde, so wäre das eine Befreiung." Aber dann tritt dieser Unfall auch nicht ein. – Wenn Menschen in dieser kritischen Phase selber noch Auto fahren, dann ist das höchst problematisch.

Der Suizid als bedrohende Erlösung

Ich hatte vor kurzem eine Patientin, die das ganz bildhaft geschildert hat. Sie ging seit Monaten nicht mehr aus dem Haus, mit der Ausnahme, daß sie jeden Tag mit dem Auto einen ganz bestimmten Weg zum Einkaufen fuhr. Die Phantasien über eine tödliche Krankheit hatte sie bereits hinter sich, und so dachte sie jeden Tag während der Autofahrt: „Wenn ich jetzt gegen diese Mauer fahren würde, dann wäre es vorbei." Jeden Tag hat sie es so gerade noch vermieden, obwohl sie täglich aufs neue dachte: „Heute mache ich es!" Die Versuchung war so groß, daß sie jeden Tag erneut mit dem Auto gegen die Mauer fahren wollte, damit es endlich ein Ende hat.

Die Gedanken an die Erlösung durch einen Unfall sind eine sehr kritische Phase während der depressiven Erkrankung. Zumal es ja noch weiter geht. Der Unfall tritt nicht ein, der Tod erscheint aber nach wie vor als Erlösung aus dem seelischen Schmerzerleben. Und dann entsteht der Gedanke an den Suizid. Wenn der Tod nicht von außen kommt, dann muß ich es selber tun.

Judith Pehrs: Wird der Suizid immer als Erlösung angesehen, oder entsteht er automatisch innerhalb der von Ihnen beschriebenen Sogkraft des Abgrunds?

M. Treichler: Ich denke, daß man beides sehen muß. Das eine ist, was der Depressive erlebt, das andere, was aus der Krankheit geschieht. Bisher habe ich beschrieben, was ein depressiver Mensch erlebt. Die zuerst vagen Gedanken an den Suizid führen schließlich dazu, daß der Tod als einzige Rettung erscheint. Diese werden immer konkreter, so daß die Dringlichkeit einer Hilfe ständig wächst. Das ist die Erlebnisseite des Patienten. Es ist die große Aufgabe im Umgang mit Depressiven, dieses Erlebnis zu bemerken und auch zu erfragen. Das wird häufig nicht getan, denn die meisten Menschen fragen Depressive nicht, ob sie Suizidgedanken haben, ob sie lebensmüde Stimmungen, Todessehnsüchte haben. Oftmals fragt man allein deswegen schon nicht, weil es als Tabu gilt, über die Selbsttötung zu sprechen, und vor allem fragt man nicht, weil man nicht wüßte, wie man reagieren sollte, wenn der Betreffende mit „Ja" antwortet. Denn dann wäre man existentiell verpflichtet, wirklich etwas zu tun. Deswegen schrecken viele Menschen – auch Ärzte – davor zurück, diese Frage zu stellen.

Und damit kommen wir zu dem anderen Punkt. Das Erleben der Todessehnsucht gehört zu der Krankheit der Depression hinzu. Es ist ein Symptom, daß es so erlebt werden muß, wie ich es gerade geschildert habe. Das Erlebnis der Schwere, des Schmerzes, des Soges führt fast automatisch dahin, daß der Depressive keinen anderen Ausweg als den des Sterbens sieht. Es ist also ein Symptom der Depression, Suizidgedanken zu haben. Da das aber so ist, müssen alle – vor allem Ärzte und Psychiater –, die mit Depressiven zu tun haben, nach diesem Symptom fragen.

Sie können folgenden Vergleich ziehen: Sie erzählen mir, daß Sie eine Lungenentzündung haben, und ich frage Sie nicht, ob Sie Husten haben. Das wäre ein Kunstfehler von mir. Zwar kann ich mir denken, daß Sie Husten haben, weil er zur Lungenentzündung dazugehört, aber ich muß fragen, ob es auch wirklich so ist. Ferner muß ich fragen, ob der Husten trocken oder feucht ist, vor allem nachts oder am Tage auftritt usw. Wenn der Psychiater nicht nach den Suizidgedanken fragt, vergißt er die Frage nach einem existentiellen Symptom. Suizidale Handlungen sind in diesem Falle nicht moralisch zu bewerten, sondern Symptome einer Erkrankung. Das ist ganz unabhängig von der Einstellung des betreffenden Menschen: von seiner Religion, seiner Weltanschauung oder seiner sozialen Zugehörigkeit. Als solches ist die Depression eine Erkrankung, bei der es um Leben und Tod geht. Vermutlich sind die allermeisten erfolgreichen Suizide der Menschen in Depressionen geschehen. Natürlich gibt es verschiedene Ansichten darüber, ob auch ein Nichtdepressiver einen Suizid begehen kann, aber es wird eben auch häufig die gut begründete Ansicht vertreten, daß ein Nichtdepressiver in aller Regel keinen Suizid begeht.

Zur Depression gehört also die Symptomatik der lebensmüden und den Tod ersehnenden Gedanken sowie das Erleben der Ausweglosigkeit und der einzigen Rettung in der suizidalen Handlung. Und der Patient erlebt nicht, daß dies ein Symptom seiner Erkrankung ist. Wenn er das könnte, wäre es natürlich viel einfacher. Aber gerade das kann er nicht. Wenn Sie Husten haben, und Sie wissen, daß Sie eine Lungenentzündung haben, dann wissen Sie auch, daß der Husten eine Folge der Lungenentzündung ist. Vom Depressiven wird der Suizidgedanke allerdings niemals so distanziert erlebt. Er ist für ihn eine Bedrohung, eine bedrohende Erlösung. Vor allem, wenn es religiöse Menschen sind, haben sie eine starke Hemmung vor dem Suizid, natürlich auch Anthroposophen. Wenn dieser Suizid aber als die einzige Erlösung erscheint, so schafft das bei diesen Menschen noch zusätzliche moralische Konflikte. Das Ausführen der suizidalen Handlung wird dadurch zwar erschwert – wenn auch nur eine Zeitlang –, aber das Erleben selbst wird nur noch belastender.

Die der Depression innewohnende Qualität

W.W.: Sie schreiben in Ihrem Buch „Sprechstunde Psychotherapie" (Stuttgart 1993), ausgehend von dem Satz Guardinis, „Die Schwermut ist etwas zu Schmerzliches, und sie reicht zutiefst in die Wurzeln unseres menschlichen Daseins hinab, als daß wir sie den Psychiatern überlassen dürften", daß die Depression etwas existentiell Menschliches sei und nicht nur Gegenstand psychologischer, psychiatrischer Arbeit sein dürfte, sondern Gegenstand unseres mitmenschlichen Denkens und Handeln. Warum?

M. Treichler: Das hat viele Facetten. Eine ist, daß das depressive Erleben so allgemein menschlich ist, daß man es nicht nur psychiatrisieren sollte. Wir sollten erkennen, daß das depressiv-melancholische Erleben etwas ist, das auch eine menschliche Qualität ausdrückt und nicht nur eine psychiatrische Krankheit bzw. ein psychopathologisches Phänomen ist. Das versuche ich auch immer mit meinen Patienten anzuschauen, sofern sie dazu in der Lage sind. Denn in dem depressiven Erleben liegen auch ganz große Qualitäten, und diese Qualitäten liegen sowohl in der biographischen, individuellen Lebensgeschichte des Patienten als auch in der ganzen Kulturgeschichte der Menschheit, wo sie zu den entscheidendsten Fortschritten geführt haben. Eine Depression kann also auch für einen Menschen einen entscheidenden Gewinn und Fortschritt bedeuten; allerdings wird er in der Psychiatrie meist nicht gesucht. Die Depression ist auch ein Phänomen, das man außerhalb des Krankhaften suchen muß. Deshalb geht es alle Menschen an, das Melancholisch-Depressive bei den anderen Menschen, aber auch bei sich selber zu erkennen und zuzulassen. Natürlich muß man unterscheiden können, wann sich ein Mensch in psychiatrische Behandlung begeben muß, aber vorher gibt es eben nichtpsychiatrische depressive Zustände, denen eine ganz bestimmte menschliche Qualität innewohnt.

W.W.: Man merkt an der Art, wie Sie im Gegensatz zu den anderen Krankheiten in Ihrem Buch über Depression schreiben, daß diese Erkrankung es Ihnen ganz besonders angetan hat. Mögen Sie schildern warum?

M. Treichler: Das hat verschiedene Gründe. Zum einen habe ich auch bei mir selber gelegentlich ein depressiv-melancholisches Element erlebt, wenn auch nicht im Sinne einer Erkrankung. Zum anderen kommen zu mir sehr viele depressive Patienten. Ferner habe ich ein großes Interesse an Biographien, vor allem von Persönlichkeiten aus dem künstlerischen und literarischen Bereich, die an Depressionen gelitten haben. Dort kann man die Depression auch von einer ganz anderen Seite kennenlernen, nämlich wie große Persönlichkeiten in ihrer Biographie mit Depressionen umgegangen sind.

Der Verlust der Werte und die Einsamkeit im Gedränge

J.P.: Die WHO (Weltgesundheitsorganisation) schätzt, daß es weltweit 435 Mio. depressive Menschen gibt. Warum sind die Depressionen heute zu den häufigsten seelischen Krankheiten geworden?

M. Treichler: Man schätzt, daß jeder dritte Mensch in einer Zivilisation wie der unsrigen einmal im Leben eine behandlungswürdige depressive Phase durchmacht. Diese Häufigkeit spricht auch schon dafür, daß man die Depression nicht nur den Psychiatern überlassen darf.

Warum das so ist? Allgemein wird es so gesehen, daß diese Krankheit in den sogenannten technisierten Zivilisationen viel häufiger auftritt als in den sogenannten einfachen Kulturen, am häufigsten in den Städten. Je weiter eine moderne Kultur dazu führt, daß Traditionen und alte Werte aufgegeben werden und verlorengehen, desto mehr neue Möglichkeiten bestehen zwar durch die Zivilisation und Technik, aber sie ersetzen noch nicht die alten traditionellen Werte. Neue Werte sind im Erleben der Menschen noch nicht tragfähig. Weil die alten Werte allerdings über Bord geworfen worden sind, ist ein gewisser Vakuumbereich entstanden: Das Alte ist verloren und trägt nicht mehr, das Neue hält noch nicht. In diesem Vakuum kann der Mensch bodenlos abstürzen und von der Schwere angezogen werden. – Er kann aber auch Neues entwickeln oder entdecken!

Hinzu kommt noch – besonders in den Großstädten –, daß die Menschen heute sehr viel einsamer sind. Es tritt das Paradoxon auf, daß man einsam im Gedränge ist. Es gibt überall Menschen, aber man hat keinen seelischen Kontakt mehr zu ihnen. Auf dem Dorf ist es einfacher, weil es dort nur wenige Menschen gibt, aber unter den Millionen einer Großstadt sind viele Menschen sehr einsam. Die seelische Isolierung bei gleichzeitiger Überfülle von Angeboten verstärkt das Erleben der Einsamkeit.

Überfüllung mit psychischen Inhalten durch die Medien

J.P.: Zählen Sie zu den verlorenen Werten auch die Religion?

M. Treichler: Natürlich. – Aber lassen Sie mich noch ein Drittes anführen, das in unserer Zeit hinzu kommt und die Depressionen begünstigt. Durch die Medien, durch die Verfügbarkeit einer Fülle von Bildern und Informationen von allem, was in der Welt geschieht, die ich mir in mein Zimmer holen kann, entsteht das, was man in der Fachliteratur als Psychisierung bezeichnet. Das bedeutet, daß ich mir zwar ganz viele Informationen in meine Seele hereinholen kann, aber es passiert in mir nichts. Es entsteht eigentlich das Gegenteil dessen, was gesund wäre. Der gesunde Vorgang ist, daß ich etwas aufnehme und verarbeite, um anschließend etwas damit zu machen. Ich erlebe etwas, mache mir ein Bild bzw. ein Urteil davon, und dann setze ich davon etwas in Handlung um. Ich gewinne Interesse oder sogar Begeisterung an einem Erlebnis, und ich setze es in die Tat um.

Aber heutzutage tritt das Gegenteil ein: Ich erlebe durch die Fülle der Medien viel, viel mehr als ich normalerweise direkt erleben würde, aber ich bleibe selber passiv. Ich sitze in meinem Sessel und nehme alles wahr; es sollte mich eigentlich anregen, irgendwo in der Welt einzugreifen bzw. mich zu engagieren, aber es kommt nicht so weit, weil es zu viele verschiedenartige Bilder sind, die auf mich

Amedeo Modigliani, Frauenbildnis mit Krawatte, 1917
Paris, Privatsammlung

einströmen. Ich nehme also alles in mich auf, aktiviere in mir aber keine Verarbeitung, es findet sozusagen keine Verdauung in mir statt, denn ich werde mit den Medienbildern vollgestopft. Das ist eine totale Psychisierung, Intellektualisierung und Steigerung des Nerven-Sinnesprozesses in mir, und es mangelt an der entsprechenden Umsetzung in Gefühle und Taten. Es ist wie eine Belagerung von Bildern in meiner Seele, mit denen ich nichts anzufangen weiß.

Und auch das führt meiner Einschätzung nach zu einem Prozeß des Beschwerens. Zunächst fühle ich mich unbewußt belastet, fühle eine Stagnation bzw. ein Aufstauen der Informationen, was sich dann häufig auch in aggressiven Handlungen entlädt, damit ich überhaupt etwas aus mir heraussetzen kann. Es führt zu einer Unbewältigbarkeit von psychischen Inhalten in den Seelen der modernen Menschen, zu einer unbewältigbaren Menge von Bildern und Informationen, die sich im Laufe der Jahre niederschlägt und immer belastender für den Menschen wird.

Zu dem Verlust der tragenden Werte, der Isolierung und der Überfütterung mit psychischen Inhalten kommt noch die Priorität materieller Werte hinzu. Diese materiellen Werte, die mit unserer industriellen Zivilisation zusammenhängen, verhindern den Zugang zu seelisch-geistigen Werten. Das Materielle selber – als Eigenständigkeit, nicht als Erscheinungsform, dem etwas Geistiges innewohnt – verstellt den Blick und führt vordergründig zu dem Erleben der Schwere.

Gesetzmäßigkeiten und Qualitäten, die die Materie fordert

Die Materie fordert ein ganz bestimmtes, gesetzmäßiges Handeln, wenn man mit ihr umgeht. Arbeitet man z.B. in einer Maschinenfabrik, so muß man immer sehen, daß man sich der Materie angemessen verhält. Wenn ich die Materie ordentlich und sinnvoll bearbeiten will, erfordert sie von mir Genauigkeit, Korrektheit und Sauberkeit. Das sind Qualitäten, die in den modernen Berufen immer mehr gefordert werden, die auch im Umgang mit den ständig verfeinerten technischen Möglichkeiten unumgänglich sind. Man muß immer korrekter, vorsichtiger und zuverlässiger sein, weil schon eine falsche Handbewegung bzw. eine falsch eingetippte Zahl eine Lawine auslösen kann. Man wird also immer mehr dazu genötigt, sich so zu verhalten, wie es die Gesetze der Materie fordern. Der Mensch gleicht sich diesen Gesetzen schließlich an. Wir sehen z.B., wie die Zunahme der elektronischen Datenverarbeitung den Menschen prägt, wie er sich darauf einstellt bzw. einstellen muß. Das sind Gesetzmäßigkeiten bzw. Qualitäten, die – wenn man sie hat – ganz nützlich sind, die aber an Bedeutung so zunehmen können, daß irgendwann ein Umschlag in der Seele des Menschen entsteht, der ganz spannend ist. Und wenn man die Menschen befragt, hört man, daß sie diesen Umschwung selber festgestellt haben.

J.P.: Wie wird dieser Umschwung von den Menschen beschrieben?

M. Treichler: Sie beschreiben z.B., daß sie diese Qualitäten der Zuverlässigkeit und Genauigkeit in ihrem Berufsleben stark ausgeprägt hatten, aber irgendwann gab es dann einen Moment, in dem sie erleben konnten, daß nicht mehr der Mensch die Qualität besitzt und über sie verfügt, sondern die Qualität nun den Menschen besitzt und über ihn verfügt. Und dadurch tritt etwas ganz anderes ein: Jetzt folgt der Mensch diesen Qualitäten und Gesetzmäßigkeiten, die die Materie fordert. In diesem Moment entstehen Unfreiheit und Trägheit, jetzt hat mich etwas in der Hand, das ich vorher selber in der Hand hatte. Und dann folge ich dem Trägheitsgesetz entsprechend den Qualitäten und ihren Forderungen. Und weil diese Qualitäten ganz und gar dem Materiell-Technischen entspringen, sind sie lebens- und seelenfeindlich. Deswegen führen sie im Prinzip auch zum Tod. Dieser Prozeß wird in der Seele als Depression erlebt. Diese Qualitäten liegen lediglich eine Stufe über der Schwerkraft innerhalb des Materiellen. Unter ihnen wirkt das urbildhafte Gesetz der Schwerkraft mit der schon besprochenen Anziehungskraft.

Dieses Prinzip wurde schon in der vorsokratischen Naturphilosophie bemerkt. Der Naturphilosoph Anaximander hatte z.B. die Idee, daß man jeden Ort der Erde in seinem Verhältnis zu jedem anderen Ort der Erde beschreiben können müßte, wodurch er eigentlich schon zu dem Bild der Erdkugel gelangte, obwohl damals noch das Bild der Scheibe galt. Er ging von diesem berechenbaren Prinzip aus, und dieses zur Schwere neigende Prinzip entsprach in der Medizin der Schwarzgalligkeit, der Melancholie. Es ist das gleiche Prinzip: berechenbar, konkret, genau, zuverlässig. Dieses Prinzip führte bis zur heutigen Technisierung.

Bei depressiven Menschen kann man nun Züge dieser Qualitäten feststellen. Natürlich gehen hier die Meinungen sehr weit auseinander, inwieweit diese prinzipiell sehr positiven Charaktereigenschaften prämorbid, also vor der Erkrankung, zu sehen sind. Der kürzlich verstorbene Heidelberger Psychiater und Melancholieforscher, Hubertus Tellenbach, hat diesen Typus melancholicus beschrieben. Und diesem Typus sind die Qualitäten Ordentlichkeit, Korrektheit, Sauberkeit, Pünktlichkeit eigen.

Was man zusätzlich bei Depressiven feststellen kann, ist die Neigung, alles schwer zu nehmen. Wenn man z.B. Patienten fragt, ob sie dazu neigen, eher etwas auf die leichte oder auf die schwere Schulter zu nehmen, dann wird es kaum einen Depressiven geben, der sagt, daß er etwas auf die leichte Schulter

Egon Schiele, Mutter mit zwei Kindern, 1917
Wien, Österreichische Galerie

Pablo Picasso, Artisten (Betrübte Mutter mit Kind), 1905
Stuttgart, Staatsgalerie. © VG Bild-Kunst Bonn, 1995

nimmt. Diese Tendenz des Schwernehmens hängt mit den genannten Qualitäten der Genauigkeit usw. zusammen, denn wenn ich etwas auf die leichte Schulter nehmen würde, könnte ich eine Handlung nicht korrekt ausführen. Sinnvolle Qualitäten, die man im Beruf sehr gut brauchen kann, ergänzen sich mit dem Schwernehmen. – Normalerweise sind Depressive vor ihrer Krankheit im Beruf sehr erfolgreich, denn sie haben sehr hohe Ansprüche an sich selber, und sie sind nicht damit zufrieden, wenn sie etwas gerade so eben ordentlich erledigt haben. Bei den depressiv Veranlagten muß alles sehr viel mehr als gut, nicht hundertprozentig, sondern hundertfünfzigprozentig erledigt werden. Oft sagen meine Patienten sogar, daß sie nicht mit hundertfünfzig Prozent zufrieden sind, sondern daß es noch besser sein müsse. Sonst sind sie mit sich selber nicht zufrieden. Das ist ein Kreislauf, der sich so lange fortsetzt, bis das ganze Geschehen nicht mehr in der Hand des Menschen liegt. Dann sind sie Gefangene dieser Qualitäten.

Männer überspielen Depressionen eher als Frauen

J.P.: Warum leiden mehr Frauen an Depressionen als Männer?

M. Treichler: Haben Sie irgendwo gelesen, daß jemand weiß warum?

J.P.: Diese Tatsache wird in der Literatur ständig behauptet. Oft wird sie damit erklärt, daß Frauen in einer männerorientierten Leistungsgesellschaft nicht zurechtkommen oder durch die Schönheitsindustrie und die Mode gegängelt werden, ferner unter der Doppelbelastung als Berufstätige und Mutter leiden.

M. Treichler: Ich will Ihnen nicht widersprechen, daß mehr Frauen als Männer an Depressionen leiden. Wahrscheinlich ist dem so. Selbstverständlich kenne ich die Literatur, und auch bei meinen Patienten stelle ich das fest, denn es sind sehr viel mehr Frauen unter ihnen als Männer. Es gibt übrigens zahlreiche Krankheiten, die beim weiblichen Geschlecht häufiger sind als beim männlichen. Auch im Krankenhaus gibt es immer sehr viel mehr Frauen als Männer. Wir haben hier z.B. auf einer Station ein bis zwei Zimmer mit Männern belegt, acht mit Frauen. Trotzdem muß man mit Beurteilungen sehr vorsichtig sein, und auch für mich ist dieses Phänomen bisher noch unerklärlich.

In bezug auf die Depression kann man allerdings sagen, daß Frauen allgemein sensibler als Männer sind, und die Depression hat sehr viel mit Sensibilität zu tun. Frauen lassen Depressionen wahrscheinlich auch eher zu, was ich positiv finde. Männer überspielen dergleichen häufiger. Allerdings kann man auch feststellen, daß bei der Altersdepression der Anteil von Männern recht groß ist.

J.P.: Kann es nicht auch sein, daß Männer mehr zu Suchtmitteln greifen, so daß Abhängigkeit von Alkohol, Drogen oder Medikamenten das vordergründige

Krankheitsbild ist, aber unter anderem auch Depressionen diagnostiziert würden, wenn sie keine Suchtmittel nehmen würden?

M. Treichler: Sicherlich haben Männer verschiedene Mechanismen, Depressionen nicht zuzulassen und zu umgehen. Dazu kann natürlich auch der Konsum verschiedenster Rausch- bzw. Suchtmittel gehören. Trotzdem warne ich davor, diese Krankheit zu einfach zu sehen, denn einer richtigen Depression kann sich kein Mensch entziehen, unabhängig von allen Ablenkungsstrategien. Bei den neurotischen und reaktiven Depressionen helfen derartige Ablenkungsstrategien womöglich, nicht aber bei der endogenen Depression.

Zu erwähnen wäre auch noch die Beziehung des männlichen bzw. weiblichen Geschlechts zur Erde und zu dem, was die Erde als Qualität besitzt. Desweiteren haben Frauen labile Phasen – Pubertät, Klimakterium, Schwangerschaft –, die die Männer in dieser Weise nicht durchmachen, durch die aber Depressionen ausgelöst werden können.

J.P.: Wie hoch schätzen Sie die Dunkelziffer derjenigen, die an Depressionen leiden, sie aber nicht behandeln lassen, und wie hoch ist der Anteil derer, die larvierte Depressionen haben, sie also nicht erkennen?

M. Treichler: In der Zahl von 435 Mio. ist der Großteil dieser Dunkelziffer und der larvierten Depressionen mit einbezogen. Man schätzt, daß von zehn Depressiven nur einer zum Arzt geht, so daß die Dunkelziffer neun mal höher als die der behandelten Fälle ist. Auch die Menschen, die an larvierten Depressionen leiden, sind in dieser Zahl zum Teil mit enthalten, aber das beruht natürlich nur auf einer ungefähren Schätzung. Denn die Patienten, die an larvierten Depressionen leiden, werden am häufigsten fehldiagnostiziert und fehlbehandelt. Sie gehen zuerst zum Hausarzt, dann zum Orthopäden, schließlich zum Internisten usw. Das kann über Jahre hinweg so weiter gehen, bis sie endlich zum Psychotherapeuten oder Psychiater kommen.

Reaktive Depression

W.W.: Sie teilen die Depressionen in vier verschiedene Hauptgruppen ein: psychogene Depression, endogene Depression, exogene bzw. somatogene Depressionen sowie die Erschöpfungsdepression. Zur ersten Gruppe gehören sowohl die reaktiven als auch die neurotischen Depressionen. Was ist eine reaktive Depression, und wodurch entsteht sie?

M. Treichler: Die reaktive Depression ist im Grunde die einfachste Form der Depression. Sie ist die Antwort auf ein belastendes Ereignis, das für den Betroffenen so schwer wiegt, daß er nicht angemessen, d.h. ohne Krankheit reagieren

J.M. William Turner, Sklavenhändler werfen die Toten und Sterbenden über Bord –
ein Taifun kommt auf, 1843. London, Tate Gallery

J.M. William Turner, Frieden: Begräbnis auf See, 1841
London, Tate Gallery

kann und depressiv darauf antwortet. Es gibt also immer ein ursächlich auslösendes Ereignis; häufig sind das Verlusterlebnisse. Aber es können auch individuell verschiedene Erlebnisse sein, die für die betreffende Persönlichkeit ein schweres belastendes Moment darstellen.

Gehen wir einmal von einem Verlusterlebnis aus, dann ist es wichtig zu unterscheiden, wie ein gesunder Mensch z.B. auf den Verlust eines Partners antwortet, und wie sich demgegenüber ein Mensch verhält, der dann eine reaktive Depression bekommt. Hierbei gibt es qualitative Unterschiede. Das gravierendste Verlusterlebnis ist der Tod eines nahen Angehörigen. Wenn ein uns nahestehender Mensch stirbt, reagieren wir mit Trauer. Das ist etwas Richtiges, Natürliches und Gutes. Es ist nicht leicht zu erkennen und zu unterscheiden, ob und wann ein Mensch aus der normalen Trauer in eine reaktive Depression verfällt. Ist ein bestimmter Mensch noch in Trauer, oder hat er schon eine reaktive Depression?

W.W.: Wie unterscheidet sich die normale Trauer von einer reaktiven Depression?

M. Treichler: Depression ist keine Trauer. Das merkt man schon daran, daß der Depressive in der Regel nicht sagt, daß er traurig ist. Der Depressive ist depressiv, der Trauernde ist traurig. Beides ist grundverschieden. Der Trauernde ist auf Mitgefühl ansprechbar und fühlt sich im Mitgefühl anderer Menschen verstanden und aufgehoben, während der Depressive dafür wenig ansprechbar ist. Er fühlt sich allein und isoliert, oft auch unverstanden, versteht er sich doch meist selbst nicht.

Der zweite Unterschied ist der, daß der Trauernde trotz seiner Traurigkeit noch seinen Aufgaben und Verpflichtungen nachkommt. Er tut noch das, was von ihm erwartet wird, auch wenn er es anders als vorher – nämlich mit trauriger Stimmung – durchführt. Der Depressive tut dies mit zunehmender Depression nicht mehr. Zu Beginn kommt er seinen Verpflichtungen noch nach, dann immer weniger, schließlich gar nicht mehr. Er kann es nicht mehr.

Ein Drittes ist, daß der Trauernde sehr wohl Perspektiven für seine Zukunft hat. Die Zukunft sieht zwar verändert aus, weil z.B. ein naher Angehöriger verstorben ist, aber es gibt weiterhin Perspektiven für die Zukunft. Der Trauernde macht sich diese Zukunftsperspektiven auch, vielleicht nicht sofort, aber mit der Zeit wendet er sich wieder mit neuem Interesse, mit neuer Initiativkraft seinen nun veränderten Zukunftsperspektiven zu. Der Depressive hat keinerlei Zukunftsperspektive. Für ihn bedeutet die Zukunft nur die Fortsetzung der Vergangenheit, und die Vergangenheit war schlecht. Das ist ein ganz wesentlicher Unterschied.

Ein vierter Unterschied ist der, daß der Trauernde niemals eine Einschränkung seines Selbstwertgefühls erlebt, er ist im Selbstwerterleben unerschüttert. Der Depressive dagegen ist in seinem Selbstwerterleben ganz gravierend erschüttert. Während der Depression erlebt er sich als etwas ganz anderes als vorher. Das ist ganz wesentlich.

Das sind vier rein psychologische Kriterien, die eine Unterscheidung möglich machen, und die man im psychiatrischen Gespräch eruieren kann. Vielleicht kann man nicht immer im ersten Gespräch erkennen, ob noch eine gesunde Trauer vorliegt oder schon eine reaktive Depression.

Als weiteres kommen noch die Dauer und Intensität von Traurigkeit oder Depression hinzu. Das ist natürlich ein sehr subjektives Feld, denn wie lange darf ein Mensch trauern? Schließlich ist es ein Unterschied, ob ein Angehöriger verstorben oder ob einem 16jährigen die Freundin fortgelaufen ist. Im zweiten Fall gibt es auch relativ objektive Kriterien in bezug auf die Dauer, so daß man sich fragen kann, ob das noch normaler Liebeskummer oder schon eine reaktive Depression ist. Bei Todesfällen ist das natürlich etwas kritischer. Aber bei uns gilt immer noch das eine Jahr für die Trauer um einen Angehörigen, dann aber sollte sie zu Ende sein. Vielleicht klingt das willkürlich, aber es ist seit sehr langer Zeit eine Tradition. In anderen Kulturen ist das anders. Diese Dinge sind stark kultur- und religionsabhängig. Aber irgendwann wird es immer einen Zeitpunkt geben, über den man sagen muß, daß gemäß des Ereignisses die Trauer nicht mehr angemessen und bereits in eine reaktive Depression übergegangen ist.

Bei einer reaktiven Depression können vegetative Beschwerden auftreten, bei normaler Trauer kaum. Ich denke dabei z.B. an Appetitlosigkeit, Einschlafstörungen usw.

Psychosen und Neurosen

W.W.: Inwiefern unterscheiden sich – allgemein gesehen – Neurosen von den Psychosen?

M. Treichler: Psychosen gliedern sich zum einen in die große Gruppe von affektiven Psychosen – Depression, Manie und manisch-depressives Kranksein – und zum zweiten in die schizophrenen Psychosen. Beides sind schwere seelische Erkrankungen, zu deren Entstehung als Erklärung entweder ein ganzes Bündel von Ursachen heranzuziehen versucht wird oder von derem Entstehen wir letztes Endes sagen müssen: Wir wissen nicht, warum ein Mensch eine Psychose bekommt. Beides braucht sich nicht zu widersprechen, denn das Bündel von Ursachen kann so groß und vielfältig sein, daß es unbefriedigend und nicht

Edvard Munch, Melancholie, 1894/95
© The Munch Museum/The Munch Ellingsen Group/VG Bild-Kunst Bonn, 1995

Edvard Munch, Melancholie
© The Munch Museum/The Munch Ellingsen Group/VG Bild-Kunst Bonn, 1995

schlüssig ist. Das zweite ist ein Eingeständnis, das der modernen Medizin nicht leichtfällt: daß man nicht weiß, warum eine Psychose entsteht.

Psychosen haben in ihrem Verlauf eine sehr starke Eigengesetzlichkeit. Eine Psychose sieht also mit allen gesetzmäßigen Erscheinungsformen bei allen Menschen ähnlich aus, so daß man sie relativ leicht erkennen kann. Diese Eigengesetzlichkeit drängt das Individuelle in großem Maße zurück. Je stärker eine Psychose ist, desto weniger Individuelles erscheint noch von dem Menschen in der akuten Krankheit.

Im Unterschied dazu haben Neurosen nicht diese ausgeprägte Eigengesetzlichkeit. Sie haben mit der Biographie, mit der seelischen Entwicklung und den seelischen Erlebnissen des Menschen sehr viel mehr zu tun als Psychosen. Wenn man eine Neurose diagnostiziert, so sollte man sie auch aus der Vergangenheit, aus der Vorgeschichte der seelischen Entwicklung, den Erfahrungen, Gewohnheiten, Einstellungen und einer gewissen dispositionellen und konstitutionellen Veranlagung des Menschen herleiten und verständlich machen können. Bei der Psychose geht dies nicht.

Die Psychose tritt also irgendwann im Laufe des Lebens mit einer Eigengesetzlichkeit auf, gewisse Erscheinungen können als Vorboten dagewesen sein, auch wenn sie meist übersehen werden, und dann hat sie eine ziemlich starke Kraft. Die Neurose dagegen hat eine sehr lange Vorgeschichte und benötigt sehr viele Faktoren, die alle zusammenwirken müssen, damit eine Neurose entstehen kann.

Neurotische Depression

W.W.: Zu den psychogenen Depressionen gehört außer der reaktiven auch die neurotische Depression. Können Sie das Krankheitsbild einer neurotischen Depression kurz darstellen?

M. Treichler: Auf der einen Seite kann man sagen, daß sich alle Depressionen ähneln und die Menschen auch etwas Ähnliches erleben, andererseits kann man eine neurotische Depression von einer endogenen Depression unterscheiden.

Ein neurotisch-depressiv kranker Mensch erlebt auch dieses Schwere in seiner Seele. Er durchlebt ebenfalls das Versagen, die Schuldgefühle, die depressiven Stimmungen bis hin zum Suizidgedanken, aber im Unterschied zur reaktiven Depression ist nicht nur ein auslösendes Ereignis verantwortlich zu machen. Auch wenn es ein auslösendes Ereignis gibt, dann ist das in seiner Bedeutung gering, oder es ist nicht nachvollziehbar, warum es eine so schwere Reaktion nach sich zieht. Das rührt daher, daß es nur im Zusammenhang mit der ganzen seelischen Entwicklung und Vorerfahrung verständlich ist.

Während aber die reaktive Depression eine Verlaufszeit von Wochen bis wenigen Monaten hat und dann in der Regel mit Bewältigung des Ereignisses wieder abklingt, kann die neurotische Depression Monate oder sogar Jahre dauern und verschwindet nicht mit der Bewältigung eines Ereignisses. Sie nimmt für sich selber eine sehr viel längere Zeitspanne in Anspruch, sie dauert sogar länger als eine endogene depressive Phase. Ferner richtet sich die neurotische Depression nicht nach gewissen Gesetzmäßigkeiten, die z.B. die endogene Depression hat.

Ein Unterschied der neurotischen Depression zur endogenen Depression besteht in bezug auf Schuldgefühle. Der endogen-depressiv Kranke, über den wir nachher noch sprechen müssen, erlebt die Schuld immer bei sich: Schuld an seiner Erkrankung, Schuld an einer Situation, Schuld überhaupt. Der neurotisch-depressiv erkrankte Mensch erlebt die Schuld häufig bei den anderen Menschen. Damit tritt eine Polarität ein: Schuld wird bei beiden Depressiven erlebt; der Endogen-Depressive erlebt sie verstärkt auf sich selber projiziert, auch Schuld, die objektiv gar nicht mit ihm zu tun hat, während der Neurotisch-Depressive die Schuld bei den anderen erlebt. Dadurch kommt es zu einer Vorwurfshaltung des Neurotisch-Depressiven gegenüber seinen Mitmenschen, was den Umgang mit Neurotisch-Depressiven natürlich sehr erschwert.

W.W.: Im menschlichen Leben wird der größte Teil der Probleme verdrängt, Konflikte werden oft nicht gelöst, Gewohnheiten schleifen sich ein, sinnlose Erwartungen werden gehegt. Alles prägt sich in dem unterbewußten Teil des Menschen ab, vorwiegend in seinem Ätherleib, wo es dann als unbewältigter Ballast seiner Aufarbeitung harrt. Spielen diese ungeklärten Faktoren eine Rolle bei der Entstehung neurotischer Depressionen?

M. Treichler: Selbstverständlich, sie alle sind mitverantwortlich.

W.W.: Ist demzufolge ein Neurotisch-Depressiver eher ein konfliktscheuer Mensch, der Konflikte nicht zu Ende austragen kann, dem es an Mut fehlt?

M. Treichler: Ja, das kann man erwarten. Obwohl man sagen muß, daß die entsprechenden Menschen vor Ausbruch einer neurotischen Depression weit weniger auffällig neurotisch sind als Menschen mit anderen neurotischen Erkrankungen.

Endogene Depression

W.W.: Auf der anderen Seite gibt es die Gruppe der endogenen Depressionen. Vorab nur kurz: Wie aktuell ist dieser Begriff noch?

M. Treichler: Es ist ein typisch deutscher Begriff, im DSM-IV und dem ICD-10 wird dieser Begriff nicht mehr verwandt, im angelsächsischen Raum konnte

Marc Chagall, Einsamkeit, 1933
Tel Aviv, Tel Aviv Museum. © VG Bild-Kunst Bonn, 1995

man mit diesem Begriff ohnehin nie sehr viel anfangen. In der neueren psychiatrischen Terminologie wird diese Depression die Major depression genannt werden, die große Depression, im Unterschied zur Minor depression.

W.W.: Die endogene Depression überfällt den Menschen ohne jeden äußeren Anlaß, wie aus heiterem Himmel. Können Sie diesen Seelenzustand kurz charakterisieren?

M. Treichler: Die endogene, endomorphe oder große Depression kann den Menschen tatsächlich aus heiterem Himmel überfallen. Im Unterschied zur reaktiven Depression muß kein auslösendes Ereignis vorliegen, trotzdem kann es solche Ereignisse geben. Im Unterschied zur neurotischen Depression ist sie nicht von der seelischen Vorentwicklung und Vorerfahrung abhängig. Sie beginnt schleichend oder von einem Tag auf den anderen. Der Patient kann abends gesund und normal fröhlich zu Bett gehen, und morgens hat er eine Depression. Dieser schlagartige Beginn ist häufig, genauso schlagartig kann sie aber auch enden. Also man geht abends zu Bett, und morgens ist sie weg.

Jahreszeitlich gebundene Eigengesetzlichkeit

Sie hat einen phasischen Verlauf. Darin zeigt sich die Eigengesetzlichkeit, die ich auch vorhin bei den Psychosen genannt habe. Sie tritt jahreszeitlich gehäuft auf, also zu bestimmten Jahreszeiten oft, zu anderen nicht.

W.W.: Nämlich?

M. Treichler: Sie tritt im Frühjahr und im Herbst auf, typischerweise nicht im Sommer und im Winter. Im einfachsten Falle dauert eine endogene Phase eine Jahreszeit, also den gesamten Frühling oder den Herbst, und sie hört mit der nächsten Jahreszeit auf. – Die etwas kompliziertere endogene Depression kann die folgende Jahreszeit noch mitnehmen, die noch schwerere Depression kann in der dritten Jahreszeit bleiben bzw. sich wieder verstärken. Dann dauert sie drei Jahreszeiten. Ganz selten dauert eine endogene Depression länger als ein Jahr. Wenn behauptet wird, ein Mensch habe eine endogene Depression, die ununterbrochen länger als ein Jahr anhält, so muß man sich das ganz genau anschauen, ob es sich auch wirklich so verhält.

Die endogene Depression hat eine Beziehung zu den Jahreszeiten, vorwiegend zum Frühjahr und zum Herbst. Im Frühjahr beginnt sie meist im März, hat im Mai ihren Höhepunkt und klingt mit dem Sommer wieder ab. Wenn sie im Herbst auftritt, beginnt sie im September, hat im Oktober ihren Höhepunkt und verschwindet, wie man früher sagte, mit dem ersten Schnee. Das trifft heute natürlich nicht immer so bilderbuchmäßig zu, denn wie alle Gesetzmäßigkeiten weichen auch diese auf, aber Beginn und Höhepunkt sind nach wie vor im Frühjahr und im Herbst zu finden. Auch in der Suizidstatistik kann man feststellen, daß die erfolgreichen Suizide zwei Häufigkeitsgipfel im Mai und im Oktober haben. Das sind die Suizide der depressiven Menschen.

W.W.: Warum ist die Suizidrate gerade in der Mitte dieser beiden Jahreszeiten so hoch?

M. Treichler: Weil das die schönsten Monate sind: der Wonnemonat Mai sowie der goldene Oktober.

W.W.: Wahrscheinlich auch, weil man dann den krassen Widerspruch zwischen dem Naturzustand draußen und dem eigenen Seelenzustand spürt?

M. Treichler: Genauso ist es. Es besteht ein krasser Gegensatz zu der Qualität der jeweiligen Jahreszeit. Goethe hat diese Krankheit auch gehabt, wahrscheinlich eine endogene Depression, vielleicht auch eine manisch-depressive Erkrankung, und er hat seine eigene Suizidalität mit den „Leiden des jungen Werther" aus sich herausgesetzt. Nachdem er sein Leiden verobjektiviert hatte, konnte er von sich sagen, daß er nie wieder in seinem Leben suizidal geworden ist, auch wenn er immer wieder depressive Phasen bekam. Er beschreibt in „Dichtung und Wahrheit", daß es für den Menschen die schwerste Erkrankung sei, wenn er nicht mit den Jahreszeiten mitfühlen könne. Wenn es in der Natur immer schöner wird und im Mai die wonnigste, schönste, blühendste Jahreszeit um uns herum ist und die Seele im Erleben dann nicht mithalten kann, oder wenn sich im Oktober die Blätter bunt färben, die Früchte gereift sind und alles noch einmal schön und warm ist und dann die Seele mit diesem äußeren Naturzustand nicht mithalten kann, dann ist die Diskrepanz zwischen dem äußeren Naturzustand und dem, was ich selber, im Gegensatz zu meinen Mitmenschen, in meiner Seele als Niedergeschlagenheit erlebe, so groß, daß es als besonders belastend empfunden wird. Wenn dann der November kommt, wenn alles grau und naß ist und alle Menschen über das Wetter schimpfen, dann ist das eine große Entlastung. Dann fühlt man sich aufgehoben, denn man sieht, daß es den anderen Menschen auch nicht viel besser geht. Das sind jetzt scheinbar banale Erklärungen, aber die Erfahrung zeigt, daß davon etwas in der Seele lebt. Der Kontrast zur Jahreszeit – überhaupt nicht miterleben zu können, was mir die Natur bietet – macht diesen Seelenzustand noch sehr viel schwerer.

Übrigens nehmen nicht nur die Depressionen im Frühjahr zu, sondern auch die Metastasierungen der Karzinomerkrankungen.

Wenn der Mensch erlebt, daß seine eigene Vitalität nicht mit der Natur mitgeht, dann leidet die Seele sowohl unbewußt als auch bewußt daran. Das ist ein Prozeß, der irgendwann zur Dissoziation führt: Die Natur entwickelt sich weiter, aber die menschliche Seelenstimmung geht nicht mit. Das ist die eine Gesetzmäßigkeit, die sich auf den Beginn der Krankheit bezieht. Natürlich kann eine Depression auch im März auftreten, und der Mensch kommt erst im Juli zur Behandlung. Das darf man nicht verwechseln. Es dauert oft lange, bis die Menschen zur Behandlung kommen. Der jahreszeitliche Beginn im Frühjahr und im Herbst ist für mich ganz eindeutig, auch wenn die Patienten das von sich aus zunächst nicht so erzählen. Ihre Aufmerksamkeit richtet sich natürlich eher auf ein Ereignis als Erklärung als auf die Jahreszeit.

Rhythmische Gesetzmäßigkeiten während des Tagesverlaufs

Eine andere Gesetzmäßigkeit ist, daß die endogene Depression auch jahreszeitlich bedingt aufhört, obwohl das heutzutage wegen der Behandlungsmethoden schwer zu erkennen ist. Hinzu kommt noch, daß sie auch im Tageslauf eine Rhythmik hat, die ganz eigenständig und von den anderen Depressionsformen zu unterscheiden ist. Allen Depressiven geht es morgens am schlechtesten, weil ihnen dann alles am schwersten fällt. Auch bei der endogenen Depression ist ein deutliches Morgentief zu bemerken. Über den Tag hin kann sich die Stimmung leicht bessern, und am Abend fällt alles leichter. Dieses abendliche Leichterwerden kann graduell verschieden sein: Es kann nur anfänglich spürbar sein, es kann aber auch deutlicher oder sogar derart auffallend werden, daß die Depression am Abend verschwunden ist und der Patient abends sogar euphorisch sein kann. Er geht dann euphorisch zu Bett in dem festen Glauben, daß er geheilt ist, aber am nächsten Morgen ist die Depression wieder da. Das Spektrum reicht also von kaum spürbaren bis hin zu eklatanten Veränderungen im Laufe eines Tages.

Eine weitere Eigengesetzmäßigkeit ist, daß der endogen-depressive Mensch in der Regel abends gut einschläft und in der Nacht aufwacht, und zwar frühmorgens zwischen 2.00 und 4.00 Uhr. Dieses Aufwachen ist unangenehm, und er kann nur sehr schwer wieder einschlafen. Manche Patienten schlafen gar nicht mehr ein. Andere brauchen dazu ein bis zwei Stunden und wachen kurz danach wiederum auf. Auf jeden Fall kann man eine deutliche Durchschlafstörung mit einem Erwachen am frühen Morgen feststellen. Für die reaktive und neurotische Depression gilt dies nicht.

W.W.: Schlafen Menschen, die an diesen Depressionen leiden, abends schwerer ein?

M. Treichler: Ja. Bei der reaktiven Depression ist das sehr leicht nachvollziehbar, weil das auslösende Ereignis einen am Einschlafen hindert. Wenn man dann aber einmal schläft, dann schläft man auch durch. Natürlich darf man nicht übersehen, daß es auch Mischformen von depressiven Erkrankungen gibt: endo-reaktiv, endo-neurotisch.

Schuld, Angst und Schmerz

W.W.: Als besonders stark wird immer der Schmerz beschrieben, den man bei dieser Krankheit hat. Die lähmende Schwermut sei die qualvollste aller Krankheiten, man fühle sich wie ein Kokon aus Stein mit versteinerten Gesichtszügen, Blei in den Armen und Beinen, mit einer kreisenden Eisenkugel im Kopf. Die Seele sei von einem Schleier bedeckt, der Geist von Giftdämpfen eingehüllt, jede Energie erstickt. Wie kann man den Schmerz charakterisieren, der aus und in dieser Situation entsteht, und warum ist er so stark?

M. Treichler: Sie haben bereits auf sehr prägnante Bilder hingewiesen, und in den meisten findet man den Charakter der Schwere. Ergänzend gehört bei den endogen-depressiv Erkrankten noch das Schuldgefühl hinzu. Sie fühlen sich in bezug auf ihren jetzigen Zustand schuldig. Das führt dazu, daß diese Menschen ihren Zustand über lange Zeit hinweg nicht als Krankheit begreifen können und es auch nicht für möglich halten, eine Hilfe bekommen zu können. Denn, wenn ich schuldig geworden bin, wer will mir da helfen? Wenn überhaupt, so kann ich das nur selber erledigen, indem ich die Schuld wiedergutmache.

Dadurch tritt ein weiterer Mechanismus auf, nämlich daß der Endogen-Depressive sehr stark auf seine Vergangenheit hin orientiert ist. Er erlebt seine Vergangenheit so, daß er versagt hat, Fehler gemacht hat, schuldig geworden ist. Seine Vergangenheit bestimmt ihn, und er fühlt Schuld und Schmerz. Deswegen ist er bestrebt, seine Schuld aus der Vergangenheit wiedergutzumachen. Am liebsten würde er die Vergangenheit korrigieren. Der gesunde Mensch sagt sich, daß man das, woran man in der Vergangenheit schuldig geworden ist, in der Zukunft wiedergutmachen kann, indem man sich anstrengt, es in der Zukunft anders zu machen. Diesen Überstieg in die Zukunft beherrscht der Endogen-Depressive aber nicht. Er erlebt, daß er erst die Vergangenheit wiedergutmachen muß, bevor es in der Zukunft besser werden kann. Das aber führt ihn in einen quälenden Zirkel, in dem er sich keine positiven Zukunftsmöglichkeiten vorstellen kann, solange die Vergangenheit unbewältigt ist. Deswegen ist sein Zustand hoffnungslos, von Schuld und Versagen gekennzeichnet, und es gibt kaum ein Entrinnen. Er erlebt das Gebundensein an die Vergangenheit und das fehlende Vermögen, in die Zukunft zu denken und zu planen.

W.W.: Und wie steht es mit dem Schmerz?

Eduard von Steinle, Melancholie, 1867
Frankfurt, Städelsches Kunstinstitut

M. Treichler: Hinzu kommt noch die Angst, wie er diese Zukunft ertragen soll. Und dann tritt noch der Zweifel hinzu, was das Ganze überhaupt für einen Sinn hat. Es ist auch ein Zweifel an der Sinnhaftigkeit und Bedeutung dieses Erlebens. Der Depressive erlebt ganz stark die Sinnlosigkeit des Lebens, weil sich alles unter dem Diktat der Vergangenheit und der Schuld fortentwickelt. Diese ganzen Phänomene führen zu dem Schmerz, dies alles so erleben zu müssen.

Wenn man nicht mehr weiß, ob man überhaupt noch lebt

Zu Beginn einer endogenen Depression wird alles noch schmerzhaft und verzweiflungsvoll erlebt. Irgendwann tritt aber ein Zustand ein, in dem die Verzweiflung, der Schmerz, das Schulderleben und die Niedergeschlagenheit plötzlich nachlassen, und dann stellt sich ein Zustand ein – und das ist das größte Schmerzerleben –, in dem sich das gesamte Fühlen in ein Gefühl der Gefühllosigkeit auflöst. Dieses Gefühl ist so stark, daß der Mensch oft nicht mehr weiß, ob er überhaupt noch lebt, ob er überhaupt noch fühlen kann, ob es in seiner Seele überhaupt noch irgendeine Existenz gibt. Vorher war der Schmerz intensiv und stark, jetzt läßt er scheinbar nach, und es tritt das allerschlimmste Gefühl ein: daß der Mensch überhaupt nichts mehr fühlt! Alles ist ausgestorben und verlassen.

W.W.: Das ist dann der besagte Kokon aus Stein!

M. Treichler: Ja, genau. Das ist der schlimmste Zustand, den ein depressiver Mensch erleben kann. Er erlebt nicht einmal mehr Trauer. Das sind dann die Zustände, in denen ein Depressiver nicht mehr weinen kann, was vorher möglich war und nachher auch wieder möglich sein wird. Es ist ein Fortschritt, wenn ein Depressiver wieder weinen kann. Aber in diesem Zustand der absoluten Tiefe ist keinerlei Gefühlsregung mehr möglich. Das ist der tiefste Schmerz, den ein Mensch überhaupt durchmachen kann, in dem er unbedingt Beistand und Hilfe benötigt. Denn dieser Schmerz ist kaum zu ertragen.

W.W.: Inwiefern ist diese Form der Erkrankung heilbar?

M. Treichler: Die reaktive Depression ist leicht heilbar, weil man das auslösende Ereignis oft schnell auflösen und bewältigen kann. Das ist im Grunde die leichteste Form einer Depression. Die neurotische Form der Depression ist natürlich auch behandelbar, wenn man sich auf die ganze seelisch-biographische Situation einläßt. Allerdings bedeutet das für den Patienten, daß er sich selber darauf einlassen muß. Die endogene Form der Depression ist behandelbar und in begrenztem Maße heilbar, insofern sie durch ihre Eigengesetzmäßigkeit teilweise erkennbar ist.

Zunächst kann man sagen, daß jede Phase einer endogenen Depression auch wieder aufhört. Das ist gesichert. Im Umgang mit einem depressiven Menschen ist es zunächst einmal wichtig, daß der behandelnde Therapeut nicht einfach locker ausspricht, daß diese Krankheit vorbeigehe und der Patient durchhalten solle, sondern daß aus einer ganz absolut seriösen Kompetenz gesagt werden kann, daß diese Krankheit auch wieder ein Ende hat. Die endogene Depression ist keine chronische Krankheit, die beständig weitergeht, sondern sie ist eine Krankheit, die in Phasen verläuft und absolut sicher wieder aufhört. Danach ist der Mensch wieder so gesund wie vorher, obwohl es das Ziel sein sollte, daß er dann etwas anders und etwas mehr ist als zuvor.

Diese Krankheit kommt nicht ganz befriedigend erklärbar von innen, ist nicht rein seelisch, auch nicht rein sozial bedingt, sondern eine Ursache dieser Eigengesetzmäßigkeit ist auch eine biologische. Deswegen muß man diese Form der Depression immer auch medikamentös behandeln. Darin liegt die gute Behandelbarkeit dieser Depressionsform. Man sollte sie mit einer Kombination aus psychotherapeutischem, soziotherapeutischem Angebot sowie mit einem Angebot an aktiven Therapien und einer Medikation behandeln. Wichtig ist, nicht nur eine Therapieform anzuwenden, sondern mehrere zugleich. Das hat die besten Erfolgschancen.

Ehrlicherweise muß man allerdings sagen, daß es von vornherein nicht zu sagen ist, daß man eine endogene Depression so heilen kann, daß sie nie wiederkommt. Behandlungsziel ist, daß man eine endogene Depression so weit in den Griff bekommt, daß jede Phase für sich genommen erträglich wird, obwohl man nicht vorhersagen kann, daß nicht irgendwann doch wieder eine neue Phase beginnt. Die neuen Phasen erträglich zu machen, ist das erreichbare Behandlungsziel.

Exogene und somatogene Depression

J.P.: Was sind exogene bzw. somatogene Depressionen?

M. Treichler: Erstere sind Depressionen, die durch äußere Stoffe, die ein Mensch aufgenommen hat, verursacht werden. Es gibt eine Reihe von Arzneimitteln, die zu Depressionen führen können. Man muß wissen, wenn ein Mensch entsprechende Arzneimittel nimmt und depressiv wird, daß es dann nicht darum geht, Depressionen zu behandeln, sondern zu schauen, ob er diese Medikamente wirklich weiternehmen muß. – Somatogene Depressionen sind solche, die von einer körperlichen Erkrankung ausgehen. Bei ihnen kommt es darauf an, diese organische Erkrankung zu diagnostizieren und zu behandeln und sie nicht zu übersehen. Es kann nämlich sein, daß eine Depression vordergründig ist und die körperliche Erkrankung gar nicht anders als durch die Depression in Erscheinung tritt. Aber das sind seltene Formen depressiver Erkrankungen.

J.P.: Denken Sie jetzt z.B. an Depressionen, die entstehen, weil die Nieren nicht richtig funktionieren?

M. Treichler: Nein, das meine ich jetzt nicht, sondern ich denke z.B. an einen Hirntumor, der nur durch eine Depression in Erscheinung tritt, indem es zu einer Wesensänderung beim Betroffenen kommt, die wie eine Depression aussieht. Auch ein Pankreas-Karzinom kann Erscheinungen hervorrufen, die wie eine klassische Depression aussehen. Wenn ein solcher Patient zum Psychiater kommt, darf man nicht außer acht lassen, daß die eigentliche Erkrankung auch etwas anderes sein könnte und sich nur in der Form einer Depression ausdrückt.

J.P.: Gilt dies für jede Form eines Karzinoms?

M. Treichler: Nein, es ist aber vor allem für das Pankreas-Karzinom typisch. Andere Karzinomarten haben häufig in der Vorgeschichte eine oder mehrere depressive Phasen, ferner nochmals im Laufe der Karzinom-Erkrankung. Aber dann ist das Karzinom in der Regel schon erkannt und behandelt. Die depressive Phase ist also keine Erscheinungsform, sondern eine Begleitform. Beim Pankreas-Karzinom und beim Hirntumor sind die Depressionen dagegen Erscheinungsformen.

Spezifisch weibliche Depressionen

J.P.: Gehören zu dieser Gruppe der somatogenen Depressionen auch die „nur weiblichen" Depressionen: die Wochenbettdepression, die sogenannte postnatale Depression, sowie die mit den Wechseljahren auftretende Depression?

M. Treichler: Nein, nach meinem Verständnis nicht. Sie hängen mit dem biologischen Rhythmus der Frau zusammen und haben schon eine Beziehung zur endogenen Depression, auch wenn sie nur an diese biologische Phase gebunden auftreten. Das Erscheinungsbild ist häufig das einer endogenen Depression. Es kann auch einmal im Rahmen einer psychogenen Depression erscheinen. In der labilen Phase des Wochenbetts oder des Klimakteriums gibt es für die Frau die Möglichkeit, je nach eigener seelischer Konstitution im Sinne einer psychogenen Reaktion depressiv zu erkranken oder aber auch im Erscheinungsbild einer endogenen Depression.

J.P.: Können Hormonumstellungen nach der Geburt eines Kindes auch Depressionen auslösen?

M. Treichler: Die Hormonumstellungen haben dabei immer eine Bedeutung, wobei man sie aber nicht überschätzen darf, denn sonst müßte jede Frau z.B. nach der Geburt eines Kindes depressiv erkranken. Es ist nur die Bereitstellung einer gewissen labilen Situation. Die eine Frau wird in dieser Situation depressiv, eine andere nicht oder nur kurz. Wir müssen schon sehen, daß Hormonumstellungen nicht zwangsweise zu Depressionen führen, sondern sie bedeuten nur, daß eine labile Phase mit erhöhter Verletzlichkeit im seelischen Erleben entsteht.

J.P.: Kann man die postnatale Depression verhindern, und wie kann man sie behandeln, wenn sie auftritt?

M. Treichler: Das ist schwer zu sagen. Es kommt darauf an, wie sie erscheint. Wenn sie mir als psychogen-reaktiv-neurotisch erscheint, dann muß man sie aufarbeiten und in der Regel die Familiensituation anschauen. Es kann z.B. sein, daß man dann sehr komplizierte soziale Situationen entdeckt. Allein die schwierige Situation einer Mutter kann schon zu einer psychogenen Depression führen. Anders wäre es, wenn die Krankheit das Erscheinungsbild einer endogenen Depression hat. Das bedarf einer anderen Behandlungsform, ähnlich der schon geschilderten. Ob man dann allerdings gleich antidepressive Medikamente nach der Schwangerschaft geben muß, ist noch die Frage, denn die vertragen sich nicht gut mit dem Stillen.

J.P.: Kann man schon vorher irgendwelche Signale für eine spätere Wochenbettdepression feststellen?

M. Treichler: Das ist unterschiedlich. Ich begegne immer wieder Patientinnen in der Gynäkologie, bei denen in der Vorgeschichte schon einmal Depressionen aufgetreten sind. Ich werde in so einem Fall gleich prophylaktisch dazugerufen, um die Frau kennenzulernen. Aber sehr viel verhindern kann man dabei nicht. Allerdings ist es ratsam, gleich eine therapeutische Beziehung herzustellen.

J.P.: Gehören die depressiven Stimmungen, die viele Frauen während der Menstruation befallen, auch in diesen Bereich?

M. Treichler: Sie gehören sicherlich in den Bereich der hormonell bedingten Stimmungsschwankungen. Häufig kommt es während der Menstruation, noch häufiger kurz davor, zu depressiven Stimmungsschwankungen. Das hängt mit der natürlichen Labilität in dieser Situation zusammen.

J.P.: Würden Sie das auch Depression nennen?

M. Treichler: Nein, allerhöchstens depressive Verstimmung. Hier ist es wichtig, sich die Patientinnen anzuschauen und ihnen ein Bewußtsein dafür zu vermitteln, daß sich diese Verstimmung alle vier Wochen wiederholt, so daß sich die Frau eine Distanz dazu verschaffen kann. Wenn sie erlebt, daß es nicht ihr Ich bzw. ihre Seele ist, die diese Stimmungen verursachen, sondern daß es das

Erleben einer körperlichen Veränderung ist, dann können sich manche Frauen ein wenig davon distanzieren. Im Grunde kann man das schon vorab anhand des Kalenders, und wenn man weiß, daß jetzt wieder die drei schwierigen Tage kommen werden, kann man zu seinem Partner sagen: „Paß auf, in den nächsten Tagen bin ich gereizter, nimm' nicht alles so persönlich, was ich in diesen drei Tagen von mir gebe." Das Erleben wird dadurch zwar nicht anders, aber die sozialen Folgen. Dadurch wird die Erträglichkeit dieses Zustandes gemildert, und es muß nicht alle vier Wochen zu einem Partnerkonflikt kommen. Der Partner kann damit auch sehr viel geduldiger umgehen, wenn er weiß, daß die verschiedensten Seelenäußerungen seiner Partnerin nicht persönlich gemeint sind. Vielmehr ist es so – und das ist für die Frau und den Partner gleichermaßen wichtig –, daß diese depressiv-gereizten Stimmungen nicht primär Antwort oder Reaktion auf seelisches Erleben sind, sondern seelischer Ausdruck eines körperlichen, inneren, nämlich hormonellen Geschehens. Aber es ist unbedingt notwendig, daß man darüber spricht.

J.P.: Können durch die Einnahme der Pille auch Depressionen verstärkt werden?

M. Treichler: Ja, das ist möglich. Allerdings kommt auch das Gegenteil vor. Einige Frauenärzte – Psychiater wohl nicht – behandeln auch manche Depressionen mit der Pille.

J.P.: Wie hoch ist nach Ihrer Erfahrung der Anteil der Frauendepressionen an den gesamten Depressionen der Frauen?

M. Treichler: Die klimakterischen Depressionen nehmen einen großen Raum ein, die Wochenbettdepressionen sind nicht so zahlreich, und die Verstimmungen während der Periode würde ich nicht als Depressionen bezeichnen. Es ist schwer, genaue Zahlen darüber zu geben, welchen Stellenwert die klimakterischen Depressionen einnehmen, zumal man eher unterscheiden sollte, welche Art von Depression während des Klimateriums auftritt. Eigentlich kommt man heute davon ab, von klimakterischen Depressionen zu sprechen. Man spricht z.B. eher von einer psychogenen oder endogenen Depression im Klimaterium. Das Klimaterium ist nicht die Ursache der Depression, sondern stellt nur die Bereitschaft dar, daß die eine Frau eine psychogene, eine andere eine endogene Depression bekommen kann.

Erschöpfungsdepression

W.W.: Eine meines Erachtens nicht zu unterschätzende Krankheit ist die Erschöpfungsdepression. Was ist das, wann tritt sie auf, wie lange hält sie an?

M. Treichler: Die Erschöpfungsdepression ist eine Depressionsform, die nicht erst in jüngster Zeit auftritt, sondern die es schon sehr lange gibt. Früher hat man sie lediglich anders beschrieben. Der ältere Begriff, neurasthenische Erschöpfung, deutet wahrscheinlich auf das gleiche hin. Es ist eine Sonderform, in der Regel der psychogenen Depression, die aber in ihrem letzten Erscheinungsbild sehr stark wie eine endogene Depression aussehen kann. Die Diagnose ist schwierig, je nachdem, wann der Patient zur Behandlung kommt.

In der Regel kann eine Erschöpfungsdepression dann eintreten, wenn eine jahrelange, chronische affektiv-emotionale Belastung vorhergegangen ist. Diese Belastung kann psychischer, physischer oder kombinierter Natur sein, z.B. aufopfernde Pflege, langandauernde Beanspruchung im Beruf oder durch die Doppelbelastung einer berufstätigen Frau usw. Häufig entsteht sie nach der aufopfernden Pflege eines Elternteils. Wenn dann Entlastung eingetreten ist, kommen die Betreffenden in eine Phase der Unausgeglichenheit, in der sie leicht reizbar, nervös und dysphorisch sind. Die Stimmungen schwanken dann zwischen leichter Reizbarkeit und Fröhlichkeit, mitunter sind sie subdepressiv. Hinzu kommen vegetative Symptome und Einschlafstörungen. Alles hat einen sehr diffusen Charakter, hauptsächlich dadurch charakterisiert, daß es eine schwierige Zeit ist, in der man sich in leicht reizbarer unausgeglichener Stimmung befindet, leicht ermüdbar und nicht mehr so leistungsfähig ist.

Diese Erschöpfungsdepression wird in der Regel als unangenehm, aber nicht als Krankheit erlebt. Sie kann Wochen oder Monate dauern, bis sie in eine zweite Phase übergeht, in der es wider Erwarten, trotz Ferien oder Kur, schlimmer wird. Es beginnen körperliche Beschwerden, zunächst vegetative und funktionelle Störungen, die auch einen sehr diffusen Charakter haben können, also verschiedenste Organbereiche betreffen können. Häufig sind dies der Magen- und Darmbereich, Herz und Kreislauf oder wechselnde Schmerzen. Wegen dieser funktionellen Beschwerden sucht man dann meist einen Arzt auf. Oft wird man dann mit nicht bleibendem Erfolg behandelt, da die Beschwerden auch wechseln können. Auch diese Phase der psychosomatischen funktionellen körperlichen Beschwerden kann Monate bis Jahre anhalten. Die Patienten leiden darunter stark. Zeitlich ist dann meist schon weit mehr als ein Jahr vergangen, und dann entsteht eigentlich erst die depressive Phase. Jetzt erst, nach Jahren, werden die Patienten depressiv. In der Regel geschieht es nach einem unspezifischen auslösenden Ereignis, das belastenden, aber auch hin und wieder entlastenden Charakter haben kann, oder durch einen Unfall, eine Infektionskrankheit, eine Geburt oder eine Operation. Das sind alles Geschehnisse, die der Betreffende sonst problemlos bewältigt hätte – wenn es nicht diese Vorgeschichte gäbe. Die vegetativen und funktionellen Störungen können dabei bestehen bleiben oder auch in den Hintergrund treten. Oft hat die depressive Phase den Charakter einer endogenen Depression mit tageszeitlichen Schwankungen, Durchschlafstörungen, frühmorgendlichem Erwachen und echtem depressiven Erleben bis hin zu suizidalen Gedanken. Geht der Patient jetzt erst zum Arzt, so kann unter Umständen eine endogene Depression diagnostiziert werden, weil die Erkrankung vordergründig so erscheint. Deswegen ist die Anamnese der vorangegangenen zwei oder drei Jahre so wichtig. Nur dann kann man die Erschöpfungsdepression mit endogenem Erscheinungsbild diagnostizieren.

Der Verlauf einer Erschöpfungsdepression geht also über Jahre, setzt immer eine chronische, jahrelange seelische oder körperliche Belastung bzw. Überbelastung voraus und führt dann zu beschriebener Erschöpfungssituation. Im Grunde müßte man sagen, daß der Erschöpfungszustand noch keine Depression ist, denn eine Erschöpfungsdepression ist eine wesentlich gravierendere Krankheit als ein psychophysischer Erschöpfungszustand. Eine zutreffende Diagnose setzt eigentlich die Kenntnis dieser drei Phasen voraus. Eine Erschöpfungsdepression wird heute viel zu schnell diagnostiziert: Wenn jemand sechs Monate überlastet war und dann erschöpft ist, spricht man heutzutage oft schon vorschnell von Erschöpfungsdepression. Das aber trifft im strengen psychiatrischen Sinne nicht zu. Oft sind es Menschen, die eher zu einer erschöpfbaren Konstitution neigen. Die erste Phase nennt man auch die hyperästhetisch-asthenische Phase, also eine eher nervös bedingte Symptomatik.

Manisch-depressive Krankheit

W.W.: Was liegt dem Krankheitsbild eines Manisch-Depressiven zugrunde, der zyklisch von Zuständen gehobener Stimmung in einen depressiven Zustand wechselt und umgekehrt?

M. Treichler: Diese Form des Krankseins – manisch-depressives Kranksein oder Zyklothymie oder bipolare affektive Psychose, wie man sie heute nennt – ist dadurch gekennzeichnet, daß der Mensch einmal eine depressive Phase hat, jahreszeitlich im Frühjahr oder im Herbst, und dann – wenn auch nicht unbedingt anschließend, aber zu anderen Jahreszeiten – eine manische Phase. Mit welcher Phase es beginnt, ist offen. Beides ist möglich. Ebenfalls ist es offen, wann sich die nächste Phase anschließt: Es kann bereits in der nächsten Jahreszeit wechseln, aber es ist auch möglich, daß eine beliebig lange gesunde Zeit dazwischen liegt. Entscheidend ist, daß es überhaupt zu beiden polaren seelischen affektiven Erkrankungen kommt. Dann spricht man von dieser Zyklothymie.

Die Manie selber ist das Gegenbild zur Depression. Der Patient fühlt sich in keiner Weise krank, leidet überhaupt nicht, sondern befindet sich in einer gehobenen, häufig euphorischen Stimmung. Er fühlt sich leistungsfähig, stark, potent und ist bereit, alles mögliche zu unternehmen. Er hat auch sehr viele Ideen und wird in seinem Verhalten distanz- und kritiklos, auch überheblich, und neigt dazu, vieles zu unternehmen, womit er sich eigentlich übernimmt. Er achtet nicht auf seine eigenen Möglichkeiten und Fähigkeiten, übergeht alle sozialen Verhältnisse und schafft sich dadurch sehr viele Schwierigkeiten, weil er natürlich auf Unverständnis stößt. Er benimmt sich oft auch in einer sehr schwierigen Weise, so daß es für die Mitmenschen im Laufe der Zeit ziemlich unerträglich wird. Das Zusammenleben mit einem manisch Erkrankten ist deswegen sehr schwierig, weil er kaum einem Kritikpunkt zugänglich ist, er hat auch keinerlei Krankheitseinsicht, und vor allem ist er für jede Ermahnung unzugänglich, daß er sich nicht angemessen verhalte. Deswegen führt er sich und seine Mitmenschen durch sein Verhalten, das sich von außen nicht bremsen läßt, häufig in sehr große Schwierigkeiten, die sich immer weiter steigern. Das sind die unangenehmsten und schwierigsten Situationen, sowohl für die Angehörigen als auch für den behandelnden Psychiater. Denn die Patienten sind uneinsichtig und lassen sich nicht freiwillig behandeln. Dadurch entstehen sehr belastende Situationen.

Das Krankheitsbild kann sich weiter steigern, bis es zu einer Eskalation kommt. Der Patient wird dann gegen seinen Willen, meist mit Hilfe der Polizei, in psychiatrische Behandlung gebracht, wo er behandelt werden kann bzw. muß, wenn die juristische Möglichkeit dazu besteht. Das heißt, daß er etwas so Gravierendes gemacht haben muß, daß das Recht seiner persönlichen Freiheit eingeschränkt werden kann. Diese Möglichkeit ist in Deutschland mit Recht sehr eng gegriffen, und das macht die Situation der Angehörigen von manisch Kranken oft noch schwieriger. Aber insbesondere wegen der deutschen Vergangenheit ist es verständlich, daß diese juristische Möglichkeit so eng gefaßt ist.

Der Depressive erlebt in seiner eigenen Seele, daß er immer nur muß und muß und eigentlich nicht kann und darf, während sich der manische Patient so erlebt, daß er eigentlich alles kann und alles darf, aber nichts muß.

Altersdepression

J.P.: Einen überraschend hohen Anteil in der Gruppe der Depressionen nehmen die sogenannten Altersdepressionen ein. Können Sie kurz schildern, was man darunter versteht?

M. Treichler: Auch das ist wieder ein sehr vager, vielgestaltiger Begriff, den man heute auch schon wieder aufzugeben bereit ist, ähnlich wie mit der klimakterischen Depression. Man sagt statt dessen Depression im Alter und versucht zu unterscheiden, ob es mehr eine reaktive, neurotische, endogene oder gar eine somatogene Depression ist. Sicher ist, daß die Depressionen im Alter zunehmen. Eine wesentliche Ursache ist die Isolation im Alter, das Abschieben der alten Menschen aus der Familie in die Altenheime. Hinzu kommt die innerliche Untätigkeit bei äußerlicher Versorgung in den Altenheimen. Es gibt interessante Beobachtungen, daß die Depressionen verschwinden, wenn man die innere Eigenaktivität und Eigenverantwortung der älteren Menschen herausfordert. Wenn man sie z.B. mit Aufgaben betreut, tut ihnen das sehr gut.

J.P.: Als Arzt bzw. Angehöriger sollte man also Sorge tragen, die alten Menschen, so weit es geht, ins Leben einzubinden, um aufkommende Depressionen zu vermeiden?

M. Treichler: Ja, man sollte sie möglichst weit in das Leben einbinden und ihnen Aufgaben anvertrauen. Das kann man in der Familie häufig besser als im Altenheim, aber auch in dort ist es natürlich möglich. Es gibt ganz einfache Möglichkeiten, z.B. kann man Blumentöpfe aufstellen und den alten Menschen die Aufgabe zuteilen, die Blumen zu versorgen. Und so kann man vielerlei Aufgaben finden, die die alten Menschen sicherlich nicht überfordern. Man muß seine Phantasie spielen lassen, um Depressionsprophylaxe zu betreiben.

Allgemeines zu den Kategorien

W.W.: Die Begriffe zur Bezeichnung der einzelnen Depressionserkrankungen sind in Auflösung begriffen. Die WHO benutzt die Begriffe endogene oder reaktive Depression nicht mehr, sondern kennt nur noch die neutrale Diagnose der depressiven oder manischen Erkrankung. Wie stehen Sie dazu?

M. Treichler: Ich habe den Eindruck, daß die Begriffe, die es in der deutschsprachigen Psychiatrie gibt, hilfreich für die Einschätzung der Prognose und die therapeutischen Möglichkeiten bei einer Depression sind. Dieses nur noch scheinbar neutrale Beschreiben erleichtert zwar die Diagnose, weil man nur noch beschreiben muß, aber der kritische Umgang mit den Krankheiten – was bedeutet dieses Erscheinungsbild für den Betroffenen und seine Mitmenschen, was bedeutet es für den Arzt an therapeutischer Herausforderung? – wird dadurch erschwert. Rudolf Steiner hat seinerzeit schon darauf hingewiesen, daß die Psychiatrie vermutlich diesen Weg gehen wird, also daß sie nur noch beschreiben und dadurch alles das aufgeben wird, was sie über die Ursachen zu sagen hat.

Die Begriffe reaktiv, neurotisch und endogen sind Bezeichnungen, die etwas über die verschiedenen Ursachen der Krankheiten aussagen. So wird deutlich, daß eine endogene Depression etwas anderes ist als eine reaktive oder neurotische und daß ich sie anders behandeln kann und muß. Ich weiß auch, daß die Krankheit einen anderen Verlauf nimmt. Ohne diese Bezeichnungen hat man auch viel weniger Möglichkeiten, mit dem Patienten und seinen Angehörigen über die Erkrankung zu sprechen. Deswegen empfinde ich diese neutrale Beschreibung als einen Rückschritt.

Das Erscheinungsbild der Depression im Denken, Fühlen und Wollen

J.P.: Depressionen haben die verschiedensten Erscheinungsformen in der Seele des Menschen. Können Sie das Denken eines Depressiven ein wenig skizzieren?

M. Treichler: Bei einem depressiv Kranken ist das Denken beschränkt. Es ist auf seine Vergangenheit beschränkt, die häufig negativ erlebt wird. Unter Umständen wird sie auch so geschildert, daß in der Vergangenheit alles besser war. Zusätzlich verengt sich das Denken auf das eigene Versagen und die eigene Schuld. Darüber hinaus wird das Denken auf das Gefährliche, Tiefe, Dunkle gerichtet; es wird kritischer, weniger leichtgläubig. Alles das wird gesehen und erlebt. Das belastet und führt zu Angst-, Versagens- und Schuldgefühlen.

J.P.: Wäre das dann bereits der Bereich des Fühlens?

M. Treichler: Es geht in den Gefühlsbereich über, ist aber noch das entsprechend geprägte Denken. Wenn man überall das Gefahrvolle und Dunkle sieht, bemerkt man, wie das Denken vom Negativen geprägt ist. Im Denken treten auch Zweifel auf.

J.P.: Wie steht es mit dem Fühlen und Wollen eines Depressiven?

M. Treichler: Das Fühlen ist von Angst und Schwermut gekennzeichnet, hinzu tritt die Hoffnungslosigkeit. Das ist jetzt vielleicht etwas kurz dargestellt, denn der Gefühlsbereich ist bei einem Depressiven der Zentralbereich. Alles Fühlen wird schwer, dunkel, hart, leblos. Hinzu kommt die Ausweglosigkeit und die Verzweiflung. Es hat natürlich bei jedem Menschen unterschiedliche Facetten, in welchem Bereich des Fühlens dergleichen zum Ausdruck kommt. Es kann sich auf die Biographie, das berufliche Umfeld oder auf die privaten, sozialen und partnerschaftlichen Kontakte beziehen. Dieses angstvolle schwermütige Fühlen bekommt dann in jedem Bereich eine andere Färbung.

Die Schwermut, Melancholie oder Depression ist ja auch eine Krankheit, die man als die Krankheit der Losigkeit alles Positiven bezeichnet. Dazu gehört in allererster Linie die Situation der Freudlosigkeit, denn ein Depressiver kann sich nicht mehr freuen. Vor allem geht ihm die Vorfreude auf etwas verloren. Ein Depressiver kann sich nicht freuen, daß die Sonne scheint, er kann sich nicht freuen, daß Frühling ist, und er kann sich nicht über etwas Gutes freuen, weil das Gute nicht erlebt wird. Ein Depressiver kann es sich auch nicht vorstellen, daß er sich auf eine wunderbare Ferienreise im Sommer schon jetzt freuen kann. Allgemein sagen wir, daß Vorfreude die schönste Freude sei. Diese schönste aller Freuden aber hat der Depressive nicht.

Der Depressive macht weitere Losigkeiten durch: Es mangelt ihm an Fröhlichkeit, im Denken fehlt ihm das Interesse und die Begeisterung und im Wollen die Zukunftsgerichtetheit sowie der Antrieb und die Motivation zu allem. Letzten Endes fehlt ihm völlig die Willenskraft.

J.P.: Hat der Depressive ein volles Bewußtsein über seine verschiedenen sogenannten Losigkeiten?

M. Treichler: Der depressive Mensch weiß innerhalb seiner Depression in aller Regel, was er wollen sollte, was er tun sollte, was ihm helfen würde, wenn er es täte. Gute Ratschläge, die man Depressiven oftmals gibt, nützen da wenig. Das Problem ist nicht, daß sie es nicht wollen, sondern daß sie es nicht können. Deswegen hat es auch gar keinen Sinn, einem Depressiven zu sagen, was er tun sollte oder könnte, denn er weiß es selber am besten. Es fehlt ihm an der Kraft, es auszuführen. Der Wille ist gelähmt, und er kann sein Wollen nicht in die Tat überführen. Im Vorstellungsbereich ist dagegen alles parat.

J.P.: Sind diese verschiedenen Losigkeiten auf alle drei Seelenkräfte gleichermaßen verteilt?

M. Treichler: Das ist unterschiedlich. Es gibt depressive Menschen, bei denen mehr das Denken, mehr die Gefühlsqualität oder mehr die Willensqualität betroffen ist. Bei einer voll ausgebildeten Depression sind zwar immer alle drei Seelenqualitäten betroffen, aber je nach seelischer Konstitution des betreffenden Menschen dominiert die eine oder andere.

Es gibt Krankheitsbilder, bei denen die Menschen ganz stark antriebsgehemmt sind. Das sind die apathisch-depressiven Menschen, die fast zu gar nichts mehr in der Lage sind. Andere sind wiederum sehr stark vorstellungsmäßig betroffen, das sind Menschen, die stark von negativen und angsterfüllten Vorstellungen besetzt sind. Sie können sehr stark agitiert und unruhig werden, sich also ganz anders verhalten als apathisch-antriebsgehemmte depressive Menschen. Diese nervöse angsterfüllte Unruhe resultiert aus bestimmten Vorstellungen. Dann gibt es die depressiven Menschen, bei denen das Gefühlsleben am stärksten betroffen ist, die Angst, Schuld und Verzweiflung erleben. Bei ihnen kann es sowohl zu unruhigen als auch zu apathischen Depressionen kommen oder auch zu relativ ausgeglichenen Depressionen. Es gibt also grob umrissen drei Formen von Depressionen, die man nach den drei Seelenqualitäten phänomenologisch unterscheiden kann.

Depressionen in der Kindheit

J.P.: Leiden Kinder auch schon an Depressionen, vielleicht auch ohne es zu wissen?

M. Treichler: Es gibt Erkenntnisse und Erfahrungen aus den letzten Jahrzehnten, daß auch Kinder Depressionen bekommen können. Früher dachte man, daß die Kindheit nur sonnig und glücklich sei, inzwischen weiß man aber, daß Kinder auch an Depressionen leiden können.

J.P.: Wie kann man diese Depressionen behandeln?

M. Treichler: Dem Kindheitsalter angemessen psychotherapeutisch oder familientherapeutisch. In der Regel muß das unter Einbeziehung der Familie geschehen. Auch Antidepressiva können unter Umständen nötig sein, aber nur, wenn es unbedingt sein muß.

J.P.: Und wie erkennt man diese Depression als Mutter oder Vater? Sind es die gleichen Symptome wie bei Erwachsenen, also Angst, Antriebslosigkeit, Verzweiflung, allgemeine Willensschwäche?

M. Treichler: Es hängt davon ab, wie alt die Kinder sind. Je älter sie sind, um so mehr ähneln die Symptome denen der Erwachsenen. Zusätzlich können Nahrungsverweigerung und allgemeiner Rückzug hinzutreten. Vielleicht wird auch der gewohnte sprachliche Umgang mit den Eltern sowie das gewohnte Spielen mit Freunden eingeschränkt. Es kann auch sein, daß die Kinder nicht einmal mehr allein spielen können. Hinzu treten verschiedenste Auffälligkeiten im Verhalten der Kinder, besonders auch Ängste. Wir wissen aber aus der Kinderpsychiatrie, daß es gewiß nicht so einfach ist, Depressionen bei Kindern zu erkennen, weil sich die Kinder nicht so sehr über ihr inneres Seelenleben äußern können wie die Erwachsenen. Das hat sicherlich auch dazu geführt, daß man so lange die Depressionen bei Kindern nicht erkannt hat.

Es gibt auch immer häufiger im Kindes-, vor allem im Jugendalter suizidale Lebensstimmungen, lebensmüde Gedanken, natürlich auch suizidale Handlungen und Suizide. Das alles weist darauf hin, daß es depressives Erleben bei Kindern gibt.

Keine Depressionen in akuten Notsituationen

J.P.: Ich kenne eine Frau mit zwei kleinen Kindern, deren Mann vor einigen Jahren an Krebs gestorben ist. In den 1.1/2 Jahren vom Erkennen der Krankheit bis zu seinem Tod gab es eine sehr schwere und anstrengende Zeit für diese Frau, weil sie ihn zu Hause bis zum Tod gepflegt hat. Diese Frau hatte vorher und nachher Depressionen, aber nicht während dieser 1.1/2 Jahre. Wie ist es zu erklären, daß die Depressionen in dieser akuten Zeit nicht aufgetreten sind? Kann es sein, daß Depressionen in akuten Notsituationen fernbleiben?

M. Treichler: Das kann man vermuten, ja. Depressionen sowie Suizide kommen in akuten äußeren Notsituationen seltener zur Erscheinung. Dagegen treten Depressionen und Suizide in Wohlstandsgesellschaften am häufigsten auf.

Für den individuellen Fall, den Sie geschildert haben, ist es sehr wahrscheinlich, daß die Frau in dieser Zeit stark gefordert war, also eine existentielle Aufgabe hatte. Damit hat sie auf jeden Fall etwas Depressionsprophylaktisches getan, weil sie immer aktiv war und ihre Tätigkeit von ihr als sinnvoll erlebt wurde. So etwas schützt vor Depressionen. Das ist ganz sicher. Vorher war dies nicht in gleichem Maße der Fall, nachher auch nicht mehr. Selbstverständlich kommt für die Frau nach dem Tod ihres Mannes noch die veränderte Lebensperspektive erschwerend hinzu. Das ist eine labile biographische Situation. Diese Phase der Labilität und Neuorientierung, verbunden mit der vorherigen aufopfernden Anstrengung, erhöht die Bereitschaft zu einer Depression.

J.P.: Das hat dann auch den Charakter einer Erschöpfungsdepression?

M. Treichler: Das ist gut möglich. Durch die Doppelbelastung – Pflege des kranken Mannes, Aufziehen der kleinen Kinder – spielt eine Erschöpfung bei einer auftretenden Depression sicher eine Rolle.

Selbsthilfe

J.P.: Angenommen jemand hat immer wieder auftretende Depressionen, vielleicht aber noch nicht so starke depressive Phasen, daß er behandlungsbedürftig ist. Er merkt aber, wenn die Schwere und der Schmerz langsam kommen. Haben Sie für diesen Menschen einen Rat, eine Art Erste-Hilfe-Tip, um seinen Zustand zu mildern bzw. sogar zu verhindern?

M. Treichler: Im Grunde genommen sollte man mit den vorbeugenden bzw. prophylaktischen Maßnahmen beginnen, solange es einem noch gut geht. Wenn man mit diesen Maßnahmen erst beginnt, wenn die Depression bereits herannaht, dann wird es schon recht schwer. Zu Depressionen neigenden Menschen hilft vor allem das Aktivsein. Dazu gehört z.B. die Bereitschaft, frühmorgens aufzustehen; je früher, desto besser. Das widerspricht natürlich gerade der depressiven Tendenz. Deswegen ist es gut, damit zu beginnen, solange man noch gesund ist. Morgens früh aufzustehen hilft dem Depressiven, die im Laufe des Morgens zunehmende Schwere zu überwinden. Desweiteren hilft körperliche Bewegung, vor allem körperliche Tätigkeit an der frischen Luft. Ein einfaches Mittel ist z.B. der morgendliche Waldlauf vor dem Frühstück. Alternativ zum Waldlauf kann man auch morgens schwimmen gehen. Schon nicht mehr so gut ist das Fahrradfahren. Und Spazierengehen reicht nicht mehr, denn man muß sich richtig in Bewegung bringen. Spazierengehen – je länger und anstrengender, desto besser – kann man während des restlichen Tages. Weiterhin ist es wichtig, den Tagesablauf richtig zu gestalten, mit bestimmten Regelmäßigkeiten, aber auch mit einigen Pausen. Fernerhin sollte man seinen Schlafrhythmus überdenken. Eine Veränderung des Schlafrhythmus kann bereits therapeutisch eingesetzt werden.

Wenn die Depression Ausdruck der von der Erde kommenden Schwere ist, die an Leib und Seele erlebt wird, dann ist es verständlich, wenn etwas zur Überwindung der Schwere getan und dadurch die Depression erleichtert wird. Ein Gesetz der Schwere ist die Trägheit, und was der Trägheit widerspricht, ist die Bewegung. Und wenn die Bewegung so früh wie möglich die Trägheit überwindet, hilft es dem depressiven Erleben, daß es leichter wird. Deswegen ist es logisch, daß ein depressiver Mensch möglichst früh aufstehen und sich in Bewegung setzen sollte, weil er damit dem Gesetz der Schwere und Trägheit etwas entgegenstellt.

Wenn ich normalerweise um 7 Uhr aufstehe und dann meine Depressionsphase naht, und ich nun statt dessen um 5 Uhr aufstehe und eine halbe Stunde laufe, dann tue ich etwas, was der Trägheit und Schwere widerspricht. Das ist ein zwar äußerliches, aber bis in das Innerste wirksames Prinzip, das der Schwere und der Trägheit etwas abnimmt, den Rang abläuft. Wenn man so etwas aber erst einem bereits depressiven Menschen rät, dann kann er das nicht mehr leisten. Im Grunde darf man es dann schon gar nicht mehr raten, weil dann die Schuldgefühle kommen, wenn die Menschen es nicht mehr können. Beginnt man aber damit vorher, kann man es auch während der Depression weiter fortführen.

Während einer Depression Berge bewältigen

Was ich Ihnen jetzt erzähle, ist wirklich aus jahrelanger Erfahrung im Umgang mit Depressiven gewonnen; das habe ich mir nicht ausgedacht. Wenn ein Mensch diese Übungen wirklich regelmäßig durchführt und die Depression dann kommt, dann kann er diese Anstrengung während der Depression sogar noch steigern, weil es in seinem Rhythmus liegt. Während einer Depression sollte man zusätzlich hin und wieder während des Tages eine halbe Stunde laufen. Sofern es möglich ist, sollte man sogar frühmorgens einen Berg erklimmen, wodurch man die Schwere zusätzlich überwindet. Es ist ungeheuer wichtig, wenn man während einer Depression Berge bewältigen kann.

Schlafentzug und Nachtaktivitäten

Anders verhält es sich mit dem Schlafrhythmus: Er sollte normal sein, solange man noch keine Depression hat. Während einer Depression sollte er aber geändert werden, prophylaktisch kann man das nicht durchführen. Wenn man dann morgens sehr früh aufsteht, sollte man keine Bedenken haben, daß man zu wenig Schlaf bekommt, da der Depressive ohnehin die Tendenz hat, mehr schlafen zu wollen als nötig, auch wenn er es anders erlebt. Je früher er aufsteht, desto kürzer ist die gestörte Schlafzeit. Da die gestörte Schlafzeit morgens ist, kann er, wenn er mehr Schlaf braucht, früher zu Bett gehen. Aber das muß nicht sein und kann individuell geregelt werden. Weniger Schlaf ist für den Depressiven besser als zuviel. Auch das ist verständlich, denn während des Schlafes unterliegen wir der Schwerkraft besonders. Wenn ich dagegen den Schlaf abkürze, überwinde ich wieder das Gesetz der Trägheit und Schwerkraft.

J.P.: Wie steht es mit dem Schlafentzug?

M. Treichler: Unter Rücksprache mit einem Therapeuten kann das sehr sinnvoll sein, z.B. eine Nacht in der Woche um 1.30 Uhr in der Frühe aufzustehen. Dann sollte man den Rest der Nacht tätig sein. Das ist wieder das gleiche Prinzip der Überwindung der Schwerkraft. Ich stehe um 1.30 Uhr auf, alles schläft noch, ich aber werde tätig und aktiv. Ich setze mich jetzt nicht in den Sessel und schaue mir im Fernsehen ein Video an, ich lese auch nicht den Rest der Nacht und nicke dabei wieder ein, sondern ich befinde mich in einer aufrechten Haltung und aktiviere mich körperlich. Man sollte essen und trinken, z.B. ein gutes Frühstück, oder was auch immer man zu dieser Zeit verträgt. Natürlich sollte man sich auch frischmachen. Gut eignet sich dann z.B. eine Nachtwanderung an der frischen Luft, oder man arbeitet körperlich, natürlich ohne dabei die Nachbarn aufzuwecken. Das fällt erfahrungsgemäß Frauen sehr viel leichter als Männern. Ich mache das mit fast allen meinen depressiven Patienten, auch ambulant. Die Frauen haben überhaupt kein Problem, sich irgend etwas auszudenken, während die Männer damit große Schwierigkeiten haben. Den meisten fällt dann nur ein Video ein, einen Krimi zu lesen oder im Hobbykeller mit der Bohrmaschine zu

Christian Friedrich nach Caspar David Friedrich, Melancholie, 1818

ackern. Letzteres ist dann aber Schlafentzug für das ganze Haus. Die Männer sind sehr eingeschränkt in ihrer Phantasie, während sich die Frauen z.B. die Bügelwäsche der ganzen Woche aufsparen und glücklich sind, dies nicht tagsüber machen zu müssen.

W.W.: Machen Sie das auch hier auf der Station?

M. Treichler: Ja, wir bilden dann gerne eine Gruppe. Sie spielen zusammen „Mensch ärgere Dich nicht", veranstalten eine Nachtwanderung und organisieren immer etwas Arbeit, so daß die Patienten die Nacht unter sich durchhalten. Das ist anstrengend für den Kreislauf. Deswegen muß man es vorher ankündigen und bedenken. Natürlich sollte man als Patient motiviert sein, das zu tun. Dann kann es eine ganz überraschende Hilfe bringen.

J.P.: Machen Sie das mehrere Nächte hintereinander?

M. Treichler: Nein, nur einmal pro Woche, immer die gleiche Nacht. Man kann auch noch etwas anderes machen, und zwar den Schlafrhythmus grundlegend verändern. Statt von 23 Uhr bis 7 Uhr zu schlafen, kann man um 17 Uhr ins Bett gehen und um 1 Uhr wieder aufstehen. Dann hat man die gleiche Schlafmenge, ist aber die gesamte frühmorgendliche und für den Depressiven schwerste Zeit auf.

J.P.: Statt dessen sehr spät ins Bett zu gehen, empfehlen Sie also nicht?

M. Treichler: Nein.

W.W.: Wie steht es mit dem zusätzlichen Nachmittagsschlaf und einem verkürzten Schlaf während der Nacht?

M. Treichler: Auch das sollte man nicht. Denn viele Depressive erleben, daß es nach jedem Schlaf schwerer wird, nicht nur nach dem Nachtschlaf, sondern auch nach dem Mittagsschlaf. Man sollte deswegen lieber auf den Mittagsschlaf verzichten und statt dessen spazierengehen. Anthroposophisch-menschenkundlich hängt das mit dem Eingreifen der höheren Wesensglieder zusammen. Die höheren Wesensglieder – Ich und Astralleib – überwinden dabei immer die Schwerkraft des physischen Leibes, indem sie ihn in Bewegung bringen. Aber im Schlaf sind sie nicht so tätig anwesend. Und je länger der Schlaf dauert, desto mehr kann die schwere Tendenz des Physischen Platz greifen. Deswegen ist sie morgens am stärksten erlebbar, weil sie eine verhältnismäßig lange Zeit zunehmen konnte. Wenn man dann diese Zeit abkürzt und zu einer völlig unphysiologischen Zeit, wie um 1.30 Uhr in Tätigkeit verfällt, so daß die Ich-Organisation und die Seelenorganisation den Leib benützen und in Bewegung bringen, dann ist das für die leibliche Organisation fast wie ein Schock: Jetzt plötzlich soll ich tätig sein! Dieser Aktivitätsschock mit dem Eingreifen von Initiative und Engagement zu nachtschlafender Zeit wirkt heilsam gegen die Depression. Das ist

eine seelisch-geistige bzw. physisch-leibliche Schocktherapie, die man sich zuführt.

Falsche Ratschläge

J.P.: Für die Menschen im Umkreis eines Depressiven ist dieser Zustand, in
dem sich der Partner, Familienangehörige oder Freund befindet, oft nicht zu
verstehen. Sie stehen vor einem Rätsel und versuchen, mit Ratschlägen wie z.B.
„Reiß Dich zusammen!" zu helfen. Vielleicht versuchen sie auch, dem Depressiven klarzumachen, daß es ihm doch gar nicht so schlecht gehe, wenn er sich
demgegenüber das Leid der Welt anschaue, vielleicht möchten sie ihn motivieren
oder daran erinnern, daß er nicht immer an sich selber denken solle. Führen
solche falsch verstandenen Hilfestellungen bei einem Depressiven nicht zu einer
totalen Ablehnung, vergrößert sich dadurch nicht der Schmerz des Verlassenseins
noch mehr, und wird die Einsamkeit in seinem Dunkel nicht noch größer?

M. Treichler: Ganz genau. Erstens fühlt er sich unverstanden, und zwar mit
recht. Zweitens verstärken diese Aussagen sein schuldhaftes Erleben, denn alles
hat er auch schon vorher gewußt. Er kann sich aber nicht motivieren oder
zusammenreißen, wie stark auch immer man es ihm einredet. Mit all diesen
gutgemeinten Ratschlägen verstärkt man also die Depression des Angehörigen
und seine Neigung, sich zurückzuziehen. So etwas wirkt gerade kontraproduktiv.

J.P.: Wie können Angehörige einem Depressiven am besten helfen, so daß ihre
Hilfestellung nicht ins Gegenteil umschlägt?

M. Treichler: Angehörige oder Mitmenschen im Umfeld eines Depressiven
müssen darüber aufgeklärt werden, was man sagen darf und was man nicht sagen
darf. Besser ist es natürlich, daß sie informiert werden, wie man eine Depression
zu verstehen hat. Sie müssen begreifen, daß eine Depression keine Charakter-
schwäche oder Nachlässigkeit ist, auch keine Willensschwäche, sondern eine
Krankheit, die mit einer Willenslähmung, Schuldgefühlen oder suizidalen Gedanken einhergeht. Sie müssen verstehen, daß man einen depressiv Kranken
genauso verstehen und annehmen muß wie jeden anderen z.B. körperlich kranken Menschen in seinem körperlichen Schmerz.

Es ist eine regelrechte Verirrung in unserer heutigen Zeit, zumindest bei sehr
vielen Menschen, daß man körperlichen Schmerz problemlos annehmen kann
und anderen entsprechende Hilfeleistungen gibt, seelischen Schmerz aber nicht
verstehen will und vielleicht noch denkt, der seelisch Kranke bräuchte sich doch
nur zusammenzureißen. Das ist ein richtiges Mißverständnis. Denn mit Sicher-
heit ist der seelische Schmerz, gerade bei einem depressiven Menschen, schwerer

und stärker als ein körperlicher Schmerz. Körperliche Schmerzen sind sehr viel leichter als seelische Schmerzen zu ertragen. Das aber realisieren die gesunden Menschen nicht, solange sie nicht selber so etwas erlebt haben. Insofern muß man Angehörige über depressive Krankheiten aufklären. Das ist oft schwer, denn eine einmalige Aufklärung reicht meist nicht, so daß man diese Aufklärung oft wiederholen muß. Man muß ihnen auch entsprechende Sätze wie „Reiß Dich zusammen!" verbieten, denn der Depressive soll, will und muß in seinem Sosein, in seinem depressiven Zustand angenommen werden wie jeder andere Mensch auch. Man muß ihn annehmen, wie er sich aktuell in diesem Moment fühlt und erlebt, und darf ihm nicht etwas anderes einreden. Der Depressive muß erleben, daß seine Mitmenschen sein Schicksal mittragen können. Sie müssen ihn so nehmen, wie er ist.

Der Therapeut lebt das Prinzip der Hoffnung für den Depressiven

Der Depressive muß erleben, daß ein Therapeut oder ein naher Angehöriger stellvertretend für ihn das Prinzip der Hoffnung lebt. Er muß spüren, daß dieser Partner stellvertretend die Hoffnung verkörpert, die er selber nicht mehr haben kann. Das ist ganz wichtig. Jedes Auf-die-Schulter-Klopfen, jedes „Das wird schon wieder" ist dagegen völlig fehl am Platz.

Aber die glaubhaft seriöse Kompetenz, auf die ich zu Anfang hinwies, die genau weiß, was ein depressiver Mensch durchmacht und erleidet, ist für jeden Depressiven ungeheuer wichtig. Als Therapeut übernehme ich z.B. aus meinem Wissen heraus das Prinzip der Hoffnung für ihn, weil ich weiß, daß seine Depression eine Phase dauert, die ich ihn begleiten und mit ihm durchstehen kann. Und ich weiß auch, daß diese Phase wieder ein Ende haben wird. Der Depressive kann das aber nicht erleben. Er kann es nicht einmal glauben, wenn man es ihm sagt. Trotzdem muß man es ihm so ruhig und überzeugend vermitteln, daß es bei dem depressiven Menschen ankommt. Ich habe viele depressive Patienten behandelt, und viele sagten mir hinterher: „Wissen Sie, was Sie mir da jeden Tag gesagt haben – daß die Depression überstanden wird –, das habe ich Ihnen nie geglaubt, aber gutgetan hat es mir doch!"

J.P.: Das ist wahrscheinlich auch ein latenter Wunsch, so etwas trotz des eigenen Unglaubens immer wieder zu hören.

M. Treichler: Das spielt sicherlich auch eine Rolle. Aber wichtig finde ich vor allem diese Differenzierung: Sie wollen es hören, können es nicht glauben, aber gut tut es ihnen doch. Natürlich wirkt es nicht, wenn man es oberflächlich oder routinemäßig sagt, es muß für den Depressiven erlebbar überzeugend sein. Dann tut es ihm gut, auch wenn er es nicht glaubt. Das ist das stellvertretende Prinzip der Hoffnung. Der Therapeut wie auch der Partner müssen stellvertretend Funktionen und Seelenäußerungen des Depressiven übernehmen, die sie bei ihm vermissen. Dadurch kann sich der Patient gestärkt erleben. Natürlich muß man als Angehöriger oder Therapeut dem Depressiven auch klarmachen, daß das Erfolgserlebnis erst ganz am Ende kommt. Mit Depressiven hat man nicht morgen oder übermorgen ein Erfolgserlebnis, sondern erst dann, wenn ihre depressive Phase überstanden ist. Solange muß man durchhalten, jeden Tag aufs neue. Unter Umständen muß man jeden Tag das gleiche sagen. Aber es darf nie zur Platte oder zur Routine werden, denn das spüren die Depressiven sofort, und dann wirkt es nicht mehr. Ihre Sensibilität ist so groß, daß sie auch spüren, was man denkt und fühlt. Und wenn man als Angehöriger nicht fühlt, was man sagt, dann hat das ganze Gerede keinen Sinn.

Antidepressiva

W.W.: Seit den 50er Jahren werden Depressionen auch mit Medikamenten behandelt. Was sind Antidepressiva, wie wirken sie, und setzen Sie sie mitunter auch ein?

M. Treichler: Die Wirkung der Antidepressiva ist kompliziert, komplex und noch nicht ganz durchschaut. Es gibt Hypothesen, die sich auf die sogenannten Neurotransmitter beziehen. Das sind hormonähnliche Substanzen, die die synaptische Übertragung im Gehirn zwischen Nervenende und Nervenanfang auf chemischem Wege vermitteln. Normalerweise ist die Übertragung im Nervensystem elektrisch, allerdings nicht über den synaptischen Spalt, denn dazu braucht man diese Neurotransmitter. Die Hypothese besagt, daß bei einem der zwei bisher bekannten Neurotransmitter – Serotonin und Noradrenalin – ein Defekt im Bereich dieser Neurotransmitterübertragung liegt. Entweder gibt es zu wenig von den Neurotransmittern, oder der Rezeptor an dem postsynaptischen Spalt funktioniert nicht richtig, oder der Neurotransmitter, der vom prä- zum postsynaptischen Spalt hinübergewandert ist, wird zu schnell abgebaut und entfaltet seine Wirkung nicht voll. Diese drei Hypothesen hat man in erster Linie.

Jetzt gibt es Medikamente, die auf diese Neurotransmitter oder deren Wirksamkeit am postsynaptischen Spalt einwirken. Das sind die sogenannten Antidepressiva. Hierbei gibt es serotoninspezifische sowie noradrenalinspezifische oder gemischt wirksame Antidepressiva. Weil sie funktionieren und die depressive Symptomatik sich durch die Gabe eines solchen Antidepressivums bessert, geht man davon aus, daß eine dieser Hypothesen stimmt. Wirklich beweisen konnte man allerdings noch keine der Hypothesen, weil man die Neurotransmitter in ihrem Vorkommen im Gehirn nicht untersuchen kann. Deren Menge ist so gering, daß man sie im Gehirn eines lebenden Menschen nicht messen kann.

Die Schwierigkeit der Beweisführung, daß die auf die Antidepressiva aufbauende Therapie funktioniert, liegt daran, daß diese Neurotransmitter auch in anderen Organen des Körpers vorkommen, und sich noch niemand die Mühe gemacht hat, die Wirkung dieser Neurotransmitter in den anderen Organen – z.B. in den Verdauungs- und Stoffwechselorganen – zu untersuchen. Wir wissen zwar, daß die Antidepressiva Nebenwirkungen haben, z.B. im Verdauungssystem und der Leber, und wir beschreiben die Hauptwirkung im Gehirn, aber beide Wirkungen haben wir eigentlich nicht naturwissenschaftlich untersucht. Wir sagen aufgrund unseres naturwissenschaftlichen Menschenbildes, daß die gewünschte Wirkung auf der Wirkung im Gehirn beruht, und die Nebenwirkung in einer Störung der Leber- bzw. der Verdauungstätigkeit. Es könnte ja auch anders sein, aber das ist eben nicht untersucht. Natürlich ist das spekulativ.

Aber die Hypothese ist sinnvoll, wenn auch unbewiesen. Sie nährt sich lediglich aus dem Erfolg der darauf aufbauenden antidepressiven Medikamente. Vermutlich wirken diese Medikamente so, daß sie auf diese Neurotransmitter wirken, und zwar auf die im Gehirn, aber auch auf die in den anderen Organen. Dadurch, daß jetzt in diesen Übertragungsmechanismus der Neurotransmittersubstanzen eingegriffen wird, ist die Symptomatik der Depression – vor allem der endogenen Depression – beherrschbar.

Jetzt gibt es verschiedene Gruppen von Antidepressiva, die man nach ihrer Chemie einteilen kann. Man kann sie auch nach ihrer Wirksamkeit einteilen, was für den Patienten natürlich sinnvoller ist. Es gibt Antidepressiva, die stimmungsaufhellend gegen das depressive Gefühl wirken, dann gibt es solche, die sowohl stimmungsaufhellend als auch beruhigend wirken – das ist für die Menschen, die unruhig sind oder Schlafstörungen haben –, und dann gibt es noch Antidepressiva, die stimmungsaufhellend und antriebssteigernd wirken. Letztere sind für diejenigen depressiven Menschen, die ganz apathisch und inaktiv geworden sind. Je nach der Symptomatik eines depressiven Patienten sollte man aus einer dieser drei Gruppen ein Antidepressivum auswählen.

Mit diesen Antidepressiva kann man eine Depression, besonders eine endogene Depression, häufig erfolgreich behandeln, insofern als das depressive Erleben erträglich wird. Allerdings muß man bedenken, daß der Wirkungsbeginn eines Antidepressivums erst nach 10 bis 14 Tagen beginnt, man darf also nicht am selben Tag eine Besserung erwarten. Das müssen vor allem die Patienten und

Angehörigen wissen. Die meisten der heutigen Medikamente wirken sehr schnell, Antidepressiva tun dies aber nie. Dann muß man ehrlicherweise zugeben, daß die Symptomatik der Depression durch die Antidepressiva-Behandlung zwar erleichtert, aber daß die Depression damit nicht geheilt wird. Im Untergrund läuft die depressive Phase weiter, und zwar so lange, wie sie eben dauert, entsprechend ihrer Eigengesetzlichkeit. Genausolange muß der Patient auch das Medikament nehmen. Wenn er es vorzeitig absetzt, kommt die Depression sofort wieder. Wie lange die Depression dauert, wissen wir vorher nicht. Man weiß also nicht genau, wann man bei einem Menschen das Medikament absetzen kann. Nach meiner Erfahrung spüren die meisten Menschen das aber selber.

W.W.: Wann setzen Sie Antidepressiva ein?

M. Treichler: Ich setze sie dann ein, wenn die Depression unerträglich bzw. nahezu unerträglich schwer ist, oder wenn ich eine Behandlung ohne Antidepressiva als Therapeut nicht mehr verantworten kann, weil z.B. Suizidalität besteht. Ich setze Antidepressiva auch dann ein, wenn die Patienten mir sagen, daß sie nicht mehr wollen und nicht mehr können. Aber ich setze sie nicht ein, wenn die Depression kein allzu schweres Maß erreicht bzw. wenn der Patient ausdrücklich bekundet, daß er kein Antidepressivum will. Wenn so etwas schwer depressive Menschen sagen, so ist das immer eine große Herausforderung für mich, denn es erfordert einen sehr hohen therapeutischen Einsatz.

Hier sehe ich eine Aufgabe der anthroposophischen Psychiatrie, so etwas auch durchzustehen. Ich würde niemals einen Patienten dazu zwingen, ein Antidepressivum einzunehmen, wenn er es wirklich nicht will. Natürlich würde ich immer wieder mit ihm sprechen, aber wenn er dabei bleibt, würde ich es mit ihm durchtragen.

Vor einer Verurteilung bzw. Ablehnung der Antidepressiva schlechthin möchte ich allerdings warnen, denn sie können einem schwerleidenden Patienten unter Umständen ganz entscheidende Hilfe bieten, die nach meiner Erfahrung der gleiche Patient bei einer sehr viel banaleren Erkrankung auch fraglos medikamentös annimmt. Es gibt viele Patienten, die nehmen bei Kopfschmerzen oder Migräne Aspirin oder ein anderes entsprechendes Medikament, aber bei der Depression keines. Das ist eine sehr irrationale Unterscheidung: Körperliche Krankheiten werden allopathisch behandelt, die Depression aber nicht. Das muß man tolerieren. Ich versuche, meinen Patienten natürlich immer auch verständlich zu machen, daß die Depression auch eine Krankheit mit biologischen Faktoren ist. – Aber man braucht die Depression keineswegs nur allopathisch zu behandeln, sondern kann auch mit anthroposophischen Medikamenten viel erreichen.

Anthroposophisch–psychiatrische Therapie

W.W.: Die anthroposophisch-psychiatrische Behandlung steht auf vier Säulen: Medikation, äußere Anwendung, Kunsttherapie, Psychotherapie. Können Sie zu diesen vier Bereichen noch einige erläuternde Worte sagen?

M. Treichler: Die äußeren Anwendungen sprechen den physischen Leib sowie die Lebensorganisation an, indem das Lebensgefühl und die Lebensfunktionen angeregt und verbessert werden, z.B. durch Einreibungen, Auflagen oder Massagen und Bäder. Die Medikamente wirken auf die Lebensfunktionen und das seelische Krankheitserleben ein, vor allem die anthroposophischen Medikamente. Die Kunsttherapien einschließlich der Heileurythmie stellen einen Einübungsprozeß dar, der über seelisches Erleben und eigenes aktives Tun, welches mit dem Erleben verbunden ist, auf funktionell-körperliche und seelische Qualitäten einwirkt. Dadurch werden sowohl körperliche wie seelische Qualitäten verändert und in gesundem Sinne neu eingeübt und verbessert. Die Psychotherapie schließlich wendet sich an das Bewußtsein des Patienten, indem durch bewußtes Aufarbeiten und Motivierung eine neue Einstellung und eine neue Umgangsmöglichkeit des Patienten mit seiner Krankheit ermöglicht wird.

Je nachdem, um welche Krankheit es sich handelt bzw. wie schwer sie ist, bekommen diese vier Bereiche unterschiedliche Bedeutung. Bei einer reaktiven Depression ist die bewußtseinsmäßige Aufarbeitung natürlich sehr viel bedeutungsvoller als andere therapeutische Maßnahmen, während bei einer endogenen Depression die Kombination aller das Entscheidende ist. Man darf eine endogene Depression niemals nur mit einer Maßnahme behandeln, denn das würde dem Wesen eines Menschen nicht gerecht werden. Wenn man eine endogene Depression nur medikamentös behandelt, ist es dem Wesen des Menschen nicht angemessen. Auch eine reine Psychotherapie wäre dieser Krankheit nicht angemessen.

W.W.: Angenommen eine Patientin oder ein Patient kommt stationär zu Ihnen. Wie gehen Sie anfangs konkret mit diesem Menschen um, wie schnell erkennen Sie, an welcher Art von Depression er leidet?

M. Treichler: Ich führe mit den Patienten ein Gespräch und versuche dabei möglichst schon zu einer Diagnose zu kommen. Der Patient schildert mir sein Erleben, sein Befinden, sein Leiden und seine Probleme. Ich habe mir angewöhnt, erst dann eine Therapie zu verordnen, wenn ich genau weiß, an welcher Krankheit der Patient leidet. Es ist in der Psychiatrie natürlich nicht immer so, daß man das schon nach einer halben Stunde kann, auch wenn man eine Vermutung hat. Je nachdem, wie akut der Patient leidet, kann es auch hin und wieder einige Tage dauern, bis ich genau weiß, was der Patient braucht. Manchmal weiß ich es aber auch schon nach zehn Minuten.

Anschließend bespreche ich mit dem Patienten, welche Therapieform ich ihm vorschlagen möchte. Wenn er einverstanden ist, veranlasse ich alles Nötige. Nach meinem Verständnis ist das immer ein Prozeß, der sich in gegenseitiger Absprache mit dem Patienten vollziehen soll, nicht aber über seinen Kopf hinweg.

Während der Depression wird die Sinnfrage gestellt

W.W.: Inwieweit spielt die zunehmende Lockerung der Wesensglieder sowie das Auseinanderdriften der Seelenkräfte Denken, Fühlen und Wollen eine Rolle bei den heute immer häufiger auftretenden Depressionen?

M. Treichler: Die Depression hängt mit der Schwellensituation der Menschheit und dem Auseinanderdriften der Seelenkräfte zusammen. Es treten, wie schon beschrieben, einseitige Betonungen des Denkens, Fühlens oder Wollens bei Depressiven auf. Wir können es aber auch unter dem Gesichtspunkt betrachten, daß sich unter dem Eindruck der Schwere eine Vereinzelung herausbildet und das ganze Seelen- und Lebensgefühl in eine Einseitigkeit hineingerät. Insofern hat die Depression mit dieser Schwellensituation durchaus zu tun.

Mit einer Lockerung der Wesensglieder hat die Depression nichts zu tun, denn bei einer Depression tritt im Grunde genau das Gegenteil ein, denn das seelische Erleben ist im Griff und festgemauert von der Qualität der Schwere.

W.W.: Sehen Sie deshalb in der Depression eine Art Urbild aller Krankheiten?

M. Treichler: Ja, ganz genau, und zwar insofern, als daß diese Kraft und Macht des Irdischen sich jetzt nicht nur im Physisch-Organischen ausdrückt, sondern sich auch der Vitalität und des Seelenlebens bemächtigt. Was ein gesunder Mensch an lebendiger Frische und nicht an die Erde gebundener Leichte des Seelischen erleben kann, wird bei einem Depressiven durch den Griff der Schwere herabgezogen. Dieser Sog der Schwere ist also im Grunde genau das Gegenteil einer Lockerung.

W.W.: Viele Depressionen hängen stark mit dem Schicksal des jeweiligen Menschen zusammen, sei es nun eine Depression, die durch einen Schicksalsschlag ausgelöst wird, oder sei es eine Depression, die durch einseitigen Lebenswandel entsteht. Immer ist es eine Art Begegnung mit einem Selbst. Ist eine Depression vielleicht eine anfängliche, vorläufige Begegnung mit dem Hüter der Schwelle?

M. Treichler: Das sehe ich auf jeden Fall auch so. Schließlich hat eine in ihrer Schwere erlebte Depression auch häufig einen aufrüttelnden Charakter, insofern fast immer in Verbindung der Depression die Sinnfrage erlebt und durchgemacht wird. Was hat diese Krankheit für einen Sinn? Das ist natürlich bei vielen schweren Krankheiten ähnlich. Aber vor allem bei der Depression wird die Frage gestellt, warum man selber diese Depression bekommen hat und was man ändern muß, damit sie nicht wiederkommt. Das hat unmittelbar etwas mit einer Hüterbegegnung zu tun. Wem begegne ich in dieser Krankheit? Was erkenne ich an dieser Verzerrung? Vor allem aber: Was soll ich daran erkennen und infolgedessen verändern?

J.P.: Können Depressionen auch karmische Ursachen haben? Ich denke dabei z.B. an Notinkarnationen, also frühzeitige oder zu späte Inkarnationen in einem Leib, in dem man sich eigentlich nicht inkarnieren wollte?

M. Treichler: Ob nun gerade die sogenannten Notinkarnationen Ursache einer Depression sind, kann ich aus meiner Erfahrung nicht bestätigen. Sicher ist meines Erachtens aber, daß besonders die endogenen Depressionen karmisch bedingt sind.

W.W.: Mit welcher Art von Geistigkeit bzw. Wesenhaftigkeit ist man innerhalb einer Depression verbunden?

M. Treichler: Ich habe es zumindest schwer, dies als ein konkretes Wesen zu benennen. Die Depression ist das Erleben der Schwere am eigenen Leib und in der Seele. Diese Schwere kommt zum einen aus meinem physischen Körper, der der Erdenschwere entstammt, und aus der Erde selber. In dem irdisch-physischen Leib wirken Gesetze, er ist nach Gesetzen aufgebaut. Und diese Gesetze sind geistige Gesetze. Auch die Schwerkraft ist letzten Endes ein geistiges Gesetz, das im Element der Materie wirksam ist. In der Depression ist es also ein geistiges Prinzip, das ich in unangemessener Weise an Leib, Leben und Seele erlebe und erleide. Dieses geistige Prinzip wirkt in der gesamten geschaffenen Natur. Die gesamte Technik und unsere Kultur leben und arbeiten mit diesem Prinzip: Schwerkraft, Beständigkeit, Trägheit. Wenn das in der Depression erlebt wird, erlebe ich dieses geistige Prinzip an unangemessen falscher Stelle. Weil es an der falschen Stelle zum Ausdruck kommt, wird es als Krankheit erlebt. Die Depression kann mich aber darauf aufmerksam machen, daß es vor allem darum geht, dieses Gesetz zu handhaben, denn als Erfolg dieser Handhabung ist unsere gesamte zivilisierte Kultur entstanden. Deshalb liegt unsere Aufgabe darin, nicht diesem Gesetz bzw. dieser Qualität zu folgen, sondern es zwar zu handhaben, aber dann umzuwandeln. Deshalb ist die Depression eine Aufforderung an die Umwandlungsfähigkeit und Umwandlungsbereitschaft, nicht der Trägheit und Schwere zu verfallen, sondern Engagement und Begeisterungskraft einzusetzen, um das verwandeln zu können, was sonst der Trägheit und Schwere verfiele.

Am Tunnelende scheint ein Licht

Markus Treichler im Gespräch mit seiner Patientin A.C.*

Nachstehend lesen Sie zwei Interviews mit zwei depressiv erkrankten Patientinnen von Markus Treichler. Wegen der besonderen Vertrauensbeziehung – zwischen Arzt und Patient – haben wir den Weg gewählt, daß Markus Treichler diese Gespräche stellvertretend für uns geführt hat. Selbstverständlich sind die von uns vorbereiteten Fragen im Flusse des Gespräches durch Markus Treichler variiert worden. Beide Interviews wurden Mitte 1995 geführt.

Markus Treichler: Bitte sagen Sie einige Worte zu Ihrer Biographie, damit die Leserinnen und Leser einen kleinen Eindruck von Ihnen bekommen.

A.C.: Ich bin 20 Jahre alt, mache eine Lehre als Bürokauffrau, bin ledig und wohne noch bei meinen Eltern.

M.T.: Können Sie sagen, woher Sie stammen?

A.C.: Meine Eltern kommen aus Griechenland, während ich hier in Deutschland geboren bin, und zwar am 12.07.1974.

Die erste Depression

M.T.: Vor allem interessiert natürlich Ihre Krankheitsgeschichte, damit man einen Eindruck davon bekommen kann, wie eine derartige Krankheit anfangen und verlaufen kann. Wie und wann hat es mit der Krankheit begonnen, wegen der Sie jetzt bei uns stationär in der Klinik sind?

A.C.: Diese Krankheit begann im September letzten Jahres, obwohl es in den Jahren davor schon Tendenzen dazu gab. Der erste Durchbruch zu einer Depression war vor knapp drei Jahren.

M.T.: Wann war das genau?

A.C.: 1992 während eines Urlaubs in Griechenland.

M.T.: Welcher Monat war das?

A.C.: Das war im Juli. Damals erlebte ich meinen ersten Zusammenbruch und den unwahrscheinlichen Schmerz und die Trauer, von denen man gar nicht weiß, woher sie kommen, welchen Grund sie haben. Das war das Allerschlimmste.

---

* Fragenkonzept von Judith Pehrs und Wolfgang Weirauch.

M.T.: Also daß Sie nicht wußten, welchen Grund diese Trauer hatte und woher sie kam?

A.C.: Genau.

M.T.: Hat sich diese Trauer langsam gesteigert, oder begann sie plötzlich?

A.C.: Es steigerte sich langsam, beginnend mit unseren Reisevorbereitungen. Dabei begann ich zu zittern, mir wurde schlecht und übel, und ich dachte, daß ich es nicht schaffen würde, überhaupt noch einen Schritt zu machen. Während des Griechenlandurlaubs kamen extreme Eßstörungen hinzu. Alles, was ich gegessen habe, mußte ich wieder erbrechen.

M.T.: Mußten Sie erbrechen, weil Sie Ihr Essen wieder loswerden wollten oder weil Ihnen übel war?

A.C.: Weil mir übel war. Ich habe mir damals auch gar nicht zugestanden, mir Gedanken über mich selber zu machen, z.B. warum ich meine Mahlzeiten immer wieder erbrach. Es war einfach so, und ich weigerte mich auch, nach den Ursachen zu forschen.

„Am liebsten hätte ich mich gegen die Wand geschmissen"

Dann kam ein Tag, an dem ich nur weinen konnte, und am liebsten hätte ich mich gegen die Wand geschmissen. Denn ich wußte einfach nicht, woher dieser Schmerz kam und was er mir sagen wollte. Wenn ich z.B. weiß, daß ich einen Menschen verloren habe, dann kann ich mich ein bißchen gegen diesen Schmerz abgrenzen, nicht aber gegen den Schmerz während einer Depression.

M.T.: Können Sie noch ein bißchen schildern, wie es Ihnen damals ging? Von dem Schmerz und der Übelkeit sprachen Sie schon, was war sonst noch in Ihrem Erleben?

A.C.: Ich habe mich so alleine gefühlt, so verdammt einsam, vor allem so mißverstanden und mit Angst erfüllt! Denn ich wußte nicht, was ich für eine Krankheit hatte. Gleichzeitig war ich auch wütend, weil ich mich mit etwas auseinandersetzen mußte, was mir ungeheuer viel Kraft stahl.

M.T.: Sie waren damals mit Ihren Eltern in Griechenland. Konnten Sie ihnen erzählen, wie es Ihnen ging?

A.C.: Nur meiner Mutter. Zu allen anderen Angehörigen meiner Familie habe ich keinen guten Kontakt, zumindest keinen so intimen. Natürlich konnte ich auch meiner Mutter nicht sagen, was los ist. Ich weiß nur noch, wie sie in mein Zimmer kam, als ich weinte, und sie mich in den Arm nahm. Ich weinte so stark, daß sie mich immer wieder fragte, was ich denn hätte. Aber ich konnte es ihr nicht sagen, denn ich wußte es selber nicht.

M.T.: Hatten Sie das Gefühl, daß Ihre Mutter wenigstens ein bißchen von Ihrem Schmerz versteht?

A.C.: Nein. Damals verstand ich ihn selber nicht.

Gefangen in einer schwarzen Hülle

M.T.: Wie war es für Sie, wenn nicht einmal Ihre Mutter Sie in Ihrem Schmerz verstand?

A.C.: Schrecklich, ganz schrecklich. Es war wie ein lebendiger Alptraum. Es war wie etwas, was man nicht abschütteln und auch nicht annehmen kann, weil man es nicht versteht. Es war alles schwarz, so als wäre ich in eine schwarze Hülle eingeschweißt, in der mich die anderen Menschen nicht sehen können. Andere Menschen können das nicht nachempfinden. Und dann kommen oft solche Sprüche wie: „Was hast Du denn?" Und wenn man nicht sagen kann, was man hat, heißt es dann meist: „Stell Dich doch nicht so an!"

M.T.: Und das hilft Ihnen natürlich nicht weiter.

A.C.: Nein, um Gottes Willen! Natürlich nicht.

M.T.: Können Sie sagen, welche Beschwerden es damals sonst noch gab? Wie war es mit dem Appetit und mit dem Schlafen?

A.C.: Mit dem Schlafen hatte ich meist keine Probleme. Es war ein eher traumloses Schlafen.

M.T.: Konnten Sie gut einschlafen, schliefen Sie durch?

A.C.: Nein, ich konnte nicht durchschlafen, ich bin immer wieder zwischendurch aufgewacht, meistens zwischen 2 und 3 Uhr morgens. – Essen wollte ich am liebsten gar nicht mehr, es war lediglich eine leidige Pflicht für mich, und ich wünschte mir, leben zu können, ohne zu essen. Jede Nahrung war für mich wie ein Ballast, und wenn ich alles rausgekotzt hatte, so war es für mich eine Befriedigung.

M.T.: Was war ansonsten noch ein Ballast für Ihr Erleben?

A.C.: Die Schwere an sich, dieses Ziehende und Drückende, das man nicht sieht, das aber real vorhanden ist. Außerdem diese unendliche Trauer.

M.T.: Wollten Sie wegen dieser Schwere durch die Nahrung nicht noch mehr Ballast aufnehmen?

A.C.: Ja, so könnte man das sagen. Deswegen wollte ich mir ein wenig Erleichterung verschaffen, indem ich die Nahrung wieder erbrach.

M.T.: Wenn Sie schlecht geschlafen haben, zwischen 2 und 3 Uhr aufgewacht, wieder eingeschlafen und dann am Morgen erneut aufgewacht sind: Wie war dann der Tagesanfang für Sie?

A.C.: Jeden Morgen war alles vollkommen sinnlos für mich. Ich hatte überhaupt gar keine Kraft mehr. Vielleicht kann man es folgendermaßen beschreiben: Draußen ist ein wunderschöner Sonnentag, alle Menschen lachen, aber ich hatte das Gefühl, in einem abgesonderten Raum abgepackt zu sein, den kein anderer sieht. Und ich konnte aus diesem Schmerz nicht mehr heraus. Gleich ob draußen die Sonne schien, ich konnte dabei nichts empfinden. Ich habe das natürlich mit meinem Verstand begleitet und gemerkt, daß ich nichts mehr fühlen kann. Wenn man nur diesen Schmerz fühlt, jeden Morgen mit ihm aufwacht und ihn auch für den nächsten Tag erwartet, dann entsteht eine vollkommene Sinnlosigkeit. Man hat wirklich keine Kraft mehr und kann sich noch so oft sagen: Versuch's doch. Es geht nicht mehr!

M.T.: Blieb dieses Gefühl, dieser Zustand den ganzen Tag über gleich, oder gab es Veränderungen?

A.C.: Nein, es hat sich verändert, alles wurde im Laufe des Tages leichter.

M.T.: Können Sie das verstehen?

A.C.: Vielleicht ist es deswegen, weil man trotz seiner Abgeschlossenheit noch gewisse Dinge mitbekommt und sich während des Tages ablenken lassen kann. In der Nacht kehrt dann alles wieder in brutaler Weise zurück, weil man wieder für den Schmerz offen ist. Ich habe mich meistens vor den Fernseher gesetzt, mich berieseln lassen, und das war für mich eine Ablenkung von dem Schmerz.

M.T.: Hat diese Ablenkung länger andauernd geholfen?

A.C.: Nein, natürlich nicht.

M.T.: Im Juli 1992 begann also die Tendenz zu einer Depression bei Ihnen. Wie lange hat sie angehalten?

A.C.: Das war nicht lange. Als ich Mitte August wieder mit meiner Ausbildung begonnen habe, hatte ich das Gefühl, daß diese depressive Tendenz wieder verschwunden sei. Sie war aber nur zugeschüttet.

M.T.: Wenn etwas zugeschüttet war, so war das sicherlich nicht der beste Zustand. Hatten Sie den Eindruck, daß Ihre depressive Verstimmung ganz überwunden gewesen wäre?

A.C.: Nein, ich habe alles total verdrängt, und es war wirklich vergessen. Wahrscheinlich hat es noch in irgendeiner Ecke geschlummert, war aber real keine Bedrohung mehr für mich.

M.T.: Waren Sie damals schon irgendwie in Behandlung gewesen?

A.C.: Nein, ich habe diese Krankheit ja überhaupt nicht angenommen.

„Plötzlich packte mich etwas wie ein Strudel"

M.T.: Wann kam dann eine erneute Depression bzw. eine erneute Verschlechterung?

A.C.: Das war im Mai 1993, und zwar ganz abrupt.

M.T.: Also nicht langsam wie im Juli des vorangehenden Jahres. Können Sie das noch ein wenig schildern?

A.C.: Allgemein war ich in einem Zustand, keine Gefühle zuzulassen, und ich lebte ganz in meinem Verstand. Dann kam der besagte Montag: Ich begann, mich für die Schule herzurichten. Und plötzlich kam etwas über mich, was man eigentlich gar nicht beschreiben kann. Es packte mich wie ein Strudel. Ich glaubte, wirklich zu ertrinken, weil der Wall, mit dem ich die ganze Zeit vorher meine Gefühle unterdrückt hatte, vollkommen zerbarst. Gleichzeitig war mir total schlecht, mich überkam eine Übelkeit, die fast schon unmenschlich war.

Das ist eine Übelkeit, von der man ganz genau weiß, daß man sich auch durch Kotzen nicht von ihr lösen kann. Diese unmenschliche Übelkeit war z.B. auch mit einem Zittern verbunden. Während man in diesem Zustand lebt, ist es außerordentlich schrecklich, im nachhinein aber kann man sich kaum noch daran erinnern.

M.T.: Bezog sich diese Übelkeit nur auf den Magen und das Essen?

A.C.: Nein, ich war eine einzige Hülle von Übelkeit. Ich lebte in einer Übelkeit gegen alles, alles war eine einzige Übelkeit! – Trotz allem habe ich mich an diesem Montagmorgen fertiggemacht, wenn auch in zitterndem Zustand, und mein Bruder hat mich zur Schule gebracht. Dabei hatte ich große Angst, mir einzugestehen, wieder eine Depression zu haben. Ich wagte nicht, meiner Mutter zu sagen, daß mir schlecht sei und ich mich ins Bett legen wolle. Tief in mir drin wußte ich allerdings, daß eine wahnsinnige Macht in mir war, vor der ich weglaufen wollte, aber nicht weglaufen konnte, weil ich es selber war.

Existentiell bedrohender Schmerz

M.T.: War es Ihnen damals klar, daß Sie nicht nur einfach traurig waren, sondern daß es sich um etwas anderes handelte?

A.C.: Irgendwo ja!

M.T.: Wie bzw. woran haben Sie das gespürt?

A.C.: Den Schmerz der Trauer kenne ich ganz genau. Aber in diesem Fall war es vollkommen anders: Es war keine Trauer, sondern ein einziger Schmerz, natürlich auch mit Trauer verbunden. Das Allerschlimmste war, daß es dafür

Le Cuer und Melencolie, ca. 1475
Wien, Österreichische Nationalbibliothek

keinen Grund gab. Ich konnte mich nicht von diesem Schmerz abgrenzen, und das war etwas ungeheuer Bedrohliches. Das war schon längst keine Trauer mehr, sondern ein existentiell bedrohendes Gefühl.

M.T.: Sie haben es also unterschiedlich erlebt: Trauer ist ein ganz bestimmtes Gefühl, das Sie kennen, aber diese Depression, dieser Schmerz war etwas vollkommen anderes.

A.C.: Ja, diese Depression war wie eine große Macht, die mich ergriffen hat.

M.T.: Könnten Sie vielleicht noch etwas genauer und differenzierter beschreiben, wie Ihr seelischer Zustand während der Depression war, damit die Leserinnen und Leser möglichst genau nachvollziehen können, was eine depressive Phase ist?

A.C.: Der seelische Zustand ist richtiggehend lahmgelegt. Alles fällt einem ungeheuer schwer. Es ist, als würde man sich in Gummi bewegen. Irgendwann möchte man etwas machen, aber sehr bald läßt man es wieder, weil einem sogar das Aufstehen wahnsinnig schwerfällt. Man ist so ausgepowert, daß man nicht glaubt, überhaupt noch zur Arbeit oder zur Schule gehen zu können. Alles ist viel, viel schwerer. Es ist, als ob man zu der ganzen alltäglichen Last noch eine Last obendrauf bekommt, die man zusätzlich tragen muß, die einem aber sämtliche Kraft nimmt. Das bezieht sich auf alles: aufs Denken, aufs Fühlen usw.

Man möchte eigentlich nur ins Bett schlüpfen, die Bettdecke über den Kopf ziehen und nichts mehr fühlen, denn was man fühlt, ist zu viel und zu schwer.

M.T.: Ist da auch Angst dabei?

A.C.: Natürlich. Im Grunde hat man vor allem Angst: Angst, daß dieser Zustand nie mehr aufhört; Angst, daß man durchdreht, weil man diesen Zustand nicht mehr aushält. Ich habe es so empfunden, daß es wie ein wahrgewordener Alptraum ist, aus dem man nicht mehr aufwachen kann. Und das Wieso schwirrt einem dauernd durch den Kopf, denn man weiß, daß man nicht immer so war. Schließlich wußte ich, wie es war, glücklich und frei zu sein, richtig durchatmen zu können.

M.T.: Hatten Sie auch Schuldgefühle in einer solchen Situation?

A.C.: Ja. Zuerst einmal hatte ich Schuldgefühle, weil ich keine richtige Kraft mehr für die Arbeit und meine Schule hatte, denn ich war eigentlich immer sehr pflichtbewußt. Ich hatte auch Schuldgefühle, weil diese schwarze Gummihülle so unsichtbar war und man sie anderen Menschen überhaupt nicht erklären konnte. Ich war unfähig, anderen Menschen begreiflich zu machen, daß ich nicht mehr richtig arbeiten und obendrein nicht mehr richtig fühlen und denken konnte. – Zusätzlich ist es einem peinlich, man schämt sich irgendwie. Man schämt sich, weil man seiner Pflicht nicht nachgehen kann und selber nicht versteht, warum das so ist. Man kann es nicht erklären, und das macht die Sache so schwer.

Suizid als falscher Ausweg

M.T.: Hatten Sie in diesen Phasen auch einmal lebensmüde Stimmungen oder Gedanken?

A.C.: Sicher, die gehören wie in einem Kreislauf einfach dazu.

M.T.: Wenn ich das jetzt richtig verstehe, haben Sie sich nicht lebensmüde Gedanken bzw. Gedanken, sich das Leben zu nehmen, gemacht, sondern sie kamen von selbst?

A.C.: Ja, genau so würde ich das sehen. Sie kamen, und sie waren so etwas wie eine logische Schlußfolgerung.

M.T.: Und was haben Sie gemacht, als diese Stimmungen und Gedanken kamen?

A.C.: Zuerst war ich natürlich entsetzt und dachte: O Gott, was denke ich da? Mit jedem Tag war dieser Gedanke realer vorhanden. Er wurde sogar immer weniger bedrohlich und verwandelte sich schließlich zu einer Art Lichtpunkt in diesem ganzen Schweren.

M.T.: So, als ob es ein Ausweg wäre?

A.C.: Genau, es war wie ein Ausweg. Jetzt, nach der ganzen Zeit der Depression weiß ich natürlich, daß es alles andere als ein Ausweg ist, weil ich mich im Falle eines Suizids selber mitnehmen würde. Wenn ich mit meinem Leben Schluß machen würde, ließe ich nur die Hülle auf der Erde, aber meinen ganzen Schmerz, der mir vielleicht momentan grundlos erscheint, würde ich natürlich mit mir nehmen. Weil ich jetzt weiß, daß dieser Weg kein Ausweg ist, hoffe ich, daß es mir bei einer etwaigen neuen Depression nicht mehr in den Sinn kommt, so etwas zu denken oder zu tun.

M.T.: Als Sie damals in dieser Depression waren, wer oder was hat Ihnen in dieser Zeit geholfen?

A.C.: Niemand. Wer hätte mir helfen sollen, da ich doch nicht einmal selber wußte, wie ich meinen Zustand beschreiben konnte?

M.T.: Haben Sie es überhaupt jemandem sagen können?

A.C.: Eigentlich habe ich diese wahnsinnige Trauer immer auf meine Eßstörungen bezogen, auch dieses Schwarze und das Schwere. Erst kurz bevor ich hier in die Klinik kam, habe ich in mir den Gedanken zugelassen, daß es eine Depression sein könnte. Natürlich war ich wie viele andere Menschen auch mit Vorurteilen gegenüber einer Depression beladen, z.B. daß eine Depression nur ein charakterschwacher Mensch haben könne. Man denkt dann z.B., daß man sich hinter seinem kleinen Finger verstecke, weil man nicht arbeiten wolle oder zu faul sei. Aber das ist wahrlich nicht der Grund.

M.T.: Sie wollen damit also andeuten, daß Sie über längere Zeit gedacht haben, daß Sie etwas mit dem Magen, nicht aber mit der Seele hätten?

A.C.: Genau.

Schmerzen, Vorwürfe, Schuldgefühle

M.T.: Wir sprechen immer noch über Ihre depressive Phase, die im Mai 1993 abrupt von einem Tag auf den anderen begann. Wie ging es denn damals weiter?

A.C.: Ich habe mich ungeheuer gegen meinen Zustand gewehrt, obwohl ich tief in mir wußte, daß es keine normale Krankheit ist, keine Grippe, keine Übelkeit, sondern etwas viel Mächtigeres. Ich habe versucht, mein Leben weiterzuführen, habe gekämpft wie ein Tier, bin weiter zur Schule gegangen, auch zur Arbeit. Aber das habe ich nur eine Woche ausgehalten, denn mein ganzer Körper reagierte mit einem ungeheuren Schmerz.

M.T.: Es hat sich angefühlt, als seien Sie körperlich krank?

A.C.: Ja, ganz genau. Ich wollte auch wirklich denken, daß es eine körperliche

Krankheit war, und habe allerlei Untersuchungen machen lassen. Ich fühlte mich auch immer sehr schlecht und verstand es nicht, wenn die Ärzte nach jeder Untersuchung bekundeten, daß organisch nichts festzustellen sei.

M.T.: Wie hat es auf Sie gewirkt, daß Sie untersucht wurden, man aber nichts finden konnte?

A.C.: Das war ganz schrecklich. Ich dachte sogar, daß sich die Ärzte alle über mich lustig machen würden.

M.T.: Sie waren also nicht erleichtert, daß man nichts gefunden hatte, sondern es war schrecklich?

A.C.: Ja, denn die Konfrontation mit dem Gedanken, es könnte eine seelische Krankheit sein, war für mich viel problematischer. Es ist natürlich einfacher zu erkennen, daß mein Bein wehtut, als daß es meine Seele oder mein Ich ist. Nach jeder Untersuchung, während der man nie etwas fand, habe ich mich immer wie das kleine verwöhnte Kind gefühlt, das mit diesen Untersuchungen die Aufmerksamkeit auf sich ziehen will. Ich fühlte mich wie ein kleiner Hypochonder. Und das Schlimmste war, daß ich mich hinterher immer schuldig gefühlt habe. Trotzdem waren die Schmerzen vorhanden, und zwar stärker, als wenn es irgendwelche körperlichen Beschwerden gewesen wären.

M.T.: Fanden Sie während dieser Zeit mehr Verständnis in Ihrer Familie, weil Sie scheinbar körperliche Schmerzen hatten?

A.C.: Nein, ganz im Gegenteil. Es kamen sogar starke Vorwürfe, insofern als nichts vorhanden war, kein organischer Befund vorlag. Man warf mir vor, wie einfach ich es doch hätte, nicht mehr zur Schule bzw. zur Arbeit zu gehen. Für mich war alles selber neu und bedrohlich, und dann kamen noch diese ungeheuren Vorwürfe hinzu, natürlich auch versteckte Vorwürfe von Verwandten, Bekannten und Kollegen.

M.T.: Was sagten diese beispielsweise zu Ihnen?

A.C.: „Reiß Dich doch zusammen!"

M.T.: Wie hat das auf Sie gewirkt?

A.C.: Das war absolut makaber.

M.T.: Einen solchen Satz sollten Angehörige einem Depressiven gegenüber niemals aussprechen!

A.C.: Nein. Ich weiß natürlich, daß diese ganze Krankheit äußerst schwer zu verstehen ist, aber man sollte wirklich froh sein, sie nicht zu haben bzw. nicht zu kennen. Und man sollte diesen Menschen ihren Schmerz lassen und sich nicht über sie lustig machen.

„Niemand verstand mich"

M.T.: Können Sie sagen, was damals während der Depression für Sie das Allerschlimmste war?

A.C.: Das Gefühl, allein zu sein. Das Gefühl, daß einen niemand versteht. Ich kam mir völlig unnormal vor, und das Schlimmste war, überhaupt keine Hilfe zu bekommen.

M.T.: Sie bekamen damals weder von Angehörigen noch von Ärzten irgendeine Hilfe?

A.C.: Jein. Bei der letzten Untersuchung, bei der Endoskopie, war schon der Versuch dieses Arztes, mir meinen Zustand ein bißchen begreiflich zu machen, aber ich habe das abgewehrt. Ich setzte meine Maske auf und sagte: Danke, mir geht es gut. Deswegen hatte dieser Arzt überhaupt keine Chance, mir zu helfen. Ich habe damals jeden gehaßt, der nur mit dem Wort Therapie zu mir kam.

M.T.: Sie hatten sich also hinter einer Maske versteckt, die nach außen spiegelte, daß es Ihnen gut gehe, aber in Ihrem Inneren sah es ganz anders aus?

A.C.: Ja, genauso war es, und dazwischen lag eine ungeheure Diskrepanz, vor allem auch zwischen meinem Handeln und meinem Fühlen. Aber ich war noch nicht so weit, außerdem bin ich von klein auf mit Vorurteilen gegen jede Therapie konfrontiert worden. Wenn mir z.B. jemand gesagt hätte, daß ich noch jung sei und auch junge Menschen schon eine Depression bekommen könnten und daß eine Depression einfach nur eine Krankheit sei, eine seelische Krankheit, die genauso wie eine körperliche Krankheit behandelt werden könne, dann hätte ich bestimmt sehr viel Schmerz überhaupt nicht ertragen müssen.

„Ich konnte nicht glauben, daß die Sonne wieder aufgeht!"

M.T.: Wie ging es dann weiter? Verschwand die depressive Phase wieder, haben Sie Medikamente genommen?

A.C.: Medikamente habe ich keine genommen, eigentlich lag ich den ganzen Tag im Bett. Ich wollte nichts essen, nichts trinken, nichts hören, nichts fühlen. Ich habe immer darauf gewartet, daß jemand anders handelt, mir die Entscheidung abnimmt und mit meinem ganzen Zustand ein Ende macht. Vor allem habe ich immer auf die Nacht gewartet. Mein Schmerz war so groß, daß ich nicht glauben konnte, daß die Sonne wieder aufgeht, weil ich dachte, die Erde müsse stehenbleiben.

Ich war zweimal einen Monat krankgeschrieben. Nach den ersten vier Wochen wollte ich morgens aufstehen und wieder zur Arbeit gehen, aber ich bin

Melancholisches Mädchen, Venedig 1552

zusammengekracht. Mich überfiel wieder dieses Würgen, Zittern, diese Übelkeit und dieser Strudel, der mich runterzog. Und so ging es von Woche zu Woche. Das Vertrauen in mich sank beständig, der Schmerz wurde immer größer, und vor allem die Angst wurde übermächtig.

Nach der sechsten Woche, von Sonntag auf Montag, überfiel mich – wie ich im nachhinein weiß – eine Panikattacke: Ich habe gezittert, geschwitzt und gedacht, daß ich jetzt wirklich sterbe. Ich war starr und steif vor Schreck. Am Montag habe ich es wieder nicht geschafft, zur Arbeit zu gehen. Ich konnte mich gerade noch zum Telefon schleppen, mußte dann aber schnell wieder ins Bett. Mein Vater machte mir sehr schwere Vorwürfe, die irgendwo auch verständlich waren, wenn man sich das Ganze nicht bewußt machen kann. Wer nur auf der materiellen Seite lebt, kann sich diese Zustände kaum vorstellen.

Aber irgendwann kam der Tag, an dem ich auch Druck bekommen habe, und zwar nach dem Motto: „Was soll das, komm jetzt wieder zur Arbeit!" Zwar kam die Übelkeit, der Strudel und alles wieder genauso stark wie sonst, aber ich konnte es irgendwie überwinden und habe es geschafft, wieder zur Arbeit zu gehen.

M.T.: Wann war das?

A.C.: Das war am 5. Juli 1993. Etwa eine Woche hatte ich jeden Morgen die gleichen Zustände, und ich mußte sie überwinden. Allmählich, nach vielen schwierigen Tagen, kam der Zeitpunkt, an dem es mir wieder besser ging.

Ein glückliches Intermezzo

M.T.: Die Schwere, die Angst, die Übelkeit waren nicht mehr so stark?

A.C.: Ja. Aber ich habe sie wieder in diese Schublade hineingedrängt und das Ganze wieder verschlossen.

M.T.: Heißt das, Sie fühlten sich nicht wirklich gut, gesund und fröhlich?

A.C.: Doch, mit der Zeit wieder.

M.T.: Wann haben Sie sich wieder fröhlich gefühlt?

A.C.: Die Übelkeit und die Probleme mit dem Essen waren immer da. Ab September 1993 ging es dann Schritt für Schritt aufwärts.

M.T.: Gab es eine Zeit, in der Sie bezüglich des Essens auch wieder ganz gesund und frei waren?

A.C.: Ja, leider waren das nur drei Monate, und zwar war das die Zeit von Mai bis August 1994.

M.T.: In dieser Zeit waren Sie also ganz normal, gesund und fröhlich, körperlich und seelisch ohne Probleme?

A.C.: In dieser Zeit war alles okay.

M.T.: Wie war es in der Zeit Ende 1993 bis Frühjahr 1994?

A.C.: In dieser Zeit ging es stetig bergauf. Die Schwere war nicht mehr vorhanden. Es war, als hätte ich mich aus der schwarzen Gummimasse befreit.

M.T.: In der schlechten Phase davor – Mai bis Juli 1993 – waren Sie also in keiner Behandlung oder Therapie, und der Zustand besserte sich von selbst?

A.C.: Ja, es ging irgendwie weiter, wenn auch mehr schlecht als recht.

M.T.: Mai bis August 1994 war dann eine sehr gute Zeit für Sie ...

A.C.: ... eine ganz tolle!

M.T.: ... eine ganz tolle sogar, besser als gut?

A.C.: Ja, es war phantastisch, auch zum Essen hatte ich eine ganz andere Beziehung, denn ich habe beim Essen sogar richtig Lust empfunden. Das hatte ich an sich noch nie erlebt, höchstens in meiner Kindheit.

M.T.: Sie hatten nicht nur Lust beim Essen, sondern Lust überhaupt?

A.C.: Ja, pure Lebenslust! So wie es damals ganz dunkel, schwarz und schwer war, so war es zu dieser Zeit hell, licht und fröhlich.

M.T.: Sie hatten auch Freunde und Freundinnen?

A.C.: Ja, selbstverständlich. Alles war perfekt.

Binnen Sekunden kehrte der Alptraum zurück

M.T.: Und dann?

A.C.: Und dann kam ein Tag, an dem es mich wieder abrupt überfiel. Ich saß in einem Restaurant, und ich wußte, daß sich der Strudel wieder bemerkbar machte. Es war, als wenn ein kleiner böser Geist mir zurufen würde: „Hast Du etwa geglaubt, daß ich nicht wiederkommen würde? Du hast mich wohl vergessen!" Zu diesem Zeitpunkt hatte ich meine depressiven Phasen tatsächlich fast gänzlich vergessen, und ich dachte, daß sie etwas Einmaliges gewesen wären, was ich zwar nicht erklären konnte, aber ich war doch fest davon überzeugt, daß so etwas nie wiederkommen würde. Aber von einer Sekunde auf die andere war es wieder da. Das Gefühl begann zwar langsam, aber steigerte sich doch sehr schnell so stark, daß ich wieder auf die Toilette rennen und alles rauskotzen mußte. Zur Übelkeit kamen die Angst und die Schwere hinzu. Alles war wieder da! Das war der Zeitpunkt, an dem ich mir selber gesagt habe, daß ich mir eine Therapie verschaffen wolle. Ich wollte mich in therapeutische Hilfe begeben.

M.T.: Was haben Sie dann getan?

A.C.: Am nächsten Tag ging es mir wieder etwas besser, und der gute Vorsatz war wieder dahin. Ich saß gerade beim Essen, aber ich merkte sehr schnell, daß ich nichts bei mir behalten konnte. Einmal im Geschäft habe ich versucht, ein Brötchen zu essen, aber sofort landete ich wieder auf der Toilette. Es war schrecklich, alles war wieder da: die Angst, die Schwere, der Alptraum waren wieder zurückgekehrt. Ich habe dann versucht, mir therapeutische Hilfe zu beschaffen, war auch bei einer Psychotherapeutin, aber das war ein totaler Reinfall.

M.T.: Inwiefern?

A.C.: Weil ich überhaupt kein Verständnis bekam, sondern nur Vorwürfe. Das waren ganz absurde Vorwürfe seitens der Therapeutin. Schon bei der ersten Begegnung merkte ich, daß zwischen uns beiden überhaupt kein Draht vorhanden war. Diese Frau wirkte auf mich, als wenn sie von ihrem Beruf vollkommen ausgebrannt wäre. Darum bin ich einfach nicht mehr hingegangen.

Auf dem Weg zur Filderklinik

M.T.: Und was haben Sie dann getan?

A.C.: Ich wartete, aber mein Zustand wurde schlimmer und schlimmer. Ich merkte, wie ich Schritt für Schritt zusammenbrach. Meine Hausärztin hat mir dann angeboten, ambulant zu ihr zu kommen.

M.T.: Wußte diese Ärztin, was Sie haben?

A.C.: Sie hatte auf Magersucht getippt, vor allem auch deswegen, weil ich über meine anderen Gefühle nie geredet habe.

M.T.: Aufgrund der körperlichen Symptome hat sie also die Diagnose Magersucht gestellt, weil Sie über Ihre seelischen Symptome nicht gesprochen haben. Was hat Ihnen dann die Hausärztin geraten?

A.C.: Sie riet mir, es ambulant an der Filderklinik zu versuchen.

M.T.: Wann waren Sie zum ersten Mal ambulant hier bei uns?

A.C.: Das muß am 16. Januar dieses Jahres gewesen sein.

M.T.: Das heißt also, daß sich Ihr Zustand vom September 1994 die folgenden Monate hingezogen hat, bis Sie dann im Januar 1995 zum ersten Mal ambulant in der Filderklinik gewesen sind.

A.C.: Ich selber habe alles hinausgezögert. Einerseits wußte ich, daß ich Hilfe benötige, andererseits war jede Veränderung für mich mit Schmerz verbunden. Aber dann kam der Punkt, an dem es einfach nicht mehr ging, an dem ich körperlich vollkommen kaputt war. Vor allem seelisch war es für mich klar, daß ich diese Zustände nicht noch einmal durchmachen wollte und es auch nicht alleine schaffen würde. Das wußte ich, denn alles war viel zu stark, um es wieder zurückdrängen zu können.

M.T.: Dann waren Sie im Januar bei mir zu einem ambulanten Gespräch, im Laufe dessen wir vereinbarten, daß Sie stationär hierherkommen sollten. Wann kamen Sie dann stationär zu uns?

A.C.: Am 23. März.

M.T.: Wie war währenddessen Ihr Zustand?

A.C.: Eigentlich wurde mein Zustand besser, denn im nachhinein muß ich sagen, daß ich mich wieder in diese Verdrängungstaktik hineingeflüchtet habe. Ich war überzeugt, und ich hatte die Erwartungshaltung, daß, wenn ich hierherkomme, die mir schon helfen würden. Ich dachte, daß ich von mir aus alles gemacht hätte, indem ich mir eingestanden habe, daß ich irgendwo krank sei. Allein der Gedanke, daß ich Hilfe bekommen würde, gab mir einen Aufschwung.

„Zum ersten Mal konnte ich wieder weinen"

M.T.: Als Sie dann hierherkamen und stationär aufgenommen wurden, was haben Sie dabei anfangs erlebt?

A.C.: Eigentlich passierte das, was ich schon geahnt hatte: Wenn man sich öffnen will – nicht wenn man sich öffnen muß –, dann kommt der ganze Schmerz heraus. Mein gesamter Schmerz kam wieder, und seit Jahren begann ich zum ersten Mal wieder zu weinen. Dieses Weinen war immer und überall, es war so schlimm, daß ich dachte, es würde nie vergehen. Ich dachte wirklich, ich müßte von nun an ständig weinen. Ich habe gespürt, daß meine Maske nach und nach zerbrach. Wobei ich betonen möchte, daß diese Maske nichts mit Falschheit zu tun hatte, sondern einfach nur mit diesem Funktionieren, niemandem zur Last fallen zu wollen, meine Pflicht zu tun und mich selber sowie die Krankheit nicht ernst zu nehmen und alles herunterzuspielen. Ich ließ also jetzt meine Gefühle zu, lief auch wirklich mit hängenden Gesichtszügen und verweinten Augen durch die Gegend, und es war mir egal, ob mich die ganze Welt so sehen würde.

M.T.: Das sah man, das ist richtig. Diesen Zustand haben Sie dann also als etwas Befreiendes erlebt?

A.C.: Ja. Es war ehrlich, befreiend, und das Schönste war, daß ich hier bemerkt habe, daß diese Zustände überhaupt nicht unnormal sind, vor allem nichts Schlimmes, und daß auch viele andere Menschen darunter leiden. Diese Erkenntnis nahm bereits die größte Macht der Depression von mir.

M.T.: Sie erlebten also auch, daß Sie hier ohne Ihre Maske leben konnten und angenommen wurden?

A.C.: Ganz genau. Ich erlebte, daß man sich gehen lassen kann, daß man nicht immer nur stark zu sein braucht und nicht immer funktionieren muß.

M.T.: Welche Therapien haben Sie hier bei uns bekommen?

A.C.: Ich bekam Musiktherapie, Heileurythmie und natürlich die Gesprächstherapie, ferner Einreibungen und Bäder.

Bäder und Einreibungen

M.T.: Können Sie sagen, wie Sie die Einreibungen und Bäder erlebten?

A.C.: Das ist schwer zu erklären. Anfangs war es so, daß alle meine seelischen Empfindungen versteckt waren. Sie waren ein Geheimnis für mich, die ich zwar herausgeholt habe, wenn ich allein war, aber die mich erdrückt haben. Ich konnte die Einreibungen anfangs also nicht annehmen, es war, als ob ich neben mir stehen und zugucken würde, und ich habe nichts dabei empfunden. Natürlich war ich auch vollständig verkrampft.

M.T.: Halfen Ihnen die Einreibungen und Bäder, sich mit der Zeit zu lösen?

A.C.: Selbstverständlich.

M.T.: Wissen Sie noch, welches Bad das war?

A.C.: Das war das Lavendelbad sowie die Lavendeleinreibungen.

M.T.: Was hat man bei Ihnen eingerieben?

A.C.: Die Beine. Mit der Zeit half es mir sehr. Das ganze Gefühl, sich fallenlassen zu können, aber aufgefangen zu werden, half mir sehr. Dieses Geborgene empfand ich von Anfang an hier in der Filderklinik.

Während der Musiktherapie löst man die verschlossenen Gefühle

M.T.: Sie hatten dann Musiktherapie. Hatten Sie vorher in Ihrem Leben schon einmal ein Musikinstrument gespielt?

A.C.: Nein. Zwar hatte ich es versucht, aber schlechte Erfahrungen gemacht, da man mir gesagt hatte, daß ich dafür nicht talentiert sei.

M.T.: Wie wirkte diese Musiktherapie auf Sie?

A.C.: Ich habe am Anfang alles mitgemacht. Das war auch typisch für mich, alles mitzumachen, und vor allem gut zu machen. Trotzdem stand ich – also meine Seele – neben mir und schaute zu, wie ich wieder einmal toll funktionierte. Das passierte mir anfangs sogar hier in der Filderklinik. Aber mit der Zeit habe ich bemerkt, wie ich Stück für Stück mehr anwesend war, und zwar nicht nur der Körper, sondern ich selber als ganzer Mensch.

M.T.: Wie war Ihr Gefühl bei der Musiktherapie, und welche Gefühle hatten Sie, plötzlich so etwas zu machen, obwohl man Ihnen doch gesagt hatte, daß Sie musikalisch völlig unbegabt seien?

A.C.: Am Anfang war das natürlich schwer. Vor allem das Hervorlocken der Gefühle, dieses Kratzen an der Schublade, in der die ganzen Gefühle verborgen waren, war nicht leicht für mich. Mit der Zeit kamen die Gefühle natürlich hervor.

M.T.: Diese Gefühle kamen durch die Musiktherapie?

A.C.: Sie kamen durch die ganzen Therapien, aber speziell durch die Musik.

M.T.: Können Sie sagen, was Sie in der Musiktherapie getan haben?

A.C.: Zu Anfang haben wir sehr viel geredet und auf der Kantele gespielt. Die Frau, mit der ich das zusammen gemacht habe, hat natürlich auch gemerkt, daß ich immer mehr anwesend war, und deswegen wechselten wir auch zur Sopran-Leier. Durch dieses Instrument wurde meine Neugier ganz besonders geweckt. Zwischendurch haben wir noch Klangstäbe und Xylophon probiert, bis wir gemeinsam das Instrument fanden, das mich am meisten angesprochen hat.

M.T.: Was haben Sie an der Sopran-Leier erlebt?

A.C.: Dafür hat mein Herz geschlagen, und ich wußte sofort, daß das mein Instrument ist. Das war wirklich wie eine Art Wiedererkennen, und ich merkte auch, daß die Aussage, daß ich völlig unmusikalisch sei, absolut subjektiv gewe-

Der Melancholiker, Kauterisations-Schema, 13.Jh.
Erfurt, Wissenschaftliche Bibliothek

sen ist. Und ich wußte, daß die Leute sagen können, was sie wollen, dieses Instrument war einfach schön! Ich fühlte mich mit diesem Instrument verbunden wie mit einem alten Freund, den man wiedertrifft.

M.T.: Hat es Ihnen seelisch geholfen, Sopran-Leier zu spielen?

A.C.: Auf jeden Fall! Zu Beginn, als ich noch meine Blockaden hatte, war es immer ein bißchen der Versuch, meine Gefühle erklärlich, für mich selber begreiflich zu machen und sie erklingen zu lassen.

„Durch meine Melodie fand ich wieder ganz zu mir"

M.T.: Sie haben dann sogar einmal eine seelische Komposition auf der Leier gespielt.

A.C.: Das fand ich ganz besonders phantastisch. Denn wenn man jung ist, ist man noch offen für alles. Schon als kleines Kind war für mich die Luft mit Melodien erfüllt, die man einfach nur schnappen mußte. Und als ich zum ersten Mal versuchte, meine gesamten Gefühle in einer Melodie rüberzubringen, spürte ich, daß ich zum ersten Mal wieder ganz da war. Am Anfang waren es nur ein paar Töne, die aus der Ferne, wie eine Art Erinnerung zu mir kamen. Aber sie drangen zu mir durch, und ich wußte, daß ich diese Melodie schon einmal gehört habe. Eigentlich mußte ich nur noch die richtigen Töne finden.

M.T.: Die haben Sie dann gefunden, und zwar ohne Noten.

A.C.: Ja, am Anfang brauchte ich noch eine Hilfestellung für mich, weil ich keine Noten lesen kann. Ich habe in einem ersten Schritt einfach die Saiten der Leier numeriert, aber später ging es ohne diese Numerierung. Diese Melodie ist jetzt ganz tief in mir drinnen.

M.T.: Sie haben mir diese Melodie vorgespielt, und ich war sehr betroffen und angerührt von der Schönheit dessen, was Sie mir vorgespielt haben. Vor allem erlebte ich, wie Ihre Seele mitklang.

A.C.: Das war wirklich pure Offenheit.

M.T.: Das konnte ich als Zuhörer erleben.

Heileurythmie

Als zweite Kunsttherapie hatten Sie noch die Heileurythmie. Können Sie dazu auch noch etwas sagen?

A.C.: Zu Anfang war das im Grunde schrecklich. Ich machte z.B. die B-Übung, eine Übung, bei der man sich selber einhüllt, sich umfassen will. Dabei hatte ich totale Beklemmungen, glaubte mitunter sogar, daß ich durchdrehen würde, wenn ich diese Übung weitermachen würde. Ich habe das auch gesagt. Im Grunde war es wie bei der Musiktherapie, daß nämlich zu viele Emotionen und Erinnerungen hochkamen, die hochkommen wollten. Deswegen war es zu Anfang recht schwer.

M.T.: Und wie hat sich das weiterentwickelt?

A.C.: Es wurde immer besser. Ich habe dabei auch die Erfahrung gemacht, daß ich mich zeigen kann, so wie ich wirklich bin. Ich weiß auch, daß ich angenommen werde, wenn ich mal trotzig, gemein und wütend bin. Ich habe das Gefühl, daß ich mich nicht mehr hinter diesem Funktionellen verstecken muß, auch nicht hinter dem Stolz, daß mir niemand wehtun kann.

M.T.: Das ist eine ganz wichtige Erfahrung. Noch einmal zur Heileurythmie: Was machen Sie jetzt für Übungen?

A.C.: Das sind verschiedene Übungen. Zur Zeit mache ich gerade das M, das L, das B und das E. Diese Übungen sind alle mit einer Bewegung verbunden, die auf jeden Patienten individuell ausgerichtet ist. Jetzt sind wir gerade so weit, daß wir nicht nur die Bewegung zu dem jeweiligen Buchstaben machen, sondern uns zusätzlich noch Farben vorstellen. Wir stellen uns z.B. vor, was die Bewegung A und der Laut A in uns für eine Farbe erklingen lassen.

Es ist sehr schön, der Seele einen richtigen Schwerpunkt zu geben, genau zu wissen, daß nicht mehr das Materielle, das Funktionieren, wichtig ist, sondern daß plötzlich eine ganz andere Seite des Menschen wichtig wird. Wenn ich dann z.B. wieder Trauer darüber empfand, warum ich meine Ausbildung nicht zu Ende führen konnte, dachte ich gleichzeitig: Sei doch nicht so unbescheiden! Das, was ich hier erlebe, erleben die anderen Menschen nicht. Und das hätte ich auch nicht erlebt, wenn ich diese Krankheit nicht gehabt hätte. So schwer es auch ist, so gibt es doch manche lichte Momente, in denen man denkt, daß es sehr gut ist, diesen Weg gegangen zu sein.

M.T.: Sie meinen lichte Momente in der Depression, in denen Sie erleben, daß es sehr gut ist, den Weg der Depression gegangen zu sein?

A.C.: Auch, aber mehr noch den Weg der Therapie.

M.T.: Aber die macht man ja nur aus der Depression heraus, wegen dieser Erkrankung.

A.C.: Richtig, und im nachhinein muß ich auch sagen, daß alles Schlechte auch etwas Gutes in sich hat. Natürlich ist auch meine Angst unwahrscheinlich groß, daß die Depression wiederkommt, wenn ich hinauskomme. Werde ich wieder so erschüttert und bedroht werden?

Depression als Lebensbereicherung

M.T.: Was mir aber ganz wichtig ist, auch für andere Menschen: Würden Sie sagen, daß es auch eine gute Seite an der Depression gibt?

A.C.: Im nachhinein, wenn man sie durchlebt hat, ja! Natürlich!

M.T.: Könnten Sie das noch ein wenig beschreiben?

A.C.: Vielleicht kann man das so erklären: Wenn man noch nie erlebt hat, im Dunkeln zu stehen, weiß man auch nicht, wie schön es ist, Licht zu erleben. So würde ich es selber für mich beschreiben. Wer dauernd im Licht lebt, nimmt es nicht mehr wahr. Und es ist wirklich so: Nur wenn man einmal wirklich unten ist, kann man das Oben sehr viel mehr genießen. Man sieht alles vollständig anders, bekommt eine andere Lebenseinstellung; auch in meinen jungen Jahren bekommt man schon diese andere Lebenseinstellung. Man kann dann das Leichte, das man erlebt, noch sehr viel mehr würdigen, weil man weiß, daß es nichts Gewöhnliches ist, sondern ein Geschenk. Es ist ein Geschenk, diese schwere Bürde nicht immer tragen zu müssen.

M.T.: Die Lebenseinstellung nach einer Depression hat also mehr Tiefe, mehr Bewußtsein?

A.C.: Ja, beides.

M.T.: Dann ist das eine Bereicherung für das weitere Leben?

A.C.: Unbedingt. Man darf nur nicht auf das Bedrohende schauen, sondern muß begreifen, daß einem die Depression etwas sagen will. Das ist wie eine rote Ampel, wie ein Warnsignal, daß etwas nicht in Ordnung ist. Es muß mit sehr viel Schmerz verbunden sein, damit überhaupt etwas verändert werden kann. Denn schließlich ist der Mensch ein Gewohnheitstier.

M.T.: Das ist ganz einleuchtend. Wissen Sie schon, was Ihnen die Depression, Ihre rote bzw. schwarze Ampel sagen wollte?

A.C.: Nein, noch nicht.

M.T.: Aber Sie glauben, fühlen oder ahnen, daß Sie das eines Tages noch erfahren werden?

A.C.: Ja, irgendwann auf jeden Fall. Jetzt ist es noch zu frisch und tut noch zu weh. Auch ist die Angst noch zu groß, weil ich wieder zurück will, um meine Ausbildung zu beenden.

M.T.: Sie müssen also dort wieder ansetzen, wo Sie aufgehört haben.

A.C.: Und deswegen ist es ganz normal, daß man Angst davor hat, daß die Depression nach zwei Monaten wiederkommt. Aber ich bin jetzt so weit, daß, wenn eine Depression wiederkommt, ich sofort nach Hilfe schreien werde.

M.T.: Wissen Sie, wenn Sie jetzt in Ihr altes Leben zurückgehen, was Sie dort ändern wollen? Haben Sie Vorsätze oder Hoffnungen?

A.C.: Als allererstes habe ich mir vorgenommen, mich nicht wieder in dem Ganzen zu vergessen, mir treu zu bleiben und wirklich auch Gefühle zuzulassen. Wenn der Schmerz wiederkommt, muß ich ihn zulassen, ihn aber nicht in eine Schublade hineinstecken, um dann morgen darüber nachzudenken. Ich habe mir auch vorgenommen, mir mehr Ernst und Wert zu geben.

Sich selber wieder wichtig nehmen!

M.T.: Können Sie noch sagen, welchen Stellenwert die psychotherapeutischen Gespräche für Sie hatten?

A.C.: Wenn man damit überhaupt keine Erfahrung hat, so ist das am Anfang sehr schwer, und das ist wahrscheinlich auch der Grund, warum sich sehr viele davor scheuen. Als ich hierherkam, wollte ich in den Gesprächen immer sehr schnell eine Antwort haben. Inzwischen weiß ich, daß es auch auf viele meiner Fragen keine Antworten gibt. Die Gespräche selbst sind unwahrscheinlich wichtig, denn man beschäftigt sich wirklich einmal mit sich selber und muß nicht ständig an dies oder jenes denken. Man selber ist in diesem Moment die Hauptperson, und es ist ein unwahrscheinlich schönes Gefühl, sich selber wieder wichtig zu nehmen.

M.T.: Denken Sie, daß man als depressiver Mensch auf Gespräche bzw. Psychotherapie verzichten kann?

A.C.: Nein, das denke ich nicht. Natürlich sollte man niemanden dazu zwingen, aber wenn man zu Gesprächen bereit ist, kann man nicht auf sie verzichten. Man braucht schließlich Hilfe, und wenn man einen Menschen einfach reden läßt, kommt auch sehr viel Wahrheit aus ihm heraus, und zwar Dinge, die man sonst vielleicht mit dem Verstand unterdrückt.

M.T.: Wenn ich höre, was Sie alles sagen, so habe ich den Eindruck, daß Sie sich durch die Krankheit verändert haben. Ist das richtig?

A.C.: Ja, insofern ich gemerkt habe, wie wichtig das Seelische, das Sensible, das Kreative ist, das ich jahrelang zu unterdrücken versucht habe. Natürlich ist das Materielle und Funktionelle auch wichtig, aber es ist nur Mittel zum Zweck, nicht aber der Hauptfaktor zum Leben. Ich habe erkannt, daß es wichtig ist, ehrlich zu sein, nicht immer zu versuchen, zu freundlich zu sein, alles zu verstecken, um andere nicht zu verletzen, sondern diese ganze Palette auf sich selber zu beziehen. Wahrscheinlich werden mir im nachhinein noch weitere Dinge einfallen, aber das Wichtigste ist und war für mich, daß ich einmal die Hauptperson bin, daß ich einmal diesen gesunden Egoismus entwickeln konnte.

M.T.: In bezug auf Ihr eigenes seelisches Erleben?

A.C.: Ja.

M.T.: Wenn Sie das jetzt durch die Depression und die Behandlung gelernt haben, dann scheint mir das etwas ganz Wesentliches zu sein.

A.C.: Auf alle Fälle. Was man dann damit in der Praxis macht, ist natürlich etwas ganz anderes. Im nachhinein kann man auch sagen, daß es wert war, diesen Schmerz durchzumachen. Zwar ist es eine harte Schule, aber es bringt etwas.

M.T.: Gibt Ihnen die Hoffnung, daß das Ganze einen Sinn hat, auch Kraft, die Depression durchzuhalten?

A.C.: Ja, wenn es durch Therapie, Gespräche, vielleicht auch durch Medikamente etwas leichter wird, dann kann diese Hoffnung durchschimmern und gibt einem dann eine unwahrscheinliche Kraft. Dieses Durchschimmern der Hoffnung ist dann wie ein Durchscheinen eines Lichtes, und man weiß, daß man irgendwann einmal am Ende des Tunnels ankommen wird. An diesem Tunnelende taucht dann etwas ganz Neues auf, was andere Menschen nie sehen bzw. erleben werden, die nicht durch diesen Tunnel gehen müssen. Freiwillig wäre ich natürlich nie hindurchgegangen, das ist ganz klar. Der Sinn wird wahrscheinlich Jahre später kommen, aber das Durchschimmern einer Ahnung kommt auch während der Krankheit durch.

Gelähmt vor dem Abgrund

Markus Treichler im Gespräch mit seiner Patientin E.P.*

Markus Treichler: Seit einiger Zeit sind Sie stationär bei uns in der Filderklinik. Seit wann genau sind Sie hier, und was war der genaue Anlaß, zu uns zu kommen?

E.P.: Ich bin seit neun Wochen hier. Der Anlaß ist ohne Grund und ohne Motiv ausgebrochen. Es war eine Depression, mit der ich nicht mehr allein sein konnte.

M.T.: Wann fing diese Depression genau an?

E.P.: Eigentlich war das schon im Januar bzw. Februar. Im März kam ich dann hier in die Filderklinik.

M.T.: Wurde die Depression hier bei uns zuerst schlimmer?

E.P.: Ja, sie wurde sehr viel schlimmer, weil ich sie erst hier richtig zulassen konnte.

M.T.: Könnten Sie einige Worte zu sich selber sagen, damit die Leserinnen und Leser einen kleinen Eindruck von Ihrer Biographie bekommen?

E.P.: Ich bin 41 Jahre, Hausfrau und Mutter von drei Kindern. Ich bin gelernte Erzieherin und habe zuletzt noch am Waldorflehrerseminar studiert.

„Traurigkeiten gehören zu meinem Leben"

M.T.: Gab es entscheidende und Ihr Leben prägende Ereignisse, von denen Sie der Meinung sind, daß die Depression daher rührt?

E.P.: Ich denke nicht, daß es bestimmte Ereignisse waren, sondern daß diese Depressionen zu meinem Leben dazugehören. Seitdem ich denken kann, waren diese Traurigkeiten vorhanden, verschwanden dann aber auch immer wieder, so daß ich dann auch so fröhlich sein konnte wie andere Menschen.

M.T.: Können Sie sich erinnern, in welchem Lebensalter Sie Ihre erste depressive Phase hatten? Sie sagten ja, daß Sie Traurigkeiten durchmachten, so lange Sie denken können.

E.P.: Mit 14 war eigentlich die erste große Traurigkeit, mit 18 Jahren noch einmal eine. Vor etwa sechs Jahren nahmen die Traurigkeiten so stark zu, daß ich nicht mehr alleine damit zurecht kam.

---

* Fragenkonzept von Judith Pehrs und Wolfgang Weirauch.

M.T.: Diese Traurigkeiten traten nun nicht durch ein besonderes Ereignis auf, sondern grundlos. Kamen Sie plötzlich, oder entwickelten sie sich langsam?

E.P.: Eigentlich entwickelt sich das immer sehr langsam. Zuerst beginnt es versteckt und im Verborgenen. Ich selber weiß, daß ich traurig bin, aber verberge das lange vor den anderen Menschen, um andere nicht ihrerseits traurig zu machen bzw. sie mit hineinzuziehen. In diesen Phasen bin ich gewöhnlich noch lustiger und fröhlicher als sonst, einfach nur deswegen, damit mir keine Fragen gestellt werden.

M.T.: Sie sind also nach außen lustiger und fröhlicher, damit man nicht erkennt, wie es in Ihrem Inneren aussieht?

E.P.: Ja, im Inneren wird es dann immer schwerer und tiefer. Irgendwann wird dann aber die Spannung so groß, daß es nicht mehr auszuhalten ist.

M.T.: Kann man diesen Zustand dann noch Traurigkeit nennen, oder ist das etwas anderes, was Sie selber schon als eine Krankheit bezeichnen würden?

E.P.: Die Traurigkeit wird zu einer Unfähigkeit, mit dem alltäglichen Leben fertigzuwerden. Ich kann dann auch nicht mehr schlafen, nicht mehr essen, und schließlich kommt Verzweiflung dazu, die dann ihrerseits wiederum zur Angst –

Ausbrechender Frühling,
ans Herz drängender Blütenbaum,
blühender Kern aus der Nacht.
Seele, gebogen am schwarzen Stamm
und an harter Rinde gebrochen.
Finsternis peitscht
den Tag sich voraus
und wirft ein brennendes Meer
an seine Ufer.
Sonnengrenze,
fallen ins Brunnenland.
Aus tiefschwarzem Grund
wächst ein singender Vogel
und steigt in wachsenden Kreisen
purpur schimmernden Sternen
entgegen.

E.P.

auch vor anderen Menschen – werden kann. Das führt so weit, bis alles ein einziger großer Schmerz ist und fast bis zu einer Lähmung führt.

M.T.: In dieser Entwicklungsphase haben Sie dann den Eindruck, daß Sie es nicht mehr aushalten und zum Arzt bzw. in die Klinik müssen. Können Sie beschreiben, wann Sie zum ersten Mal Hilfe aufgesucht haben, wann Sie zum ersten Mal nicht mehr alleine mit Ihrer Krankheit fertig wurden?

E.P.: Eigentlich habe ich es erst gemerkt, als die normalen Lebensfunktionen nicht mehr möglich waren, und ich körperlich nicht mehr konnte. Das war vor sechs Jahren.

M.T.: Die ersten Traurigkeitsphasen in Ihrem 14. bzw. 18. Lebensjahr haben Sie also alleine bewältigt?

E.P.: Ja, die habe ich alleine bewältigt. Aber vor sechs Jahren konnte ich das nicht mehr.

In der Filderklinik

M.T.: Und was haben Sie dann gemacht?

E.P.: Ein guter Bekannter hat mich auf Sie aufmerksam gemacht, und ich habe in der Klinik angerufen und um ein Gespräch gebeten. Ich kam dann erst einmal ambulant zu Ihnen, später dann stationär.

M.T.: Erinnern Sie sich noch an die erste stationäre Behandlung? Wissen Sie noch, welche therapeutischen Maßnahmen Sie damals bekommen haben?

E.P.: Ich erinnere mich, daß ich vier Wochen hier war und Heileurythmie und Maltherapie bekam, ferner Massagen.

M.T.: Wie stand es mit Medikamenten?

E.P.: Ich erinnere mich noch an Gold.

M.T.: Jedenfalls waren es anthroposophische Medikamente. Bekamen Sie auch ein Antidepressivum?

E.P.: Nein, bei diesem ersten Mal nicht.

M.T.: Wie war die damalige depressive Zeit von der Intensität her? War sie im Vergleich zu dem, was sie später kennengelernt haben, sehr schwer?

E.P.: Die Verzweiflung betraf damals eher die Lebensumstände.

M.T.: Hatten Sie den Eindruck, daß damals bestimmte Lebensumstände für den Ausbruch dieser Krankheit verantwortlich waren?

E.P.: Damals ja.

M.T.: Wissen Sie noch, in welchem Monat das war?

E.P.: Es war im Januar oder Februar, und bis ich schließlich hierherkam, war es schon Mai. Die erste stationäre Aufnahme war im Herbst.

M.T.: War diese depressive Phase durchgängig vom Januar bis zum Herbst, oder gab es Zeiten, in denen es auch wieder besser ging?

E.P.: Bis zur ersten stationären Aufnahme war die depressive Phase im Grunde sehr durchgängig. Ich erinnere mich aber, daß es nach der Aufnahme besser wurde und zumindest auf und ab ging. Dieser stationäre Aufenthalt hat sehr viel geholfen, weil ich das Gefühl hatte, Schutz zu haben und nicht mehr mir selber ausgeliefert zu sein.

M.T.: Hatten Sie, bevor Sie hier zur Filderklinik kamen, gewußt bzw. die Vermutung, daß es sich in Ihrer Situation um eine Depression handelt?

E.P.: Nein, darüber habe ich nie nachgedacht, und ich war dann sehr erschrocken und erstaunt, als dieser Zustand so benannt wurde.

M.T.: Ist Ihnen dieser Schritt, zu einem Arzt oder sogar zu einem Psychiater zu gehen, damals schwergefallen?

E.P.: Ja, das ist mir sehr schwergefallen.

Endstation

M.T.: Wie reagierten Ihre Mitmenschen innerhalb der Familie bzw. des Bekanntenkreises darauf, daß es Ihnen schlecht ging und Sie zu einem Psychiater gegangen sind?

E.P.: Die meisten Menschen haben meinen Zustand zunächst gar nicht mitbekommen, selbst meine im gleichen Haus wohnenden Eltern und mein Ehemann nicht. Nachdem allen meine Situation klar war, hat man sehr negativ darauf reagiert, und zwar nach dem Motto: Endstation!

Würgender Engel,
deine wachenden Blicke
fielen
in meinen heißen Atem. –

Wolltest du so sehr
mein Leben bewahren,
daß ich vom Felsen
in deine Arme
stürzen soll?

E.P.

Por que fue sensible.

Francisco de Goya, Por que fue sensible (Weil sie gefühlvoll war), 1797/98
Hamburger Kunsthalle

M.T.: Was hätten Sie sich damals in Ihrer Situation unter einem verständnisvollen Umgehen Ihrer Umwelt mit Ihrer Krankheit vorgestellt? Wie hätten sich die Menschen Ihnen gegenüber verhalten sollen?

E.P.: Ein direktes Gespräch wäre manches Mal sehr gut gewesen. Auch eine Frage, die hinter mein nach außen vorgetragenes Lachen dringt, wäre sehr hilfreich gewesen.

M.T.: Wenn man Sie also auf Ihren Zustand angesprochen, wenn man sich erkundigt hätte, wie Sie sich fühlen, dann hätte Ihnen das weiterhelfen können?

E.P.: Sicherlich, obwohl ich glaube, daß es gar nicht möglich gewesen wäre, alleine oder mit Bekannten durch die Depression durchzukommen. Das Gute, was ich an Gesprächen mitbekommen habe, war, daß jemand objektiv zuhören konnte, mich nicht bemitleiden, sondern mit dieser Krankheit umgehen konnte. Gut war auch, den Abstand zwischen Arzt und Patient zu erleben.

M.T.: Sie meinen also, daß eine angemessene Hilfe von Bekannten und Freunden kaum möglich ist, eher schon von einer neutralen Person, wie es z.B. ein Arzt oder ein Psychiater ist?

E.P.: Ja, so meine ich das.

M.T.: Trotzdem können Verwandte und Bekannte auch einen günstigen bzw. ungünstigen Einfluß auf den Seelenzustand eines Depressiven ausüben.

E.P.: Das glaube ich auch. Es kann Verständnis vorhanden sein. Aber das Schlimmste ist, wenn Verwandte, Bekannte oder Freunde mit in diesen Schmerz hineinfallen würden. Vor lauter Angst, daß ein anderer meinen Schmerz mitempfindet, verberge ich lieber meinen Schmerz. Ich möchte nicht, daß durch mich auch noch andere Schmerz erleben.

Alles wird grau und farblos

M.T.: Haben Sie dann das Gefühl, daran schuldig zu sein?

E.P.: Ja. Dieses Schuldigwerden erlebt man bei Freunden, Verwandten und auch am Ehemann. Auch sie fühlen sich schuldig, wenn ich die Depressionen habe. Das möchte ich natürlich genausowenig, denn ich bin überzeugt, daß die Schuldfrage hier völlig fehl am Platz ist. Es geht nicht darum, ob jemand oder ob ich etwas falsch gemacht habe, sondern es geht um eine Krankheit. Das ist etwas Wichtiges, was ich bei jeder Depression erneut gelernt habe.

M.T.: Wie haben Sie das erfahren? Jedes Mal, wenn Sie eine depressive Phase hatten, oder jedes Mal, wenn Sie sich in einer Therapie befanden?

E.P.: Jedes Mal während der Therapie, vorher nicht. Zu Hause habe ich es nie geschafft, meine Depressionen zuzulassen.

M.T.: Könnten Sie für die Leserinnen und Leser, die selbst keine Vorstellungen von einer Depression haben, darstellen, wie Sie Ihre Depression erlebten?

E.P.: Als erstes möchte ich eine grundlose Traurigkeit nennen. Ich war über Dinge traurig, die anderen Freude machen. Ich erlebte auch Traurigkeit über schöne Dinge, z.B. über Musik und Gedichte. Das ging so weit, daß es mir nicht mehr möglich war, etwas zu lesen bzw. etwas aufzunehmen. Schließlich wurde es mir immer schwerer, mich auf Gespräche oder andere Dinge zu konzentrieren.

M.T.: Konnten Sie sich in dieser Zeit überhaupt noch über bzw. auf etwas freuen? Hatten Sie noch irgendeine Vorfreude?

E.P.: Nein, Freude ist in dieser Phase überhaupt nicht mehr möglich. Alles wird grau und farblos und wie ein großes Nichts um einen herum. Man zieht sich zurück, sowohl vor den Menschen als auch vor schönen Dingen, wie z.B. vor der Natur.

M.T.: Können Sie noch beschreiben, wie sich während der Depression Ihr Fühlen verändert hat?

E.P.: Alles wurde farblos, freudlos und traurig. Es steigerte sich bis zu starken Einsamkeitsgefühlen.

M.T.: Gab es noch Gedanken an Hoffnung, Zukunft, Zuversicht?

E.P.: Nein, überhaupt nicht. Die Zukunft ist wie ausgelöscht. Deswegen sind entsprechende Gedanken überhaupt nicht möglich.

„Todesgedanken überfielen mich"

M.T.: Wie ist es überhaupt mit dem Denken in der Depression? Verändert sich das auch, oder bleibt es so klar, wie es immer war?

E.P.: Das Denken fällt während der Depression sehr schwer.

M.T.: Hat das Denken bestimmte Themen, um die es kreist, oder richtet sich das Denken ganz nach den von Ihnen gewünschten Themen? Können Sie sich die Gedanken machen, die Sie wollen, oder kommen irgendwelche Gedanken ungewollt und ungefragt?

E.P.: Die Gedanken kommen ungewollt. Sie sind nicht greifbar und beginnen ein Eigenleben. Deswegen ist es auch nicht möglich, sich auf andere Dinge zu konzentrieren. Es ist wie ein Gedankenangriff von außen.

M.T.: Gibt es verschiedene Gedankenthemen, die immer wieder von selber auftauchen?

E.P.: Die Gedanken kreisen meistens um die Schuldfrage und die Sehnsucht nach dem Sterben. Alles geht darum, einen großen Todeswunsch irgendwie ausführen zu können.

Ich will die Frühlinge nicht mehr aufsuchen.
Sie treiben das helle Grün mit Dornen
in meine Brust,
sie singen mein Herz wund
und blühen aus zu Schmerz
und verwelken meinen Mut.
Und seine glänzenden Bäche
voll neuen Wassers
fließen ganz innen
zu Tränen aus.

Frühlinge,
Eure Sanftmut und Zartheit
werden zur Wehmut,
Euer Frohlocken
zu Todesglocken,
Euer neues Keimen
erstickt mein Wort,
und bangend treffen
erste Sonnenstrahlen
mein dünnes Kleid.

E.P.

M.T.: Heißt das, daß Sie Gedanken hatten, sich selber das Leben zu nehmen, in dieser Situation einen Suizid zu verüben?

E.P.: Ja, sehr oft. Diese Gedanken hatte ich fast jedes Mal.

M.T.: Und diese Gedanken haben sie sich nicht gemacht, sondern sie kamen?

E.P.: Ich habe mir diese Gedanken niemals verstandesmäßig ausgedacht, sondern sie kamen wie eine Art Überfall, so daß man ihnen restlos ausgeliefert war.

M.T.: Hatten diese Gedanken etwas Erschreckendes oder Erlösendes für Sie?

E.P.: Mich haben Sie immer sehr erschreckt. Vor allem hatte ich immer Angst, sie auszusprechen.

M.T.: Gab es Situationen, in denen Sie sie ausgesprochen haben?

E.P.: Anfänglich, meistens nachdem ich danach gefragt wurde.

M.T.: Und wer hat Sie zum ersten Mal danach gefragt?

E.P.: Das waren Sie.

M.T.: Und wie war diese erste Frage für Sie?

E.P.: Das war natürlich zuerst auch sehr erschreckend. Fast war es wie ein Schock, weil es mir in diesem Moment erst bewußt wurde, was alles in mir lebt.

M.T.: Was wurde im weiteren dadurch ausgelöst?

E.P.: Es führte zu einer Erleichterung, weil ich nicht mehr mit diesen Gedanken allein war und ihnen nicht mehr so wie vorher ausgeliefert war.

M.T.: Würden Sie sagen, daß Ihnen das Aussprechen dieser Todesgedanken hilft, und zwar soweit, daß Sie am Ausführen dieser Gedanken gehindert werden?

E.P.: Das Aussprechen hilft sehr viel. Sehr wichtig ist aber auch, daß Vertrauen zum Arzt oder Therapeuten vorhanden ist.

M.T.: Haben Sie während der depressiven Zeit im Tod, im Sterben oder gar im Suizid eine Erlösung gesehen?

E.P.: Das erscheint in der Tat wie eine Erlösung, vor allem um von dem Schweren und dem großen Schmerz befreit zu sein, denn dieser Schmerz ist mindestens so stark wie ein körperlicher Schmerz und wird sogar oft zu einem körperlichen Schmerz.

M.T.: Aber Sie haben auch erlebt, daß es von diesem Schmerz eine Lösung gibt, allerdings ohne Tod, Sterben oder den Suizid? Sie haben erlebt, daß sich während des Lebens dieses seelische Schmerzerleben und diese Todessehnsucht verwandeln lassen?

E.P.: Ich habe immer wieder während der Aufenthalte hier erlebt, vor allem in den Gesprächen, daß diese Verwandlung möglich ist und daß diese Prozesse mich ein großes Stück weiter ins Leben hineinführen; auf der anderen Seite aber auch zu mir zurück. Ich habe danach oft das Gefühl gehabt, daß sich das Leben wieder gut anfühlt.

M.T.: Könnten Sie noch sagen, ob und wie sich Ihr Wille bzw. Ihre Handlungsmöglichkeiten während der Depression verändert haben?

E.P.: Der Wille ist ähnlich wie das Denken fast ganz ausgeschaltet, eher noch mehr. Ich konnte keine Entscheidungen treffen, ich konnte nicht in die Zukunft denken und kaum etwas für die Zukunft empfinden.

M.T.: Wie war das Verhältnis zur Gegenwart und zur Vergangenheit?

E.P.: Gegenwärtiges und Vergangenes verwischt sich eigentlich. Allerdings lebt man vor allem in der Vergangenheit, und zwar in den Bereichen, die die Schuld betreffen, ferner in den Schwächen und in den Dingen, die man falsch gemacht hat. Außerdem lebt man in Vorwürfen, denkt darüber nach, etwas versäumt zu haben. Nur insofern besteht die Vergangenheit.

Stille,
endlose Stille,
meeresweit:
Ich trinke aus dir
lange Dunkelheiten.
Vom tiefen Sturz
überwunden
liege ich
gefesselt
auf Grund ...

E.P.

M.T.: Und diese Vergangenheit wird in der Depression übermächtig?

E.P.: Ja.

M.T.: Können Sie noch etwas zu körperlichen Beschwerden während einer depressiven Phase sagen?

E.P.: Als körperliche Schmerzen treten fast immer Rückenschmerzen auf. Hinzu kommt, daß man nicht mehr essen mag, kaum noch schlafen kann, ferner Magen-, Bauch- und Kopfschmerzen.

Der Morgen ist am schlimmsten

M.T.: Was heißt, daß Sie kaum noch schlafen können? Können Sie abends nicht einschlafen, oder wie ist es genau?

E.P.: Früher, als meine Lebensumstände noch schwieriger waren, konnte ich abends kaum einschlafen und wachte in der Nacht oft auf. Damals wachte ich meist um 4 Uhr auf. In der letzten Zeit, wo geordnetere Lebensverhältnisse bestehen, kann ich zwar abends gut einschlafen, wache allerdings immer noch morgens um 4 Uhr auf.

M.T.: Bestehen die Symptome einer depressiven Phase, die Sie geschildert haben, vom Aufwachen bis zum Einschlafen in gleicher Intensität, oder gibt es da Schwankungen über den Tag oder die Nacht hinweg?

E.P.: Die seelische Situation ist so, daß der Morgen am schlimmsten ist, eigentlich auch schon das Erwachen. Bereits um 4 Uhr kann das sehr problematisch sein. Von mittags bis abends wird es dann zunehmend besser. Das nächtliche Aufwachen kann wiederum sehr schmerzhaft sein, denn es kann eine plötzliche starke Traurigkeit entstehen, die ich dann noch weniger in der Hand habe als am Morgen oder während des Tages.

Der Sog des Abgrunds

M.T.: Könnten Sie noch ein Gefühl oder einen Zustand beschreiben, der für Ihr depressives Erleben besonders bestimmend oder kennzeichnend ist?

E.P.: Ein starkes seelisches Gefühl ist es, am Abgrund zu stehen und am liebsten abstürzen zu wollen, es aber doch nicht zu können. Das ist wie ein Sog, weil man sich nicht ohne Hilfe von diesem Abgrund entfernen kann. Man ist von diesem Abgrund wie gefangen, angezogen und steht gelähmt davor. Einerseits kann man sich nicht fallenlassen, andererseits kann man aber auch nicht wieder weggehen.

M.T.: Der Abgrund hat also eine starke Anziehungskraft?

E.P.: Ja, es ist ein Sog, und dieser Abgrund prägt auch manchmal meine Träume.

M.T.: Wie verhalten Sie sich in den Träumen? Stehen Sie dort auch am Abgrund?

E.P.: Ja. In den Träumen ist es oft auch ein Fallen, aber ich komme nicht am Boden an.

M.T.: Es ist ein Fallen ohne Ende in den Abgrund hinein?

E.P.: Ja, und kurz vor dem Aufprall wache ich dann auf.

M.T.: Können Sie sich während des Tages ein anderes Verhalten am Abgrund vorstellen, so daß Sie sich nicht in den Abgrund hineinstürzen?

E.P.: Während einer depressiven Phase eigentlich nicht. Das geht nur mit Hilfe eines Gespräches, also durch Erkenntnis überhaupt.

M.T.: Konnten Sie sich in einer depressiven Phase überhaupt vorstellen, daß dieser Zustand wieder vorbeigeht und alles wieder gut wird?

E.P.: Nein, während der depressiven Phase nicht. Dieser Zustand ist vollkommen unüberschaubar und undurchsichtig. Vor allem erscheint er endlos.

M.T.: Was war bzw. ist für Sie das Schlimmste in einer depressiven Phase?

E.P.: Das Schlimmste wäre für mich, in einer Depression ganz allein zu sein und keine Hilfe zu haben.

M.T.: Und was würden Sie als angemessene Hilfe für einen depressiven Menschen ansehen?

E.P.: Für mich war es sehr wichtig und notwendig, einen Arzt zu haben, der sich sehr genau mit diesen Zuständen und Krankheiten auskennt, und zwar aus Erfahrung. Wichtig ist mir auch, daß dies kein Verwandter, kein Freund oder sonstwie Nahestehender ist. Es hätte mir sicherlich auch nicht geholfen, Ferien zu machen oder eine Ablenkung irgendeiner anderen Art zu erfahren, weil das in diesem Zustand meistens gar nicht mehr möglich ist.

Selber etwas zum Geschehen beitragen

M.T.: Sie erinnern sich ja noch an Ihren ersten Aufenthalt hier bei uns: Können Sie beschreiben, wie Ihre ersten Eindrücke und Gefühle waren, als Sie zum ersten Mal stationär hier in der Klinik waren?

E.P.: Anfänglich war ich sehr hilflos und darauf angewiesen, was mir die Schwestern und Therapeuten in den Gesprächen entgegenbrachten. Im Laufe der Zeit hat sich das verändert, und zwar immer mehr dazu, daß ich selber etwas dazu beitragen bzw. aktiv werden konnte, auch wenn die Situation noch so schwer war. Heute ist es mir das Allerwichtigste, daß so etwas möglich ist. Zum Glück habe ich erlebt, daß das hier bei Ihnen in der Filderklinik möglich ist! Man kann hier selbst etwas zu dem ganzen Geschehen beitragen und muß nicht passiv irgendwo sitzen, um darauf zu warten, daß jemand einem sagt, was man zu tun oder zu lassen hat. Hier kann man im Laufe der Gespräche selbst herausfinden, was für einen gut ist, auch was schlecht ist, genauso was man im Leben ändern muß und wie mit der Depression im Leben umzugehen ist.

M.T.: Sie haben vorhin gesagt, daß Sie damals Heileurythmie, Maltherapie, anthroposophische Medikamente und Psychotherapie bekommen haben. War auch noch eine bestimmte Einreibung oder ein Bad dabei?

E.P.: Nein, aber Massage.

M.T.: Könnten Sie noch ein bißchen beschreiben, wie diese verschiedenen therapeutischen Maßnahmen – Massage, Medikamente, Heileurythmie, Maltherapie, Psychotherapie – auf Sie gewirkt haben? Was hat Ihnen besonders geholfen? Sie können dabei auch die Erfahrungen Ihres derzeitigen Aufenthaltes bei uns mit einbeziehen.

E.P.: Besonders die Heileurythmie hatte sehr starke Wirkungen auf mich, und zwar jedes Mal, sogar stärker als die Medikamente. Die Massage stärkte mir den Rücken und die Aufrichtekraft, also alles das, was auch an Haltung bei mir zusammengefallen war. In den Gesprächen habe ich erlebt, daß in mir ein Erkenntnisprozeß in Gang gesetzt wurde, der vor allem auch in Übereinstimmung mit den Gefühlen stand.

M.T.: Und wie sind Ihre Erfahrungen mit der Maltherapie gewesen?

E.P.: Während der Maltherapie habe ich empfunden, daß sie stärkend auf den seelischen Bereich eingewirkt hat.

M.T.: Mittlerweile haben Sie während Ihrer Aufenthalte bei uns zum zweiten Mal auch Musiktherapie erlebt. Haben Sie dabei noch eine andere Qualität empfunden?

E.P.: In der Musiktherapie ist es anders als in der Maltherapie. Man kann sie nicht mehr draußen als Bild stehenlassen, sondern sie trifft einen mehr im Innern, und deswegen muß man sich schon mehr mit den Gefühlen auseinandersetzen. Anfangs fiel es mir sehr schwer, die Musik überhaupt zu hören bzw. ertragen zu können.

M.T.: Hat es Ihnen dennoch therapeutisch geholfen, oder war es eine Überforderung?

E.P.: Nein, eine Überforderung war es nicht, es hat mir wirklich sehr geholfen. Es war auch ein Entwicklungsweg von dem anfänglichen Zu-sehr-getroffen-Sein bis zu einem Zustand, in dem ich selbst aktiver werden konnte.

Gehalten wie von einer Gipshülle

M.T.: In den sechs Jahren, in denen wir uns jetzt kennen, hatten Sie mehrere depressive Phasen. Währenddessen gab es auch Zeiten, in denen Sie ein Antidepressivum eingenommen haben. Wie wirkte das auf Sie?

E.P.: Das war anfänglich ein sehr fremder Zustand. Man muß sich erst eine Zeitlang daran gewöhnen und fühlt sich dabei wie von außen gehalten. Es ist, als hätte man eine Gipshülle um sich herum, und würde dadurch stillgehalten.

M.T.: War das unangenehm? Hatte dieses Antidepressivum eine Hilfsfunktion für Sie, oder war es überhaupt keine Hilfe?

E.P.: Anfangs war es mir unangenehm, weil ich dachte, dieses Mittel würde mich mir selber entfremden. Auch dachte ich zuerst, mit mir selber nicht mehr umgehen zu können, aber nach einer Gewöhnungsphase war es dann letzten Endes eine Erleichterung und ein Halt, mit später auftretenden Traurigkeiten fertig werden zu können.

M.T.: Hat Ihnen das Antidepressivum nur geholfen, das seelische Erleben leichter ertragen zu können, oder auch bei den körperlichen Beschwerden?

E.P.: Im Grunde half es in bezug auf beides.

M.T.: Haben Sie auch einmal die sogenannte Schlafentzugstherapie mitgemacht?

E.P.: Nein, die habe ich nicht mitgemacht.

M.T.: Konnte Ihnen in den psychotherapeutischen Gesprächen in Ihrer damaligen verzweifelten, hoffnungslosen Lage etwas vermittelt werden, was Ihnen wieder Kraft gab, Hoffnung zu schöpfen und Zuversicht zu bekommen?

E.P.: Ja, auf jeden Fall. Das ist auch der Weg, immer wieder die eigenen Werte kennenzulernen bzw. akzeptieren zu können.

M.T.: Hat die Behandlung, haben die Therapien Sie Kraft gekostet, oder haben Sie etwas an Erleichterung, Unterstützung oder Halt durch diese Therapien empfangen?

E.P.: Ich habe eigentlich immer Kraft empfangen. Dadurch, daß die Therapeuten sehr vorsichtig mit einem umgehen, kosten sie einen zuerst nicht sehr viel Kraft. Allerhöchstens kann das am Ende der Therapie auftreten, aber in dieser Phase ist es dann auch berechtigt.

M.T.: Haben Sie die Abgeschlossenheit vom Alltagsleben hier in der Klinik als Hilfe oder als Belastung empfunden?

E.P.: Ich habe die Abgeschiedenheit immer als eine Hilfe empfunden, die Alltagsschwierigkeiten vergessen zu können.

M.T.: Hatten bzw. haben Sie Kontakt zu anderen Patienten, oder wollten Sie lieber allein sein? Oder gab es Ihnen vielleicht sogar Anregung oder Kraft, mit anderen Patienten zu sprechen oder zu hören, wie sie mit ihren Krankheiten umgehen?

Im Mond der Verschwiegenen
ewig stummen Vergangenen
ist die Asche der Schwermut
gelagert.

Es ringt sich ein Feind
um die Muschel der Seele
und schlägt sie dir auf
und peinigt die Welle,
im Herzblut getrieben.

Frühlingserwachen
treibt die Lebenden von mir –
ich bleibe allein
und meine Tränen
in mir.

E.P.

E.P.: Ich hatte immer Kontakt mit anderen Patienten, war nie alleine in einem Zimmer, was ich als sehr gut empfunden habe. Denn in einer Depression besteht ohnehin die Tendenz, sich stark zurückzuziehen. Deswegen war es für mich sehr aufschlußreich und wichtig, das Leiden verschiedenster anderer Menschen mitzubekommen.

„Als würden Steine von mir abfallen"

M.T.: Besinnen wir uns jetzt einmal wieder auf die Gegenwart. Inzwischen geht es Ihnen doch ein wenig besser. Können Sie schildern, wie es für Sie war, als Sie erstmals wieder gute, leichte und fröhliche Empfindungen und Gefühle hatten, als Sie sich erstmals wieder freuen bzw. Vorfreude empfinden konnten?

E.P.: Das war für mich so, als läge ein Kampf hinter mir, als würden Steine von mir abfallen. Auf jeden Fall war es eine große Erleichterung.

M.T.: Sie werden morgen entlassen, und Ihr Umfeld zu Hause wird sich in den Wochen, in denen Sie hier waren, sicher nicht verändert haben. Haben Sie Unsicherheit oder Angst, jetzt wieder nach Hause zurückzugehen, um mit den alten Problemen umgehen bzw. fertigwerden zu müssen?

E.P.: Vor manchen Dingen habe ich natürlich Angst, aber allgemein besteht eine gestärkte Intention, die Dinge besser zu machen. Ich erlebe auch Vorfreude auf verschiedene Dinge, die jetzt kommen werden, weil ich auch jedes Mal das Gefühl habe, ein kleines bißchen über mich selbst hinausgewachsen zu sein.

M.T.: Durch die Depression?

E.P.: Einerseits, andererseits aber auch durch die Gespräche.

M.T.: Gibt es bestimmte Dinge, die Sie zu Hause oder in Ihrem Leben ändern wollen, bedingt dadurch, daß Sie hier während der stationären Behandlung etwas erkannt haben?

E.P.: Was ich zu Hause sehr gerne weitermachen möchte, ist die Heileurythmie. Auch daß die Gespräche fortgeführt werden, ist für mich sehr hilfreich, vor allem, um auch daran erinnert zu werden, mit den mir am nächsten stehenden Menschen, z.B. meinem Ehemann, über meine Krankheit zu sprechen, ihnen mitzuteilen, wie es mir geht. Das ist etwas, was ich hier jedes Mal wieder lernen mußte.

M.T.: Fürchten Sie eine neue depressive Phase, und wissen Sie, wie Sie sich verhalten werden, wenn so etwas wieder beginnt?

E.P.: Früher habe ich sie immer gefürchtet, aber jetzt ist es nicht mehr so, weil ich mit Ihnen als Therapeuten immer in Kontakt bin und weil ich weiß, daß Sie mich auch rechtzeitig fragen werden, wie es mir wirklich geht.

M.T.: Können Sie sagen, daß Ihre Krankheit ganz spezifisch und individuell etwas mit Ihnen zu tun hat, und wenn ja, auf welche Weise bzw. in welcher Beziehung?

E.P.: Meine Krankheit hat gewiß etwas ganz persönlich mit mir zu tun und hat infolgedessen auch ihre eigenen Gesetze.

M.T.: Würden Sie sagen, daß diese Krankheit auch für Sie einen Sinn hat?

E.P.: Die Krankheit hat für mich insofern einen Sinn, als ich in den Zeiten der Depression das Gefühl habe, dem Leben viel näher zu sein als sonst. Es ist dann immer wie ein komprimiertes Dasein. Es ist so, als müßte man dann das Leben wieder selbst ergreifen, und dadurch wird es bewußter.

M.T.: Haben Sie sich durch Ihre Depressionen verändert?

E.P.: Ich glaube ja.

M.T.: Haben Sie vielleicht schon eine Vorstellung, eine Idee, wie Sie das, was Sie durch diese Krankheit gelernt haben, in der Zukunft für sich oder auch für andere Menschen sinnvoll umsetzen können?

E.P.: Für mich wurde es sehr wichtig, schreiben zu können, Gedanken in Kurzform niederzuschreiben, und schließlich auch Gedichte zu verfassen. Ich denke, daß es hier für jeden einen individuellen Weg gibt und jeder den Weg finden muß, der ihm am meisten liegt. Das kann sowohl eine Hilfe sein, mit der eigenen Depression besser umzugehen, und vielleicht ist das auch eine Hilfe für andere. Es hilft z.B., Gedichte von anderen Menschen zu lesen, die ähnliche Zustände durchgemacht haben.

„Im Frühjahr blieb ich mit meiner Traurigkeit zurück"

M.T.: Haben Sie im Überblick über die vergangenen sechs Jahre die Erfahrung gemacht, daß Ihre Depressionen willkürlich auftreten oder nach bestimmten Anlässen oder zu bestimmten Jahreszeiten?

E.P.: Früher traten die Depressionen immer im Herbst auf, in den letzten zwei Jahren wechselte das in das Frühjahr über. Im Frühjahr hatte ich immer das Gefühl, daß draußen alles beginnt, grün und lebendig zu werden, auch die Menschen wurden wieder lebensfroher, aber ich blieb mit meiner Traurigkeit allein zurück.

M.T.: Dadurch wurde die Depression noch schwerer zu erleben?

E.P.: Genau, die Diskrepanz zwischen der allgemeinen Lebensfreude und meiner eigenen Traurigkeit wurde dadurch immer größer und schwerer zu ertragen.

M.T.: Was ist für Sie der wichtigste Schritt, wenn Sie spüren, daß die Depression stärker wird und Sie nicht mehr alleine damit fertigwerden? Welches ist für

Ernst Barlach, Russische Bettlerin, 1919
© Ernst und Hans Barlach Lizenzverwaltung Ratzeburg, 1995

Sie der wichtigste Schritt, den Sie tun konnten und den Sie vielleicht auch anderen empfehlen können?

E.P.: Wenn die Depression zu Hause schlimm wird, rufe ich in der Klinik an. Allerdings ist das jedes Mal ein großer Kampf und eine starke Überwindung, bis ich das schaffe. Aber es ist der erste und wichtigste Schritt zur Überwindung der Depression, zum Angehen der Heilung. Deswegen wäre es auch für jeden anderen Menschen sehr wichtig, jemanden als Ansprechpartner zu finden, damit er diesen ersten Schritt selber in die Hand nehmen kann.

Ein Teil des Lebens

Interview mit Klaus Dörner

von Klaus-Dieter Neumann

Prof. Dr. med. Dr. phil. Klaus Dörner, *geb. 1933 in Duisburg. 1954–1960 Studium der Medizin und Philosophie in Freiburg, Kiel, Heidelberg, Tübingen, Hamburg, Paris und Berlin. 1960 Promotion zum Dr. med. in Hamburg. 1960–1962 Medizinalassistent in Hamburg und Berlin. Gleichzeitig 1960 Beginn eines Zweitstudiums in Soziologie und Geschichte in Berlin. Abschluß 1969 mit der Promotion zum Dr. phil. über das Thema „Bürger und Irre". Parallel dazu 1963–1965 und 1968–1972 wissenschaftlicher Assistent an der Psychiatrischen Universitätsklinik Hamburg. 1971 Habilitation in Hamburg für das Fach „Sozialpsychiatrie". 1972 Anerkennung als Facharzt und Ernennung zum Oberarzt der Psychiatrischen Universitätsklinik Hamburg. 1976 Wahl zum Vertreter des Geschäftsführenden Direktors und 1978 Ernennung zum Professor.*

Seit 1980 Leiter der Westfälischen Klinik für Psychiatrie, Psychosomatik und Neurologie Gütersloh. Seit 1995 Lehrstuhlinhaber für Psychiatrie an der Universität Witten/Herdecke. Mitglied zahlreicher Fachgesellschaften und Vereinigungen. Für sein engagiertes Eintreten für die Rechte der Opfer psychiatrischer Gewalt und Verfolgung in der NS-Zeit erhielt Klaus Dörner den Preis des Präses der Evangelischen Kirche im Rheinland.

Zahlreiche Veröffentlichungen, hervorgehoben seien hier nur: „Die Wahninhalte phasischer Psychosen" (zus. mit F.J.M. Winzenried), Stuttgart 1964; „Bürger und Irre", Frankfurt/M. [2]1984; „Irren ist menschlich. Lehrbuch der Psychiatrie/Psychotherapie" (zus. mit U. Plog), Bonn [8]1994; „Gemeindepsychiatrie" (zus. mit R. Köchert u.a.), Stuttgart 1979.

Klaus Dörner ist als Reformer in der deutschen Psychiatrie und darüber hinaus bekannt geworden. Zahlreiche Initiativen sind mit seinem Namen verbunden: zur Geschichts- und Euthanasiedebatte, Sterbehilfediskussion, Entschädigung der Opfer der NS-Psychiatrie, Enthospitalisierung der Langzeitpatienten u.v.m. In dem Buch „Irren ist menschlich" (Bonn [8]1994, zusammen mit Ursula Plog) – das erfolgreichste Lehrbuch der Psychiatrie – wird sein Anliegen deutlich, die Psychiatrie in ihren Möglichkeiten auch für Laien, Patienten und Angehörige einsehbar und sie öffentlich kontrollierbar zu machen. Desweiteren setzt er sich dafür ein, in der psychiatrischen Arbeit die unproduktiven Abgrenzungen und Absolutheitsansprüche verschiedener Ansätze – z.B. biologische, psychoanalytische, sozialpsychiatrische oder soziologische, technokratische – und jegliche ideologischen Verfestigungen zu überwinden.

Man darf in der Erklärung der Ursachen eines Leidens und damit in der Therapie nicht vereinseitigen, wenn man einem Menschen umfassend helfen und etwas zur Gesundung seiner gesamten Lebensverhältnisse beitragen will. Es geht darum, den Blick auf den Menschen zu richten, der sich auf dem Weg über eine seelische Erkrankung, über bestimmte Symptome, ausdrückt, und ihm zu begegnen. Dabei hat man es nie mit dem Leiden eines isolierten Menschen zu tun, sondern immer mit der „Landschaft" (Paul Kapapa) der Not mehrerer Menschen, mit Lebens- und Arbeitsbeziehungen, mit einem vielschichtigen Zusammenhang, der an der Entstehung einer Symptomatik beteiligt ist – mal mehr, mal weniger – und der auch der Hilfe bedarf. Daher kann die Psychiatrie letztlich auch nur weiterkommen und erfolgreich arbeiten, wenn sie ihre Wahrnehmung auf diese Landschaft erweitert, wenn sie durch die Einbeziehung von Angehörigen und Freunden etwas zur menschlichen Gestaltung der Landschaft beitragen kann.

Wie groß auch immer biologische oder entwicklungsbedingte und soziale Anteile beim Entstehen einer jeweiligen seelischen Störung sein mögen, sie stellen immer eine Einheit dar, denn eine psychische Erkrankung ist nur im Rahmen der Gesamtbiographie eines Menschen zu verstehen. Nach Dörner sind sie immer auch als problematische Lösungsversuche von altersgemäßen lebensphasischen Aufgaben zu sehen. Insofern richtet sich die therapeutische Bemühung darauf, den Patienten zur Selbsttherapie zu bewegen, damit er schrittweise erreicht, auch andere Lösungsmöglichkeiten zu finden: „Der Patient selbst ist der Arzt. Der Arzt ist nur der Helfer." (Hippokrates)

„Die Psychiatrie hat die Aufgabe, sich in möglichst großem Umfang überflüssig zu machen"

Klaus-Dieter Neumann: Können Sie einmal kurz die Entstehungsgeschichte der Psychiatrie, Psychotherapie und Sozialtherapie skizzieren?

Klaus Dörner: Die Psychiatrie ist ursprünglich als Institution entstanden – zunächst in Form von „Irrenanstalten", wie man sie damals nannte –, und zwar aus dem Bedürfnis heraus, die gesellschaftliche Modernisierung nicht durch „merkwürdige" Menschen stören zu lassen. Aus dieser Institution, auf der Erfahrungsbasis von Menschen, die manchmal kurz, meistens aber langfristig aus der Gesellschaft ausgegrenzt sind, hat sich dann der Wissenskörper Psychiatrie entwickelt. Die Psychiatrie hat also keine aus dem Leiden des einzelnen Menschen heraus zu verstehende Entstehungsgeschichte, sondern mehr die Geschichte eines gesellschaftlichen Bedarfs im Zusammenhang mit dem Beginn der Moderne.

Etwa 100 Jahre nach der Entstehung dieser Institution, also um 1900, hat es dann eine Gegenbewegung gegeben, die sich Psychotherapie nannte, weil deutlich wurde und es unbefriedigend war, daß die bisherige Ausgrenzung von Menschen mit Therapie nicht viel zu tun hatte. So entstand über die Psychoanalyse, über Sigmund Freud und andere, die Gegenbewegung der Psychotherapie. Sie ging schwerpunktmäßig nicht von ausgegrenzten, sondern von im normalen gesellschaftlichen Zusammenhang lebenden Menschen aus.

Noch später entstand dann aus dem Zusammenwirken von Medizin und Soziologie aus psychiatriereformerischen Bemühungen heraus ein soziotherapeutischer Ansatz. Dieser ging zunächst von der Annahme aus, daß die Menschen in ihrem Kern und ihren psychischen Besonderheiten nicht so recht änderbar seien und daß daher vordringlich die sozialen Bedingungen, unter denen Menschen leben, zu ändern und für sie bekömmlich zu machen seien, sei es jetzt im Wohn- oder im Arbeitsbereich, seien es die allgemein-gesellschaftlichen Bedingungen.

Das, was wir jetzt seit ein paar Jahrzehnten als Psychiatriereformbewegung betreiben – nicht nur in Deutschland, sondern in der ganzen Welt –, ist der Versuch, diese drei Bestrebungen so zusammenzubringen, daß für den einzelnen Betroffenen, den psychisch gestörten oder störenden oder leidenden Menschen, und für seine Lebensführung etwas möglichst Gutes herauskommt. Dabei ist mit der Psychiatrie von Anfang an auch der Anspruch verbunden, daß dadurch auch die übrige Gesellschaft auf ihre Kosten kommt und ein möglichst gutes Leben führen kann.

K.-D.N.: Welche Aufgabenstellungen sollten Ihrer Ansicht nach heute für die Psychiatrie richtungsweisend sein?

K. Dörner: Schwerpunktmäßig hat die Psychiatrie letztlich immer damit zu tun, sich in möglichst großem Umfang überflüssig zu machen. Sie sollte sich bemühen, für die Menschen mit möglichst all ihren Besonderheiten Lebensmöglichkeiten zu finden, und zwar dort, wo sie leben, und damit auch dazu beitragen, daß die Mischung der Bevölkerung möglichst lebendig und bunt ist. Damit hat sich die Psychiatrie heute eigentlich zu beschäftigen.

Entstanden ist die Psychiatrie allerdings, um die Störungspotentiale einer allzu großen Buntheit und Lebendigkeit unschädlich zu machen und die Menschen nach dem Ideal des Menschenbildes der Moderne zu uniformieren: ein streng nach rationalen Kriterien sich entwickelndes Menschen- und Gesellschaftsbild. Auch im Rahmen der Reformbewegung können wir die Bedürfnisse einer modernen Gesellschaft, die nach wie vor dahin gehen, daß sich möglichst alle Menschen vorwiegend rational und gleichförmig entwickeln, nicht unberücksichtigt lassen, denn das wäre selbstmörderisch. Aber gleichwohl haben wir die andere Tendenz der großen Vielfalt, Unterschiedlichkeit und Lebendigkeit zu verfolgen und zu gewährleisten.

Die Symptomentwicklung als Selbsthilfeversuch

K.-D.N.: Was ist der Sinn und die Bedeutung von seelischen Krankheiten?

K. Dörner: Das ist eine Schwierigkeit, weil im Regelfall niemand weiß, ob es sich dabei tatsächlich um Krankheiten handelt, also in dem Sinne, wie wir heute den Begriff Krankheit verstehen. Wenn man diesbezüglich von Krankheit spricht, bewegt man sich im hypothetischen Bereich. Denn es kann zwar sein, daß man irgendwann für alles mögliche irgendwelche genetischen oder Stoffwechselstörungen findet, aber es kann auch sein, daß das nicht der Fall ist. Wenn man nach dem tatsächlichen Wissensstand geht, dann ist der Krankheitscharakter fraglich. Deswegen hat der alte Manfred Bleuler auf die Schizophrenie bezogen vor kurzem noch einmal formuliert: „Schizophrenie ist die besondere Entwicklung, der besondere Lebensweg eines Menschen."

Das gilt natürlich auch für jedes einzelne Symptom, das im Rahmen einer solchen besonderen Entwicklung zustande kommt, ob das nun die depressive Gehemmtheit, die Wahnidee, das Stimmenhören oder sonst etwas ist. Auf der einen Seite kann man Hypothesen bilden, mit welcher genetischen oder Stoffwechselstörung das wohl zusammenhängen mag. Man kann sich aber auch auf der anderen Seite — mehr aus der psychotherapeutischen Denktradition heraus — überlegen, welchen Sinn das von der Umwelt als absonderlich, fremdartig oder störend Erlebte hat. Also z.B., welchen Sinn es haben kann, daß jemand, der unter Verfolgungswahn leidet, sich verfolgt fühlt.

Man kann heute sagen, daß die Symptomentwicklung vermutlich der Versuch eines Menschen ist, sich aus einer, wodurch auch immer bedingten, unerträglichen inneren Situation ein Stückweit zu befreien und sich ein Stückweit eine Erklärung dafür zu verschaffen. Das Symptom wäre demnach die Konkretisierung des Selbstaufklärungsversuchs des Patienten, also des als psychisch krank bezeichneten Menschen. Es wäre die Konkretisierung eines Selbstheilungsversuchs, etwas bisher als unerträglich Empfundenes abzuwehren, ein Stückweit sich vom Halse zu halten und sich dagegen zu schützen. Das Symptom hat also einen lebensdienlichen Sinn. Das kann ich jetzt nicht wissenschaftlich beweisen, zumindest nicht naturwissenschaftlich, aber das hat sich aus der Erfahrung des konkreten Umgangs mit den betroffenen Menschen als plausibel herausgestellt.

Angst als Sinnesorgan

K.-D.N.: In Ihrem Buch „Irren ist menschlich" bringen Sie eine Beschreibung für einen psychisch kranken Menschen, die ich kurz zitieren möchte:

„Ein psychisch Kranker ist ein Mensch, der bei der Lösung einer altersgemäßen Lebensaufgabe in eine Sackgasse geraten ist. Das Ergebnis nennen wir Krankheit, Kränkung, Störung, Leiden, Abweichung. Es sind grundsätzlich allgemein-menschliche Möglichkeiten; d.h. sie sind für uns alle unter bestimmten inneren oder äußeren Kontext-Bedingungen Ausdrucksformen der Situation 'so geht es nicht mehr weiter'. Daher sind sie grundsätzlich uns allen innerlich zugänglich und bekannt." (Klaus Dörner/Ursula Plog: Irren ist menschlich. Lehrbuch der Psychiatrie/Psychotherapie, Bonn [8]1994, S.12)

Durch die Symptome versucht ein Mensch, eine für ihn unerträgliche Lebenslage zu bewältigen. Welche Rolle spielt dabei die Angst?

K. Dörner: Angst ist zunächst einmal nichts anderes als ein Sinnesorgan, ein Sinnesvermögen. Es gehört nur nicht zu den speziellen Sinnen, also Hören, Schmecken, Sehen usw., sondern zu den sogenannten Gemeinsinnen, wie das noch vor 100 bis 150 Jahren die Mediziner ausgedrückt haben. Jeder Mensch verfügt demnach über spezielle Sinne und über Sinne für das Allgemeine. Und hier ist Angst dasjenige Vermögen, die Fähigkeit, die mich auf eine diffuse, noch nicht näher benennbare Gefahr aufmerksam macht, weswegen von Kognitionspsychologen auch das Wort Aufmerksamkeit benutzt wird. Es ist eine zugespitzte Schärfung der Sinne dafür, daß um mich herum oder in mir etwas ist, was fremdartig ist – der Begriff des Fremden ist da wohl am passendsten –, worauf ich aufmerksam zu werden habe, um mit dieser möglicherweise bestehenden Bedrohung angemessen umzugehen.

Insofern ist Angst etwas sehr Kostbares und Gesundes und kann eigentlich nur krankhaft werden, indem ich einen nicht naturgemäßen Gebrauch von meinem Sinnesvermögen Angst mache. Das ist dann der Fall, wenn ich – etwa weil andere Leute mir gesagt haben, Angst wäre schlecht – versuche, mir die Angst vom Halse zu halten, sie zu überwältigen, zu verdrängen, zu unterdrücken. Das läßt kein Gefühl mit sich machen, und die Angst am allerwenigsten. Dadurch kommt dann eine Steigerung, schließlich eine Eskalation der Angst zustande, ein Circulus vitiosus, also das, was man mit dem berühmten Begriff von der Angst vor der Angst zum Ausdruck bringt. Das ist das Ergebnis der Angstverdrängung, daß ein Zustand von übersteigerter und panischer Angst entsteht, die mir nichts mehr nützt, sondern mich nur noch einengt.

K.-D.N.: Kann Angstverdrängung der Symptomentwicklung einer anderen Störung als einer Angststörung ursächlich vorangehen? Nehmen wir das Beispiel der Depression: Kann es sein, daß man bestimmten Situationen ausweicht, weil man Angst vor ihnen hat, diese verdrängt und dann Symptome einer Depression entwickelt?

K. Dörner: Um im jeweils konkreten Fall die Zusammenhänge zu finden, muß man beachten, daß Angst ein Begriff ist, unter dem jeder Mensch etwas anderes versteht. Darüber hinaus muß man auf die Einschränkung achten, daß Angst gewissermaßen ein Mittelklassen- oder auch Oberklassenbegriff ist. Leute, die aus unteren Schichten stammen, können damit entweder gar nichts anfangen oder leugnen, daß sie jemals in ihrem Leben Angst gehabt hätten, weil sie es sich gar nicht leisten können, das zuzugeben. Daher muß man im Kontakt mit einzelnen Menschen das Synonym, also das passende Wort für Angst finden. Das kann mal ein Spannungszustand sein, mal ein extremes Mißtrauen, ein Grummeln im Bauch oder auch ein Unruhezustand, jedenfalls ein Zustand, der signa-

Francisco de Goya, Tristes presentimientos de lo que ha de acontecer
(Trübe Vorahnungen dessen, was geschehen wird), um 1814–1820

lisiert, daß da etwas ist, was ich nicht genau benennen kann, der Ausdruck für eine Situation ist, mit der ich so nicht weiterleben kann und will, und daher muß irgend etwas passieren.

Das Therapieziel der Selbsthilfe

K.-D.N.: Können Sie vor dem Hintergrund des verlesenen Zitates Ihr Therapieziel der Selbsthilfe ein wenig erläutern? Wie kommt man zur Bewältigung von Lebensaufgaben?

K. Dörner: Wenn ich davon ausgehe, daß es sich bei der Produktion von psychologisch auffälligen Symptomen auch um Möglichkeiten des Menschen handelt – jedes Menschen –, sich in einer ansonsten unerträglichen Situation zu helfen, dann werde ich auch auf den Weg gebracht, daß es meine Aufgabe ist, dem betreffenden Menschen diese Form von Selbsthilfe als solche zu interpretieren. Ich werde dann versuchen, ihm zu verdeutlichen, daß in seiner Symptomatik auch Selbsthilfebemühungen stecken.

Dann gilt es, gemeinsam mit ihm herauszufinden, ob dieser, meistens ja nicht bewußt, sondern durch Versuch und Irrtum zustandegekommene Selbsthilfeweg in Form der Produktion von Symptomen die bestmögliche Problemlösung für den betreffenden Menschen ist oder ob wir gemeinsam noch einen anderen Weg finden, der dem Betreffenden und seinen Angehörigen größere Freiheitsgrade läßt.

Das ist ja das Dumme an der Selbsthilfemethode der Symptomproduktion, daß sie zwar auch hilfreich ist, also man dadurch notdürftig überleben kann, daß man aber einen hohen Preis dafür zahlt, weil jede Art von psychiatrischer Symptomatik einen auch in der Wahrnehmung der gesamten Welt und in seinen Handlungsmöglichkeiten einengt.

Der Begriff der Landschaft

K.-D.N.: Welche Bedeutung hat der Begriff der Landschaft in Ihrem Psychiatriekonzept?

K. Dörner: Zu dem wenigen, was wir sicher wissen, gehört der Umstand, daß zumindest die schwereren psychischen Störungen epidemiologisch – also wenn man statistisch untersucht, wie häufig sie vorkommen – in allen vergleichbaren Kulturen prozentual in etwa gleich großer Häufigkeit zu finden sind. Vermutlich auch durch die ganze Geschichte hindurch.

Man kann daher eine Idee verfolgen, die ich eine ökologische Idee nenne, daß entweder die ganze Menschheit oder eine Gesellschaft, eine Gemeinde oder ein Dorf aus sehr unterschiedlich gearteten Menschen bestehen, die aber alle, weil sie sich dort entwickelt haben und dort leben, einen sinnmachenden Zusammenhang miteinander haben. Insofern kann man sagen, daß jeder Mensch dort, wo er lebt, auch gebraucht wird, damit eine gesamte Gemeinde, ein Dorf, eine Gesellschaft oder die gesamte Menschheit vollständig sind. Deswegen wäre es fahrlässig und schädigend, einen bestimmten Teil der Bevölkerung, der schwierig, anstößig oder fremdartig ist, auszugrenzen, hinter Mauern zu verstecken und unsichtbar zu machen. Damit würde die Vollständigkeit verlorengehen.

Unsere Bestrebung ist, diese ursprüngliche Vollständigkeit entweder wieder herzustellen oder da, wo sie besteht, zu erhalten und zu schützen, weil auch der schwierigste und zunächst einmal störendste Mensch dazu gehört. Wenn er weg ist, dann fehlt dem Ganzen etwas.

Das ist mit dem Sprachbild der Landschaft ausgedrückt, die ihre Buntheit und Lebendigkeit dadurch erhält, daß alle Menschen zu einer Gesamtheit gehören und dort, wo sie leben, bekömmliche Lebensmöglichkeiten finden müssen. Erst die Landschaft in ihrer Vollständigkeit, gerade auch wegen der Verschiedenartigkeit der Menschen, hat ein Höchstmaß an Lebenswert für alle Beteiligten. Das kann man mit dem Begriff der Landschaft besser ausdrücken als z.B. mit dem technischen Begriff des Systems, der heutzutage viel häufiger gebraucht wird. Mit ihm sind aber gewissermaßen die Farben weg. In dem Begriff der Landschaft sind eher die Farbigkeit, die Unterschiedlichkeit und auch das Bedrohliche, das Befreiende, eben was alles landschaftlich erlebt werden kann, enthalten.

Deswegen bevorzuge ich diesen Begriff und wende ihn dann auch auf den einzelnen Menschen an. Und wie zu jedem einzelnen Menschen eine bestimmte Landschaft paßt, jetzt im Einzelfall, so gilt das auch für Menschen, die man als psychisch krank bezeichnet, und wir versuchen, herauszufinden, was die zu diesem Menschen am besten passende Landschaft ist und was wir tun können, um sie zu gestalten, zu pflegen oder wiederherzustellen.

Einbeziehung aller Beteiligten in die Therapie

K.-D.N.: Warum müssen Angehörige immer in die Therapie mit einbezogen werden?

K. Dörner: Jeder Fall von dem, was wir nun gewohnt sind, psychische Erkrankung zu nennen, besteht immer darin, daß die Beziehung zu einer Mehrzahl von Menschen schwer erträglich geworden ist, wodurch auch immer. Das Sich-Einlassen auf eine solche Problematik bedeutet daher auch, daß ich mich auf eine Mehrzahl von Beteiligten oder Betroffenen einlassen muß und auch meine Verantwortlichkeit so definiere, daß es nicht nur um den einen Menschen geht, der ganz bestimmte Symptome darstellt, sondern um alle daran beteiligten Menschen, die zusammenleben oder -arbeiten. Denn das, was da zustandegekommen ist, ist in jedem Fall, in welchem Umfang auch immer, als Koproduktion mehrerer Menschen von der Entstehung her zu begreifen.

Und wenn die psychische Störung nun da ist, kann man auch sagen, daß alle Beteiligten darunter leiden, letztlich gleich viel darunter leiden, nur ihr Leiden in ganz unterschiedlicher Weise zum Ausdruck bringen können. Sowohl von der Entstehung als auch von der Betroffenheit her ist also die Einbeziehung aller Beteiligten in die Therapie wichtig, auch um gemeinsam der Frage nachzugehen: Was kann der eine Mensch dem anderen besser bedeuten, als er es jetzt kann?

Hier hat es in den letzten zehn, 15 Jahren eine erhebliche Weiterentwicklung gegeben. Seit den 80er Jahren gibt es die Selbsthilfebewegung der Angehörigen psychisch Kranker, und seit Anfang der 90er Jahre schließen sich psychisch Kranke zu Selbsthilfeinitiativen zusammen. Dadurch ergibt sich eine ganz neue kulturelle Chance, die derzeit meistens unter dem Kunstwort des Trialogs begriffen wird. In der Bundesrepublik und auch in anderen Ländern gibt es immer mehr neutrale Orte, an denen sich Vertreter dieser beiden Gruppen treffen – nicht gerade in der Krise, sondern in ruhigen Zeiten –, um miteinander ins Gespräch zu kommen, sich besser zu verstehen, um gegenseitig auch auf ihre unterschiedlichen Interessen und Bedürfnisse zu hören, um dann, wenn einmal wieder eine Krise, ein Ernstfall kommt, vollständiger wahrnehmen und auch handeln zu können. – Das sind in den letzten Jahren entstandene Ansätze, die unter dem Begriff des Trialogforums oder auch des Trialogseminars an unterschiedlichen Orten stattfinden. Das kann mal die Volkshochschule sein, das können ein alternatives Kulturzentrum, das Rathaus oder auch ein Universitätsseminar sein. Das ist sehr spannend zu sehen und birgt den Kern einer Entwicklung, die dazu führen soll, daß, so weit wie möglich, Begegnungen auf derselben Ebene zwischen diesen drei Gruppen, die das psychiatrische Geschäft im Kern ausmachen, zustande kommen.

K.-D.N.: Was könnte man heute als Rehabilitationsziel bezeichnen?

K. Dörner: Das ist mit dem Gesagten eigentlich schon angedeutet: die Herstellung eines bekömmlichen Gleichgewichts zwischen den Menschen, die aus irgendwelchen Gründen nähere Beziehungen zueinander haben, so daß alle dabei mit der größtmöglichen Freizügigkeit ihr Leben leben können. Also auch hier wieder etwas, das sich nicht auf das einzelne Individuum konzentriert, weil das eine künstliche Abstraktion wäre, sondern die Herstellung besserer innerer und äußerer Lebensbedingungen für alle beteiligten Menschen, die dadurch einem psychiatrisch Tätigen bekanntgeworden sind, daß einer von ihnen das entsprechende psychiatrische Etikett, die Visitenkarte, das psychiatrische Symptom präsentiert hat. Das ist ja jeweils der Auslöser für solche Tätigkeit.

Depression und Partnerschaft

K.-D.N.: Sie gliedern die seelischen Störungen bzw. Erkrankungen anhand des menschlichen Lebenslaufes und altersspezifischer Entwicklungsaufgaben und versuchen so, ihren komplexen Sinn zu erfassen. Welchem Entwicklungsschritt entspricht die Depression? In welchem Lebensalter tritt sie zunächst charakteristisch auf?

K. Dörner: Mein Versuch, so etwas wie ein biographisches Ordnungsschema von unterschiedlichen psychischen Störungen oder Symptomen zu entwerfen, ist zunächst noch ein Entwurf, der sicher noch weiter ausgearbeitet wird und auch auf seine Brauchbarkeit noch genauer untersucht werden muß. Dieser Ansatz bündelt einmal statistische Häufigkeitszahlen, in welchem Lebensalter ein bestimmter Typ psychiatrischer Symptome oder auch psychischer Erkrankungen am häufigsten auftritt, und versucht, das ins Verhältnis zu setzen zu dem, was in dem jeweiligen Lebensalter die wichtigsten zwischenmenschlichen Probleme und Lebensaufgaben sind, in der Vermutung, daß es zwischen beiden eine Entsprechung geben könnte.

Was die Depression betrifft, sollte man eigentlich besser von Depressivsein sprechen, weil der Begriff Depression den Eindruck erweckt, als ob sie eine fest umschreibbare Einheit wäre, wie eine Lungenentzündung, ein Magenulkus, und ein in sich geschlossenes Wesen in sich tragen würde, was Unsinn ist. Denn, wenn ich depressiv bin, dann ist das nicht eingrenzbar, weder auf ein bestimmtes Körperorgan noch auf einen bestimmten Lebensbereich, sondern ich bin dann als ganzer Mensch depressiv, in allen meinen Wahrnehmungs- und Handlungsmöglichkeiten, und die Welt um mich herum ist auch davon geprägt.

Eine Depression wird – wie andere psychische Erkrankungen auch – in aller Regel nicht aus einem Menschen alleine zustandegebracht, sondern sie hat zumindest auch mit den Wechselbeziehungen mehrerer, mindestens zweier Menschen zu tun. Der Häufigkeitsgipfel des Auftretens von Depressionen liegt im mittleren Lebensalter, so zwischen 25 und 45 Jahren. Da es in dieser Zeit am häufigsten geschieht, daß ein Mensch die Fähigkeit zu einem depressiven Symptom bekommt, überlege ich mir, was in diesem Alter die typische, von der Gesellschaft auch erwartete zwischenmenschliche Entwicklungsaufgabe ist.

Und in diesem Lebensalter sehen sich die bei weitem meisten Menschen vor der Aufgabe, sich einen Partner, in der Regel des entgegengesetzten Geschlechts, zu wählen, der nicht zu ihrer Familie gehört. Diese beiden, sich zunächst fremden Menschen sollen sich derart gegenseitig aneignen, daß daraus eine dauerhafte Beziehung wird, die potentiell lebenslänglich dauert. Sie soll davon geprägt sein, zumindest unter den heutigen Gegebenheiten, daß es sich dabei um ein partnerschaftliches Verhältnis handelt, so daß sich beide auf derselben Ebene, mit gleichen Rechten und Pflichten, begegnen und ein Verhaltens- und Rollenmuster entwickeln, das dieser gesellschaftlichen Forderung entspricht.

Empirisch paßt dazu, daß die meisten Depressionen auch im Rahmen einer Partnerschaft entstehen. Es gibt natürlich immer alles, und ich spreche nur von dem, was typischerweise der Fall ist. Und typischerweise ist es dann so, daß sich zwei Menschen in einer längerfristigen Beziehung so verhalten, daß schließlich der eine ein schwaches oder ein volles Bild einer depressiven Störung aufweist und der andere sich komplementär dazu entwickelt hat und in der Regel das Bild eines besonders potenten, vitalen, funktionsfähigen Menschen abgibt. Das entwickelt sich parallel zueinander.

Der Fehlentwicklung einer Partnerschaft vorbeugen

K.-D.N.: Sie schildern in Ihrem Buch folgenden typischen Ablauf: Meist ist der junge Mann zu Beginn der Partnerschaft emotional weniger gereift, auch noch weniger selbständig als die Frau. Die Partnerschaft wird mit Erwartungen der Selbstverwirklichung überladen. Oft gerät dann die Frau, insbesondere wenn sie Kinder bekommt und an den Haushalt gebunden ist, in eine Isolation, während der Mann Selbstverwirklichung und Bestätigung im Beruf findet, und daher allmählich stärker wird und in der Entwicklung an der Frau vorbeizieht. Dann ergibt sich, wenn es schlecht läuft, die Konstellation, daß schließlich der Mann auch noch das letzte Selbstbewußtsein aus der Frau herausgesogen hat, sie zunehmend deprimiert wird und er eine Art Helfersyndrom entwickelt. Er nimmt ihr dann alle möglichen Arbeiten ab, was sie nur noch mehr in die Depression treibt. Wie kann man einer solchen Entwicklung vorbeugen?

K. Dörner: Erstens ist es gut, wenn ich zuvor eine Zeitlang alleine gelebt habe, ich also nicht aus dem Besitz meiner Eltern in den Besitz meines Partners übergehe, sondern eine Zwischenphase einlege, in der ich mutterseelenallein lebe und so das nötige Selbstbewußtsein gewinne: Ich kann, wenn ich will, auch mit mir allein auskommen. Das gibt mir die Stärke, mich aus freien Stücken auf den Partner einzulassen, so daß ich nicht so leicht der Haltung verfalle, den anderen zu brauchen und ohne ihn nichts zu sein, wodurch eine Funktionalisierung der Beziehung auftreten würde.

Das andere ist die Entwicklung der Fähigkeit, mich nicht in meiner Perspektive und meiner biographischen Entwicklung an einem anderen Menschen zu messen. Ich darf mir nicht zum Maßstab machen, was ein anderer Mensch alles kann, und mich dadurch in einen Vergleichszwang bringen und mich dann entweder besser oder schlechter finden. Ich habe meinen Maßstab in mir selber, und der andere hat seinen Maßstab in sich.

Das Dritte, was zur Vorbeugung einer solchen Fehlentwicklung beitragen kann, ist, daß ich den anderen Menschen nicht deswegen wähle, weil mir an ihm besonders dasjenige gefällt, was ich auch schon habe, sondern mir gerade die Unterschiedlichkeit gefällt. Ich brauche das Selbstbild, daß ich ergänzungsbe-

Meister A.C., Melancholie, ca. 1525

H.S. Beham, Melancholie, 1539

Meister F.B., Melancholie, 1560

dürftig bin, daß ich, um selber möglichst voll leben zu können, sehr gut gerade die andersartigen Eigenschaften eines anderen Menschen dazunehmen kann, ohne das zwanghaft zu müssen.

Die Tyrannei der Intimität

Als Viertes ist präventiv von ganz entscheidender Bedeutung, daß man andere Freundschaften weiter pflegt. Wenn man sich mit 25 Jahren an einen anderen Menschen bindet und mit ihm ein gemeinsames Leben aufbauen will, geht man meistens durch eine Phase der Verliebtheit, in der der Rest der Welt in der Bedeutungslosigkeit verschwindet. Man sollte jedoch noch so viel Verstand behalten, daß man die Freunde, die man in seiner Jugend gehabt hat – vor allem die des gleichen Geschlechts –, jetzt nicht abstreift wie die Eierschalen von Kindheit und Jugend, sondern diese Beziehungen weiter pflegt.

Im Augenblick kann man damit vielleicht nichts anfangen, weil alles durch die Verliebtheit überlagert wird. Aber bei den später anfallenden Krisen braucht man dringend einen Menschen, am besten des eigenen Geschlechts, zu dem man Vertrauen hat und der dann der Dritte ist, der verhütet, daß es in dieser Polarisierung zu zweit zu einer Tyrannei der Intimität kommt, wie Richard Sennett das ausgedrückt hat. Diesen Dritten kann man anrufen, zu ihm hingehen, sich bei ihm beschweren, aussprechen oder auch ausheulen, weil das Vertrauen da ist, was die Stabilität der eigentlich gelebten Zweierbeziehung erheblich erhöht.

Den Fehler, die anderen Freundschaften zu vernachlässigen, machen aber die meisten von uns. Hier wäre in einem besonderen Maße eine gesellschaftliche Aufklärung nötig, daß das Ziel nicht die Zweisamkeit ist, denn die ist gar nicht zu leben, sondern sie muß von vornherein angereichert bleiben, auch durch Überindividuelles, um auch reicher sein und bleiben zu können.

K.-D.N.: Was verbirgt sich genau hinter dem Begriff der Tyrannei der Intimität?

K. Dörner: Sennett schildert in seinem Buch „Verfall und Ende des öffentlichen Lebens. Die Tyrannei der Intimität" die Entwicklung vom 18. Jahrhundert bis heute unter dem primären Aspekt von Architektur und Theater. Er beschreibt – weitergehend als Habermas in „Strukturwandel der Öffentlichkeit" –, was öffentlicher Raum im Verhältnis zum privaten Raum bedeutet, und sagt, daß die demokratischen Bewegungen im 18. Jahrhundert, denen wir heute noch in unseren demokratischen Idealen folgen, eine – leider nur sehr kurze – Sternstunde waren, in der sich Öffentlichkeit in einem gesunden Spannungsverhältnis zum Privaten befunden hat.

Dann hat aber, spätestens am Beginn des 20. Jahrhunderts, ein Verfall eingesetzt, weil immer größere Teile des öffentlichen Lebens bürokratisiert und institutionalisiert worden sind. Das hat auf der anderen Seite immer mehr zu einer Isolation des Privatbereichs im Kleinfamilienleben geführt, mit der Gefahr, in eine Tyrannei der Intimität zu zweit zu kommen. Das ist etwa der Gedankengang.

K.-D.N.: Die Bürokratisierung des öffentlichen Lebens gehört somit zur Landschaft der Depression. Desweiteren könnte man die Zersplitterung des Lebens nennen, daß man also einerseits das Arbeitsleben hat, dort auch bestimmte Rollen annimmt, sich die Möglichkeiten der Selbstverwirklichung aber immer mehr einengen und man sich daher ins Private wendet und zurückzieht.

K. Dörner: So kommt es zur Überfrachtung mit Erwartungen, die man an den Privatbereich stellt.

Das Dunkle wird abgespalten – die Unfähigkeit zu trauern

K.-D.N.: Was sind heute weitere depressionsfördernde Lebensumstände, sowohl gesamtgesellschaftlich als auch im engeren Lebensbereich?

K. Dörner: Ein weiterer Schwerpunkt liegt darin, daß mit der Modernisierung der Gesellschaft der Glaube ständig gewachsen ist, daß alles Schwere, Dunkle, Schmerzhafte, „Negative" keinen Sinn in sich selber habe, sondern gemessen an den ständig wachsenden Möglichkeiten der Medizin und der Gesellschaften insgesamt etwas Überflüssiges, ein Betriebsunfall sei, den man vermeiden sollte. Ob das die Angst ist oder die Trauer um einen Verlust, die Schlaflosigkeit, der Schmerz, auch schon der körperliche Schmerz – wir werden geradezu darauf trainiert, daß es vor allem darum geht, dafür zu sorgen, daß solche Empfindungen und Erfahrungen schon im Keime erstickt und beseitigt werden, sei es mit medizinischen, medikamentösen oder auch mit psychotherapeutischen Mitteln. Es herrscht heute die Ansicht vor, daß das „Negative" keinen positiven Sinn für mein Leben haben kann. Das ist allerdings eine Haltung, die allmählich in die Krise gerät und zunehmend hinterfragt wird.

K.-D.N.: Könnte man sagen, daß die Oberflächlichkeit, die z.B. in der Unterhaltungsindustrie Geschäftsprinzip ist, und auch das Bedürfnis nach Zerstreuung gewissermaßen wie ein Pendel ins Gegenteil schlagen und so zum Auslöser für Depressionen werden können? Können Menschen depressiv werden, weil ihnen das Leben ständig als bunt, lustig und unbeschwert vorgegaukelt wird?

K. Dörner: Ich denke eher, daß es einen gesellschaftlichen Zwang gibt, stets gut drauf und lustig zu sein, ein guter Kumpel zu sein. Man erwartet von mir, daß ich das immer bin. Alle Abweichungen davon dürfen nicht zugelassen werden und müssen sehr bald aus der Welt geschafft werden. Das heißt, wenn ich mich in einer schwereren oder dunkleren Stimmung befinde, gebe ich mir weder Zeit noch Raum, ihr nachzuhängen, darauf hinzuhören und sie zu durchleben, weil das nicht sein darf: Wie sieht das denn vor den anderen Leuten aus? Ich versuche also, das zu unterdrücken, was natürlich die Gefahr in sich birgt, daß die Niedergeschlagenheit dadurch verstärkt wird. So ähnlich, wie ich das vorhin für die Angst geschildert habe.

Nehmen wir jetzt einmal die Trauer: Wir sind nicht oder immer weniger in der Lage, der Trauer nachzugehen und ihr etwas abzugewinnen, sondern versuchen, diese schon im Keim zu ersticken. Ein Beispiel: In meinem weiteren Bekanntenkreis habe ich öfter gehört, daß jemand erzählt: „Ganz furchtbar, mein Vater ist gestorben. Und morgen ist die Beerdigung. Ich werde mir zwei Valium-Tabletten reinwerfen. Sonst halte ich das nicht aus." Kein Mensch ahnt, um was er sich dabei betrügt, was in ihm passiert, wenn er die objektiv vorhandene Traurigkeit nicht zuläßt und unterdrückt. Die kann sich dadurch nur steigern, aber nicht ausgelebt werden. Und das ist genau das, was ich dann als Depressivsein sehe: Depressivsein ist für mich unterdrücktes, abgewehrtes Traurigsein. Oder um es mit Mitscherlich zu sagen: Depression ist die Unfähigkeit zu trauern.

Der Zustand der Niedergeschlagenheit

K.-D.N.: Welche Symptome rechtfertigen die Diagnose Depression? Wie handelt ein Depressiver, wie sind seine Stimmung, sein Denken, Fühlen und Antrieb, wie sind seine vegetativen Funktionen?

K. Dörner: Beschränken wir uns einmal auf den emotionalen Bereich und auf den Antriebsbereich. Was den emotionalen Bereich angeht, habe ich gerade versucht, die Entstehungsgeschichte des Zustands der depressiven Gestimmtheit sprachlich abzubilden. Es gibt dafür den Begriff der Niedergeschlagenheit, und dieses Sprachbild ist deswegen ganz gut, weil darin auch etwas Gewaltsames steckt, also das Niederschlagen. Entweder andere schlagen mich nieder, oder ich schlage mich selber nieder. Heraus kommt der Zustand der Niedergeschlagenheit, der aber gewissermaßen das Gegenteil des aktiven Trauerns ist. Die Trauer ist gewaltsam unterdrückt worden, und es bleibt ein relativ starrer, bewegungsloser, gefängnisartig empfundener Zustand der Niedergeschlagenheit, in dem man sich nicht mehr frei, sondern gebunden fühlt.

Diese Gebundenheit wird auch vom Antriebsvermögen her deutlich: Jeder Mensch stellt ein bestimmtes Energiereservoir dar, hat also einen bestimmten

Energiehaushalt. Und er ist darauf angewiesen, das, was er an Energien in sich hat, auch auszugeben. Das steht also nicht in seiner Freiheit, sondern er muß seine Energie irgendwie loswerden – je nachdem, wieviel Energie der jeweilige Mensch hat –, um im Gleichgewicht mit sich und seiner Umgebung zu sein.

Im Falle des Depressivseins ist es nun so, daß ich es mir verbiete – subjektiv ausgedrückt – oder es mir unmöglich ist – objektiv, von außen betrachtet –, das mir biologisch-biographisch vorgegebene Quantum an Energie tagtäglich zu verausgaben, ich schaffe es nicht raus. Das ist schon beim Ausdruck so: Ich kann meinen inneren Zustand nicht so ausdrücken, wie es meinen Empfindungen entspricht, wie ich es auch früher gekonnt habe. Und ich kann noch weniger in Handlungen umsetzen. Insofern ist der klinisch-psychiatrische Begriff der Gehemmtheit für mich besonders plastisch und passend für diesen Zustand.

Er ist auch nicht zu verwechseln mit dem Eindruck, den ein naiver Zuschauer in der Außenbetrachtung erst einmal von einem Depressiven hat. Wenn ich als naiver Zuschauer einen Menschen, der depressiv ist, betrachte, dann finde ich ihn auf eine provozierende Weise untätig. Der sitzt dauernd auf einem Stuhl herum oder liegt im Bett, oder er läßt andere Leute das tun, was erkennbar eigentlich seine Aufgabe ist. Er erscheint faul, und es juckt einem geradezu in den Fingern, das zu sehen. So ist die Wirkung nach außen.

Der innere Zustand ist genau das Gegenteil: Es ist ein Zustand der unglaublichen Anspannung, ein unglaublicher Energiesturm, der in ihm steckt, der sich aber überhaupt nicht ausdrücken kann. Und das ist mit dem Begriff der Gehemmtheit am besten ausgedrückt.

Dasselbe kann man jetzt noch einmal auf den Bereich des Denkens übertragen, und da ist es psychologisch mit dem Begriff des Grübelns besonders gut zum Ausdruck gebracht. Es ist also keine Untätigkeit des Denkens, sondern eine überhitzte Denktätigkeit, die aber nicht von der Stelle kommt. Es ist ein Kreisen in sich selbst.

K.-D.N.: Geht die Energie, die nicht ausgelebt werden kann, in dieses ewige Kreisen des Denkens?

K. Dörner: Ja, das ist wie ein Laufrad. Das gilt für das Denken, Fühlen und Handeln.

„Wenn ich doch wenigstens wieder weinen könnte!"

K.-D.N.: In bezug auf das Fühlen wird oft gesagt, daß ein schwer Depressiver eigentlich zu gar keinen Gefühlen in der Lage sei. Gilt das nur für den Ausdruck von Gefühlen?

K. Dörner: Nein. Für den Bereich des Fühlens ist zunächst die Unfähigkeit vorherrschend, Gefühle zuzulassen, sie sein zu lassen – in der Regel Traurigsein, aber sicher auch andere Gefühle. Das führt dann zum Zustand der Niedergeschlagenheit. Ich schlage mich auch selber nieder. Es kommen damit sicher auch Stauungen zustande, die sich im Extrem im Gefühl der Gefühllosigkeit ausdrükken können. Deswegen hört man Depressive dann sagen, daß sie zu überhaupt keinem Gefühl mehr fähig seien. Oder wenn jemand noch ein Stückchen an Reflexion seines eigenen Zustands aufbringt, sagt er dann: „Wenn ich doch wenigstens wieder weinen könnte!" In dieser Äußerung ist auch treffend ausgedrückt, worum es eigentlich geht.

Daraus folgt nun auch, wenn ich versuche, einem solchen Menschen beizustehen, ihn zu begleiten, ihn aus seinen selbstverschuldeten oder auch fremdverschuldeten, jedenfalls bestehenden Fesseln herauszuholen, daß es das Verkehrteste wäre zu sagen: „Sieh mal, wie die Sonne scheint und wie schön die Blumen sind." Denn das erste, was ihm zu widerfahren hat, ist die Wiedergewinnung der Fähigkeit, traurig zu sein. Die Freude am Leben kommt erst danach. Das ist leider ein Schritt, der oft übersprungen wird, und das führt dann zu therapeutischen Mißerfolgen oder Katastrophen.

Das normale Entlastungsverhalten bewirkt das Gegenteil

K.-D.N.: Im Bekanntenkreis geht man ja meistens so vor. Man versucht, den Depressiven auf die ganzen positiven Dinge aufmerksam zu machen, und das gerade greift nicht. Vielleicht wird der Depressive dann sogar sagen, daß er die positiven Seiten des Lebens auch alle kenne, aber das nützt ihm in seiner derzeitigen Situation eben überhaupt nichts. Auch das denkerische Vorstellen von anstrebenswerten Zielen nützt dann nichts.

Sie haben in Ihrem Buch einen Teufelskreis beschrieben, der auch im alltäglichen Leben ähnlich abläuft. Sie schildern, welche Gefühle der depressive Patient normalerweise bei einem therapeutisch Tätigen auslöst:

„Sein Ausdruck und sein Elend stimmen mich mitleidig; spontan möchte ich ihm helfen, ihn entlasten, schonen, fürsorglich sein; ihn gegen andere, die ihn bös überfordern, in Schutz nehmen; ich möchte ihn in seiner Trostlosigkeit trösten, ihm Mut zusprechen, ihm sagen, es wird schon wieder; wir möchten seine Partei ergreifen und gegen die gefühllose Vitalität seines Ehepartners Stellung nehmen, können uns in ihn hineinversetzen, uns mit ihm identifizieren, wollen ihm beispringen – wir, die wir doch alle einen 'sozialen Beruf' haben. Seine Hilflosigkeit macht ihn zum idealen Patienten unserer professionellen

Ernst Barlach, Frierende Alte, 1937
© Ernst und Hans Barlach Lizenzverwaltung Ratzeburg, 1995

Hilfslust und Fürsorglichkeit. Das ist ein folgenschwerer Irrtum. Allenfalls ist der depressive Patient ideal, uns den Unterschied zwischen falschem und richtigem Helfen zu lehren. Denn sobald wir nach unseren 'normalen' Hilfs- und Trostge- fühlen handeln, haben wir uns von unseren *eigenen* Bedürfnissen verführen lassen, sitzen wir in der Falle, sind von der depressiven Beziehung abhängig, sind 'Mitspieler', einmontiert in die Depression, sind handlungsunfähig. Woran mer- ken wir das? Spätestens daran, daß wir nach einiger Zeit verblüfft wahrnehmen, daß derselbe Patient jetzt negative Gefühle in uns auslöst, uns wütend und sauer macht." (Dörner/Plog: Irren ist menschlich, a.a.O., S.207 f.)

Wie kann man im alltäglichen Leben diesen Teufelskreis durchbrechen? Wenn Sie hier von einem normalen Hilfs- und Trostgefühl sprechen, heißt das, daß man eventuell das zurückhalten muß, was man eigentlich sofort aus dem inner- sten Impuls heraus tun möchte?

K. Dörner: Hier müssen wir unterscheiden zwischen alltäglicher Deprimiert- heit und dem Depressivsein im Sinne eines Zustandes, der irgendeine Form von professioneller Hilfe von außen braucht. Jeder, dem es sichtlich schlecht geht, sendet damit ein Signal aus, daß ihm diejenigen, die ihm die nächsten sind, in der jeweiligen Situation beispringen, ihn entlasten und ihm ein Stückweit helfen. Und das funktioniert auch. Nach einer gewissen Zeit, mal kürzer, mal länger, zahlt sich das aus. Das ist das, was wir kennen.

Aber in einem Fall, in dem die Entwicklung schon so eskaliert ist und sich verselbständigt hat, daß man den jeweiligen Zustand mit Depression oder Depressivsein bezeichnet – im Unterschied zur alltäglichen Deprimiertheit –, löst dieses ganz spontane, selbstverständliche Hilfs- und Entlastungsverhalten das Gegenteil aus. Es zahlt sich eben nicht aus.

Nehmen wir einmal an, die Ehefrau wäre unfähig, morgens aufzustehen, das Frühstück zu machen, die Kinder zu versorgen und sie zur Schule zu schicken oder zu putzen usw. Wenn sie das Stück für Stück nicht mehr kann und der Ehemann das entsprechend übernimmt, hat das zur Folge, daß er in seinem Omnipotenzverhalten immer makelloser und fehlerloser wird. Das zahlt sich eben nicht nur nicht aus, sondern bewirkt das Gegenteil von dem, was er beabsichtigt. Denn je mehr er seine Frau entlastet, desto unnützer und unzureichender fühlt sie sich, und sie kommt sich dann immer mehr wie das fünfte Rad am Wagen vor.

Zu der Frage, wie man im Alltag mit einem Menschen, der in das Depressivsein gefallen ist, richtig umgehen kann, muß man sagen, daß das überhaupt nicht geht. Es ist schlechthin unmöglich, sich da richtig zu verhalten. Das gehört ja auch zur Definition dieses Zustandes: Wenn jemand in eine depressive Haltung hineingefallen ist, hat das zur Folge – ob das seine Absicht ist oder nicht, will ich mal dahingestellt sein lassen –, daß die Menschen um ihn herum, wie auch immer sie sich verhalten, es immer falsch machen.

Eine Chance zur Öffnung des Gefängnisses

Daher ist für uns eine wichtige Regel, sich erstmal angesichts eines depressiven Menschen zu fragen: Wie mögen wohl die Menschen um ihn herum bisher mit ihm umgegangen sein? Das kann man sich leicht ausmalen und sich dann vornehmen: So wirst du schon mal nicht vorgehen. Damit weiß man zwar noch nicht, was richtig ist, aber man weiß immerhin, was falsch ist.

Der zweite Schritt – um das kurz aufzubauen –, ist durch die Einsicht in den Zustand, in dem dieser Mensch sich befindet, möglich, indem man nun nicht auf die einem äußerlich präsentierte Untätigkeit und Faulheit reinfällt, sondern die unendliche Angestrengtheit dieses Menschen erkennt, der einem da gegenübersitzt. Es ist außerordentlich hilfreich, mit ihm dann auf die eben nicht präsentierte, geradezu kaschierte unendliche Angestrengtheit zu sprechen zu kommen: „Mein Gott, wie Sie jetzt in den letzten Tage, Wochen und Monaten gelebt haben, das muß ja wahnsinnig anstrengend sein." Das trifft seine innere Wahrheit, die er nach Kräften versucht, nach außen zu verbergen. Das kann schon mal ein unglaubliches Erleichterungsgefühl bringen bzw. die Möglichkeit, ihn überhaupt in seiner subjektiven Wahrheit zu erreichen.

Darauf aufbauend folgt in einem dritten Schritt der Versuch, die zu unterstellende, unterdrückte oder verdrängte Traurigkeit anzusprechen, was auch immer das Thema sein mag. Vielleicht ahne ich es, vielleicht ist es mit Händen zu greifen, oder vielleicht muß ich auch sondieren und versuchen, das herauszufinden, indem ich ihm lediglich sprachlich mit Äußerungen seiner unterstellten Trauer begegne, die er sich und anderen aber nicht zubilligt.

Nur wenn das gelingt, habe ich die Chance, ihn da zu erreichen, wo er in seinem Innenleben ist. Und bereits beim kleinsten Zugeständnis von seiner Seite, wenn es auch nur ein kleiner Zipfel ist, ist es dann auch ein Stück geteilte Traurigkeit. Und damit ist ein Stück Zwischenmenschlichkeit wieder hergestellt. Und damit ist auch die erste Chance, daß der Betreffende nicht in seiner Festung bleiben muß, die Möglichkeit der Öffnung des Gefängnisses gegeben.

K.-D.N.: Sie empfehlen, daß der therapeutisch Tätige eine Suchhaltung einnehmen muß und versuchen sollte, die Erlebnisqualitäten des Patienten in sich wachzurufen, um ihn so anzuregen, die Selbstwahrnehmung im Sinne einer Eigendiagnostik zu steigern. Könnte man das auch auf den normalen zwischenmenschlichen Bereich übertragen?

K. Dörner: Ja, denn den Mechanismus, den ich für die Bereiche des Fühlens, Denkens und Handelns beschrieben habe, kennt jeder im Ansatz auch sehr gut von sich.

Selbstwahrnehmung und Handlungsmöglichkeiten

K.-D.N.: Einen weiteren Schritt in der Therapie nennen Sie die Wahrnehmungsvollständigkeit oder auch das Unterscheidungslernen. Dabei kommt es darauf an, daß der Depressive beginnt, die Situationen zu unterscheiden, in denen er mehr oder weniger depressiv ist. Sie empfehlen dazu eine Übung, daß ein Depressiver sich einen Selbstbeobachtungsbogen anlegt und Stunde für Stunde seine Tätigkeiten und Befindlichkeiten aufschreibt, um herauszufinden, welche anderen Handlungsmöglichkeiten er hat. Können Sie diese Übung einmal erläutern?

K. Dörner: In dieser Übung ist, wenn man so will, der verhaltenstherapeutische oder lerntheoretische Ansatz verdichtet. Es geht zunächst darum, jemanden gewissermaßen gegen den eigenen Willen dazu zu bringen, daß er anfängt, seine Aufmerksamkeit darauf zu richten, wie er sich in unterschiedlichen Situationen verhält. Denn kein Mensch kann Tag und Nacht gleich depressiv sein. Das geht nicht. Er soll also versuchen, herauszufinden, wann er mehr, wann er weniger deprimiert ist und in welchen Situationen er vielleicht auch andere Handlungsmöglichkeiten hätte.

Man muß solche Versuche immer auf den konkreten Einzelfall bezogen sehen. Diese Übung kann für Menschen, die dafür Zugangsmöglichkeiten haben, ein Weg sein. Das ist nicht ganz selten der Fall, weil Menschen, die depressiv werden, von Haus aus eher antriebsreiche und sehr genaue, pflichtbewußte und zwanghafte Menschen sind, die von daher auch geneigt sind, wenn sie so einen Fragebogen vorgelegt bekommen, das dann auch wirklich zu machen.

K.-D.N.: Ein Problem ist die Selbstwahrnehmung bei einem Depressiven, auch weil seine gesamte Wahrnehmung herabgedämpft ist. Ich kenne Menschen, die nicht bemerken, daß sie depressiv sind. Sie weisen Symptome einer Depression auf, ohne sich dessen bewußt zu sein.

Wie kann man auf konkrete Ereignisse aufmerksam werden, die in die Depression geführt haben, z.B. Situationen herausfinden, in denen man Trauer niedergeschlagen hat? Oder auch anders formuliert: Wie kann man erkennen, was die Entwicklungsaufgabe, die eigentliche Problematik in einem bestimmten Lebensabschnitt ist, wenn man sie bisher nicht wahrgenommen hat?

K. Dörner: Ganz allgemein: indem man eine Lebenshaltung einübt, in der man sich daran gewöhnt, sich auch immer mal wieder über die Schulter zu gucken. Das entspricht dem, was Helmut Plessner einmal anthropologisch als Definition des Menschen im Unterschied zum Tier formuliert hat: Der Mensch ist ein exzentrisches Wesen. Das Tier hingegen ist immer identisch mit seinem Zentrum und lebt aus diesem heraus. Es ist ein Konvolut von Instinkten, gestaltet danach seine Umwelt und lebt nur in Identität mit seinem Vermögen, mit sich selbst. Der Mensch ist mit Instinkten mager ausgestattet. Er lebt zwar stückweise auch aus seinem Zentrum heraus, aber er lebt nicht in voller Identität mit seinem Vermögen, weil er immer von außerhalb seines Zentrums darauf sehen kann, was er gerade tut. Natürlich lebt er auch nicht in einer Dauerreflexion. Das könnte auch kein Mensch aushalten, und man muß auch unbefangen und spontan leben können.

Da man nun mal nicht in einer untrüglichen Dauerreflexion leben kann, ist es eben wichtig – wie vorhin schon erwähnt –, wenn man in gemessenem Abstand jemanden hat, der einem sagt: „Sag mal, was machst Du denn da eigentlich?" Man muß dabei wissen, daß man nicht darauf vertrauen kann, daß der Partner, mit dem man eine Lebenspartnerschaft eingegangen ist, diese Rolle immer spielen kann. Natürlich kann er das manchmal, aber nicht verläßlich und immer, vor allem dann nicht, wenn er selber involviert ist. Dann braucht man diesen berühmten Dritten.

Für die Partnerschaft und für einen selbst ist es ungemein wichtig, dafür zu sorgen, daß es immer solche dritten Menschen gibt. Auf die gleichgeschlechtlichen Jugendfreunde habe ich schon hingewiesen. Wenigstens ein oder zwei solcher freundschaftlichen Beziehungen sollte man weiter pflegen. Das ist gut investierte Zeit und Energie. Darüber hinaus gilt es – was sehr in Vergessenheit geraten ist –, auch im Familiensystem die Beziehungen zu mehr randständigen Verwandten zu pflegen: Onkel, Tanten, Kusinen, Vettern, Neffen, Nichten. Die sind ganz ideal, weil sie einmal die emotionale Nähe haben, sie gehören zum selben Familiensystem, aber sie haben auch hinreichend viel Distanz. Die Pflege solcher Beziehungen zu Freunden und Verwandten ist die beste Prävention und das beste Frühwarnsystem, sich selber auf die Schliche zu kommen, wenn man gerade dabei ist, etwas zu unterdrücken, zu verdrängen, nicht zu akzeptieren, zu verleugnen.

Symptome sollten nicht direkt angegangen werden

K.-D.N.: Warum dürfen in der Therapie Symptome nicht direkt angegangen werden? Das bezeichnen Sie geradezu als gefährlich, weil es dazu führen könnte, daß man dadurch einen Depressiven auch in die Selbsttötung treiben könnte. Wie ist das zu erklären?

K. Dörner: Ich habe schon von den Symptomen gesagt, daß sie ihren Sinn auch darin haben, daß sie in einer unerträglichen Situation ein Erklärungsmodell oder einen Selbsthilfeversuch darstellen. Sie ermöglichen, daß man wenigstens überleben kann, wenn auch um den Preis eines eingeschränkten Horizontes, in dem man auch ersticken kann. Das ist klar.

Jemand hat das einmal in ein saloppes Sprachbild gekleidet, indem er das Gleichnis der zahnärztlichen Plombe gewählt hat: Man hat ein Loch im Zahn, das furchtbar weh tut, und dann setzt der Zahnarzt eine Plombe darauf. Das Symptom wäre in diesem Bild die Plombe. Dieses Sprachbild gilt natürlich auch nur teilweise, aber es wird daran jedenfalls deutlich, daß die Symptomatik in der Situation, in der ich sie mir zulege, notwendig ist.

Wenn man nun mit Methoden – ganz gleich ob psychotherapeutischer oder medikamentöser Art – sehr zielgerichtet und aggressiv versucht, einen depressiven Menschen von den Symptomen zu befreien, dann befreit man ihn auch von seiner Selbsthilfebemühung. Das heißt, man stürzt ihn – jetzt auch noch sehr künstlich, nackt und bloß – in den durch die Symptome vorher ja gemilderten Zustand der Unerträglichkeit hinein, so daß dann der Suizid unter Umständen eine reale Möglichkeit wird.

Deswegen ist es in der Regel auch nicht gut, so eine Zeit künstlich abkürzen zu wollen. Das ist für den Außenstehenden sehr verführerisch, weil in Depressionen die Zeit sich endlos und qualvoll dehnt. Wenn man da zusieht, kann man das gar nicht aushalten, krempelt die Ärmel hoch und will das ganz schnell ändern. Wenn man das dann zu schnell macht, kann auch diese Gefahr eintreten, und das Ergebnis kann dann sehr schrecklich sein.

Es geht also darum, eine Haltung des Begleitens zu finden, durch die in Wechselwirksamkeit zunächst mehr Vertrauen entsteht. Erst im Schutz dieses Vertrauens kann man dann direktere und beschleunigende Maßnahmen oder Mittel wählen.

Wenn der Suizid droht

K.-D.N.: Eine Suizidgefahr macht den Umgang mit einem depressiven Menschen erheblich schwieriger. Sie hemmt einen, sobald einmal eine Äußerung in der Richtung gefallen ist, daß sich der Freund oder Partner umbringen würde. Das versetzt einen gleich in den Alarmzustand. Das macht es einem unter Umständen unmöglich, zumindest sehr viel schwerer, noch überlegt zu handeln.

Wie kann man mit einer konkreten Suizidandrohung sinnvoll umgehen? Hilft da nur noch eine stationäre Behandlung? Es ist ja sehr schwer, herauszufinden, ob und wie weit diese Drohung ernst werden kann.

K. Dörner: Klar. Das ist eigentlich die Verdichtung dessen, was der Umgang mit depressiven Menschen im allgemeinen bedeutet. Bei den Umgangsmöglichkeiten mit einer suizidalen Situation geht es wieder zunächst einmal darum, nicht das zu tun, was man naiverweise tun möchte, wozu man sich sofort aufgefordert fühlt. Auch hier kommt es darauf an – auch wenn ich von einem Menschen nichts Genaues weiß, vielleicht nur diesen ersten Eindruck habe –, über die erst einmal nur unterstellte Verzweiflung oder Traurigkeit, die er sich und anderen nicht zubilligen will, in einen Dialog zu kommen oder eine Begegnung zustande zu bringen, so daß dann Verzweiflung und Traurigkeit geteilt werden. Geteilte Verzweiflung ist nur noch halbe Verzweiflung, und damit läßt sich auch eher leben. Längerfristig kann sie sich dann allmählich ermäßigen.

Wenn niemand in der Lage ist, diesen Menschen entsprechend innerlich aufzunehmen, dann werden auch die Vorsichtsmaßnahmen der stationären Behandlung nicht ersetzbar sein, die ja immer nur Ausdruck dafür sind, daß die eigentlich zuständigen Menschen gerade mit ihrem Latein am Ende sind, egal ob das jetzt die eigenen Verwandten und Freunde oder eben auch die professionellen Helfer sind.

Eine Risikogruppe

K.-D.N.: Sie umschreiben in Ihrem Buch eine Risikogruppe für das Depressivsein:

„Dazu würde jemand gehören, der selbst-verbietend mit sich umgeht, sich in Schwierigkeiten kleiner macht, als er ist, der Leistungsehrgeiz und Unabhängigkeitskampf mit Versagensangst und Neigung, sich abhängig zu machen, kombiniert, der alles sehr genau nimmt und der die Abhängigkeitsneigung wie die Unfähigkeit, Trauer, Schmerz, Trennung und Aggression zu leben, in seinen Beziehungen zu anderen sich auswirken läßt. Wenn dieser Mensch ferner depressive Verwandte hätte und eine unzufriedene Hausfrau wäre (mit sich verselbständigenden Kindern und einem vitalen Ehemann, der 'alles kann') oder sich mit dem eigenen Älterwerden nicht anfreunden könnte, wäre er hochgradig depressiv gefährdet. Präventive Maßnahmen ergeben sich aus der Beschreibung." (Dörner/Plog: Irren ist menschlich, a.a.O., S.240)

Welche weiteren Maßnahmen wären das konkret?

K. Dörner: Im Grunde genommen habe ich hier nur versucht, sämtliche Gedanken zur Depression einmal zu verdichten. Präventive Maßnahmen – was entsprechend zu tun wäre – ergeben sich dann aus jedem dieser beschriebenen Züge, seien es nun Charakterzüge oder äußere Lebensbedingungen.

K.-D.N.: Ist es vielleicht auch wichtig, sich klarzumachen und zu unterscheiden, daß es Teile der eigenen Persönlichkeit gibt, die man einfach akzeptieren muß, auch wenn sie einem überhaupt nicht gefallen, und Teile, die man ändern kann?

K. Dörner: Ja, aber das ist so eine moralische Position, die allgemein immer stimmt: Was man nicht ändern kann, muß man akzeptieren. Es bleibt einem nichts anderes übrig.

Bezogen auf die Depression ist es entscheidend, wie weit ich überhaupt in der Lage bin, mich an mir selbst zu messen und nicht an anderen Menschen, schon gar nicht an dem Partner. Nicht auf das Harmoniebedürfnis kommt es an – je mehr beide gleich sind, desto schöner –, sondern darauf, die Aufmerksamkeit auf die Unterschiedlichkeit zu richten und daran Gefallen zu finden, was zwar spannungsschaffend, aber auch bereichernd ist. Das ist Depressionsprävention.

Durch die dunkle Nacht

Interview mit Olaf Koob

von Klaus-Dieter Neumann

Dr. med. Olaf Koob, *geb. 1943 in Wuppertal. Nach dem Abitur ein Jahr heilpäd-agogische Tätigkeit in Peredur Home School, East Grinstaed/England. Studium der Medizin in Freiburg und Lübeck. Mitarbeit an der Ärzte- und Medizinstudentenar-beit an der Freien Hochschule für Geisteswissenschaft, Goetheanum, Dornach/ Schweiz. Promotion 1972 bei Professor G. Seidler, Freiburg.*

Seit 1972 praktischer Arzt und Schularzt. Seit 1977 neben der ärztlichen Praxis Tätigkeit in der Drogentherapie und in heilpädagogischen Instituten. Dozent für künstlerische Therapie und allgemeinmedizinische Fragen an der Freien Kunststudi-enstätte Ottersberg. Vortrags- und Seminararbeit im In- und Ausland..

Buchveröffentlichungen: „Erkennen und Heilen. Anthroposophische Gesichtspunk-te zur seelischen Hygiene", Stuttgart ²1988; „Gesundheit, Krankheit, Heilung. Grundbegriffe der anthroposophischen Medizin", Stuttgart 1993; „Drogensprech-stunde. Ein pädagogisch-therapeutischer Ratgeber", Stuttgart ²1992; „Die dunkle Nacht der Seele. Wege aus der Depression", Stuttgart 1994.

Das folgende Interview mit Olaf Koob handelt von den menschlichen Qualitäten der Depression, vom melancholisch-depressiven Erleben, ohne das Vertiefung und Fortschritt in der individuell-biographischen Entwicklung unmöglich wären. Depression ist also nicht nur als Krankheit oder Störung des Seelenlebens zu verstehen, sondern auch als ein notwendiger Gang durch die dunklen Tiefen der Seele und des Lebens, um sein eigenes inneres Wesen in Zeiten zunehmender Veräußerlichung und Entfremdung zu finden.

Das Gespräch wendet sich nicht den klinisch-psychiatrischen Fällen schwerster Depressionen zu und thematisiert auch nicht die verschiedenen Klassifizierungen, die ohnehin strittig und fließend sind. Vielmehr werden Grundzüge der Depression betrachtet und Elemente leiblicher und seelischer Therapie benannt, die bei leichteren Formen der Depression und zur Vorbeugung greifen können.

Alle Arten von Depressionen sind auf jeden Fall in ihrem Leidenspotential ernst zu nehmen. Immer führen sie zu einer erheblichen Beeinträchtigung der Willenskräfte, des Erlebens und auch des Lebensumfeldes und immer können sie schwerwiegende Folgen für den Betroffenen haben, so anfänglich eine Depression auch dem Außenstehenden erscheinen mag. Man sollte sich also durch den Begriff der „leichteren Form" und den Umstand, daß jemand sich nicht in psychiatrischer Behandlung befindet, im Umgang mit einem depressiven Menschen nicht fehlleiten lassen.

Der Entwicklungsaspekt der Krankheit

Klaus-Dieter Neumann: Was ist, anthroposophisch betrachtet, Krankheit?

Olaf Koob: Indem der Mensch, wie das in allen Mythologien berichtet wird, ein irdisch gesehen freies Wesen wurde, also Selbstverantwortung bekam und individuell wurde, tauchten auch Krankheiten auf. Denken Sie nur an den Prometheus-Mythos mit der Pandora: Der Mensch wird frei von der göttlich-geistigen Welt, und Übel und Krankheit kommen. Das ist der kosmologische Aspekt.

Unter dem individuellen Aspekt – wenn man einmal Rudolf Steiners Krankheitsmodell ganz generell nimmt – ist Krankheit übersteigerte, dislozierte, also am falschen Ort auftretende Gesundheit. Ein Beispiel: Im Knochen sind die Kalkbildungsimpulse normal und gesund, überschreiten sie den Knochen, gehen sie in die Blutbahn, werden sie zur Krankheit. Oder: Alles, was im Kopf an abbauenden Prozessen stattfindet, ist dort normal, geschehen sie an einem anderen Ort übermäßig, dann werden sie zur Krankheit. Man könnte mit einem Satz des deutschen Pathologen Rössle sagen: Krankheit ist gesteigerte Normalität.

K.-D.N.: Inwiefern beruht Krankheit auf Vereinseitigungen?

O. Koob: Das hängt damit zusammen, daß der Mensch kein harmonisches Wesen ist, denn dann wäre er ein unfreies Wesen. Es wirken auf den Menschen verschiedene Dinge ein – geistige, seelische, materielle, von außen und von innen –, so daß er eigentlich immer, je nachdem wie er sich ernährt, was er denkt, in welchen Situationen er ist, aus dem Gleichgewicht zu geraten droht. Man kann sich das so vorstellen, daß der Körper nicht von vornherein eine Harmonie ist, sondern daß auch ein gewisser Organegoismus mit im Spiel ist. Die Organe sind nicht nur brav und beschränken sich immer, die Wärmekräfte auch nicht, sondern sie sind in gewisser Beziehung auch raumfordernd egoistisch.

K.-D.N.: Kann man den Aspekt der Vereinseitigung und Grenzüberschreitung auch auf seelische Erkrankungen bzw. Störungen übertragen?

O. Koob: Ich denke schon. Ein Urmodell wären z.B. die vier Temperamente, die bei jedem Menschen trotz Schwerpunkten auf verschiedene Weise gemischt sind. Man kann sich vorstellen, daß Melancholie, Phlegma, Sanguinik und Cholerik so einseitig dominierend werden können, daß dann der jeweilige Mensch seelisch aus dem Gleichgewicht gerät. Aus der Melancholie, aus der gesunden melancholischen Veranlagung wird dann vielleicht eine einseitige Schwermut oder aus dem Cholerischen, wenn es nicht mehr zügelbar ist, ein Tobsuchtsanfall oder gar eine seelische Erkrankung, die wir als Tobsucht bezeichnen. Das kann geschehen, wenn die ausgleichenden regulierenden Kräfte nicht ausreichend wirksam sind.

K.-D.N.: Wie kann man Krankheiten – sowohl leibliche als auch seelische – als Entwicklungsaufruf, als Erwecker der Seele verstehen?

O. Koob: Dazu gehört erst einmal, daß man mit Krankheit nicht nur Negatives verbindet. Auf unser Thema bezogen, würde das bedeuten: Glück muß nicht unbedingt immer etwas Gutes sein, Unglück nicht immer etwas Schlechtes. Also, zunächst einmal ist Krankheit für den Menschen eine Beeinträchtigung, für sein ganz Persönliches ist sie eine Hinderung, und deswegen empfindet er sie als negativ. Bezieht man aber den Entwicklungsaspekt mit ein, dann kann Krankheit eine Veränderung sein, im Leiblichen und Seelischen, durch die sich die Möglichkeit ergibt, neue Impulse aufzunehmen oder Altes zu überwinden. Ich denke z.B. an das Urmodell von Kinderkrankheiten: Äußerlich gesehen sind sie sicherlich zunächst einmal etwas Negatives und können auch gefährlich sein, aber letzten Endes, wenn man den Sinn von Kinderkrankheiten sieht, haben sie immer mit einer Umwandlung zu tun. Das Kind häutet sich gewissermaßen durch die jeweilige Krankheit.

Gefesselt in sich selbst

K.-D.N.: Kommen wir zu den äußeren Erscheinungsformen und Symptomen einer Depression. Was tut ein Depressiver, wie verhält er sich?

O. Koob: Das kommt ganz auf das Stadium an. Normalerweise wird ein relativ gesunder Mensch in irgendeiner, wenn auch sehr individuellen Form mit der Außenwelt korrespondieren, er wird z.B., wenn er morgens aufwacht, ein gewisses Ja zu seinem Tagesverlauf sagen. Die ersten Stadien der Depression bemerkt man etwa daran, daß ein Mensch morgens nicht mehr richtig in den Tag hineinkommt und eine gewisse Dumpfheit entwickelt. Er beginnt einen Rückzug in sich selber, mit allen möglichen körperlichen Symptomen wie z.B. Stoffwechsel-, Haut- und Herzproblemen. Schließlich wird immer eine Art Sklerotisierung im Seelenleben eintreten: Der Mensch kann mit seinem Wesen keinen Anteil mehr an der Welt nehmen, er ist wie innerlich gefangen, gefesselt in sich selbst.

K.-D.N.: Was können weitere körperliche Symptome sein?

O. Koob: Es gibt ein ganzes Spektrum verschiedenster Symptome, durch die sich die Depression zum Teil hinter organischen Problemen verstecken kann. Wir nennen das in der Medizin larvierte Depression. Dazu gehören Appetitlosigkeit, Schlafstörungen, Herzschmerzen, Rückenbeschwerden; alle vegetativen Funktionen können gestört sein.

K.-D.N.: Kann beim Mann auch Impotenz eine Folge von Depression sein?

O. Koob: Ja. Die Sexualität ist eine sehr starke Kraft, die immer auch mit dem Verhältnis zu anderen Menschen zu tun hat. Und es ist natürlich ganz klar, daß ein Depressiver, der zur körperlichen Schwäche, Freudlosigkeit und zu Rückzugsmanövern neigt, nicht unbedingt Freude an der Sexualität hat. Sie kann in den Anfangsstadien vielleicht noch eine Art Kompensation sein, aber nach einer gewissen Zeit versiegt auch diese Quelle

Strudel in die Vergangenheit

K.-D.N.: Welches sind die seelischen Erscheinungsformen? Was erlebt ein Depressiver?

O. Koob: Da ich selbst einmal betroffen war, kann ich vielleicht von mir ausgehen. Je mehr man in die Depression hineinkommt, desto mehr empfindet man eine innere Erstarrung und ein Gefühl, das man mit Leere und Dunkelheit beschreiben kann. Und schließlich kann auch eine Art von Vernichtungs- und Todesgefühl eintreten. Vor allem tritt eine Schwächung des Willens ein, man kann sich zu nichts mehr aufraffen. Man hat auch plötzlich gar keine Zukunftsaspekte mehr und wird wie in einem Strudel in die Vergangenheit gerissen. Die Vergangenheit hält einen fest, läßt einen nicht mehr los. Dann erlebt man auch ganz stark, fast marternd, daß das reflexive Denken nicht mehr aufhört, es kreist immer um ähnliche Probleme. Man ist in seinem Kopf gefangen.

K.-D.N.: Warum lebt ein zur Depression neigender Mensch so stark in der Vergangenheit, die ihn entweder stark belastet oder die er in manchen Fällen auch glorifiziert?

O. Koob: In bezug auf die seelischen Aspekte von Vergangenheit, Gegenwart und Zukunft gibt es meines Erachtens ganz allgemein verschiedene Konstitutionstypen: auf der einen Seite Menschen, die sowieso mehr in der Vergangenheit leben, sie z.B. auch glorifizieren, was ja auch kulturell seinen Ausdruck findet, indem viele Menschen immer denken, daß früher alles besser war; auf der anderen Seite Menschen, die mehr im Zukünftigen und Utopischen leben. Diese beiden Typen kann man z.B. in jeder Schulkonferenz gut beobachten: einerseits Kollegen, die immer von der Vergangenheit ausgehen und mehr konservative Elemente in sich tragen, und andere, die vorwiegend etwas Spontanes und Zukunftsweisendes entwickeln wollen.

Die Fesselung an die Vergangenheit, wie sie bei der Depression zustande kommt, geschieht ähnlich wie bei einem Verdauungsvorgang: Ich kann erst etwas Neues aufnehmen, wenn ich Altes bewältigt und verdaut habe. Je mehr mir von der Vergangenheit Wesensfremdes und Schweres zugemutet wird, das ich nicht verdauen kann, desto mehr belastet es mich, und ich kann das Neue gar nicht aufnehmen. Menschen können z.B. ein anderes Bild von sich haben, das ihrem tatsächlichen Leben nicht entspricht, oder sie können Verletzungen erlebt haben, die sie nicht integrieren können, die sie sozusagen seelisch immer wieder einholen, die sie nicht ver-gessen können. Da steckt ja auch das Wort „essen" drin.

K.-D.N.: Wahrscheinlich haben die meisten Menschen die eine oder andere Form von Depression bereits einmal durchgemacht, vielleicht auch ohne sich darüber bewußt zu sein. Denn es ist ein weitverbreitetes Mißverständnis, Depression mit dem seelischen Erleben der Traurigkeit gleichzusetzen. Das kann einem den Blick dafür verstellen, daß man Symptome einer Depression aufweist.

O. Koob: Trauer ist eine gesunde Reaktion auf bestimmte Ereignisse. Der Trauervorgang ist ein Verdauungsvorgang in der Seele. Wenn dieser unterdrückt wird, kann das zur Depression führen. Und es ist ein Charakteristikum der Depression, daß ein Depressiver nicht im gesunden Sinne trauern kann.

K.-D.N.: Sie benutzen in Ihrem Buch „Die dunkle Nacht der Seele. Wege aus der Depression" (Stuttgart 1994) das mythologische Bild des Prometheus zur

Albrecht Dürer, Melencolia I, 1514

Charakterisierung eines an der Depression leidenden Menschen. Was sagt dieses Bild für die Depression aus?

O. Koob: Der Prometheus-Mythos scheint mir besonders geeignet, diesen Prozeß des Depressivseins in einem Bild bzw. einer Imagination von der organischen und der seelischen Seite zu greifen. Prometheus ist zum einen an den Felsen geschmiedet, an das ganz Irdische, das Mineralische gefesselt, und zum anderen nagt der Adler, ein Tier, das bildlich mit dem Kopf zu tun hat, jeden Tag an seiner Leber, also an seiner Lebenssphäre.

Die Lebenskräfte und die Leber sind von der Depression stark betroffen. Die Leber ist das Organ, das sich am unmittelbarsten mit der irdischen Substanz auseinandersetzt. Der Mensch steigt über sein Lebersystem in den Organismus und in die physische Welt hinein – auch das drücken die Griechen in einem Bild aus. In der Depression wird der Mensch nun an das Irdisch-Schwere gefesselt, er kann sich nicht mehr in gesunder Weise damit auseinandersetzen.

Antipathie und Autoaggression

K.-D.N.: Sie bezeichnen in Ihrem Buch die Schwermut als den „großen Antipathiker". Inwiefern hat die Depression etwas mit dem Kopf- und Antipathiepol des Menschen zu tun?

O. Koob: In der anthroposophischen Medizin gehen wir von der gesunden Reaktion des Menschen aus, um ein Verständnis für die Krankheit zu bekommen, ganz im Sinne der Auffassung, daß Krankheit gesteigerte Normalität ist.

Im Seelenleben entsprechen Weltoffenheit und Weltbezug der Sympathie und das Zurückziehen in sich selber – ohne das zu bewerten – der Antipathie. Die Sympathie hat eine ausströmende Geste, die Antipathie eine zurückweisende, zusammenziehende. Ein gesundes seelisches Rückzugsmanöver sind Trauern und die innere Bearbeitung von Gefühlen. Auf der anderen Seite kann man auch aus seinem Willenspol auf die Welt losstürmen, und das ist der gesunde Zorn. Wenn diese beiden entgleiten, dann haben wir Vereinseitigungen: auf der einen Seite das depressive Element, die Erstarrungen, auf der anderen Seite ein Feuerelement der Aggression, die keine Rücksicht mehr nimmt.

Der Kopf, der sich immer auf sich selber beschränkt, also zurückzieht, hat etwas mit dem Antipathischen zu tun. Und nach meiner persönlichen Erfahrung ist man in der Depression auch besonders in seinem Kopf eingeschlossen.

K.-D.N.: Psychoanalytisch wird Depression auch als gegen sich selbst gerichteter Ärger verstanden. Wie hängen Ihrer Ansicht nach Depression und Aggression zusammen, wieso ist Depression auch immer Autoaggression?

Cesare Ripa, Der Melancholiker, Iconologia, Rom 1603

O. Koob: Bei einigen Patienten ist gar nicht vorhersehbar, ob und wann sich die Zerstörung nach innen oder nach außen richtet. Man kann beobachten, daß manchmal die Depression – bevor sie einseitig erstarrt – in Aggression umschlägt oder auch umgekehrt die Aggression plötzlich in eine Depression zurückfällt.

Der Begriff der Autoaggression, der heute in der gesamten Medizin zum Tragen kommt, bezeichnet die zunächst nicht so einfach nachvollziehbare Tatsache, daß man gegen sich selber oder Teile von sich selber aggressiv wird. Wir haben in der Klinik einmal einen Patienten gehabt, der lange so starken Schmerzen im Bein hatte, daß er sich das Bein am liebsten hätte abschneiden wollen. Das ist ein Beispiel dafür, daß man Teile von sich zerstören möchte.

Ein wesentliches Problem bei Depressionen ist der Selbstvorwurf. Das heißt, die Aggression kann sich auch auf Aspekte der eigenen Biographie richten, die man nicht akzeptieren kann und auslöschen möchte. Wenn sich das steigert, kann am Schluß einer schweren Depression durchaus die Selbstzerstörung, der Selbstmord stehen.

Die ausgleichende Kraft des Gemüts

K.-D.N.: Was ist das menschliche Gemüt?

O. Koob: Eine sehr schwere Frage. Sie sprechen damit ein Thema an, über das man in der Psychologie sehr wenig lesen kann und über das man sehr wenig weiß. Der Begriff ist einmalig in der deutschen Sprache und in andere Sprachen kaum übersetzbar, meines Wissens nur mit Ausnahme des Holländischen und Dänischen, wo es Worte mit ähnlicher Bedeutung gibt.

Im deutschen Sprachgebrauch hat der Begriff einen ganz besonderen, auf das seelische Gleichgewicht bezogenen Stellenwert. Das wird deutlich, wenn ich z.B. sage: „Es ist mir gemütlich", oder: „Er ist ein gemütsstarker Mensch", oder wenn man die Depression als Gemütskrankheit bezeichnet.

Wenn man der etymologischen Bedeutung und einer Charakterisierung von Rudolf Steiner folgt, dann kann man sagen, daß die Vorsilbe „ge" ein zusammenfassendes Element und (ahd.) „muot" das Mut- und Willensartige in der Seele bezeichnet. So kann man mit Fug und Recht sagen, daß im Gemüt des Menschen ein Ausgleich der Erkenntniskräfte und Willenskräfte in sehr individueller Art geschieht. In diesem Ausgleich findet die Seele den ihr entsprechenden Bezug zur Welt. Je stärker der Austausch zwischen Mensch und Welt ist, desto stärker bildet sich das Willensartige, das Gemüthafte. Das ist auch eine Aufgabe.

Wenn dieser Austausch mangelhaft ist und der Ausgleich im Gemüt unzureichend stattfindet, führt das zu Vereinseitigungen: Entweder steckt der Mensch dann zu sehr in seinem Intellekt, ist lebens- und weltfremd, oder er lebt zu sehr in seinen Willenskräften. Und so könnte man auch sagen: In der Depression hängt der Mensch zu stark im Gedanklichen, ist der Vergangenheit verhaftet, steckt im Kopf ohne Willen, und in der Aggression lebt er zu stark im Willen, ohne daß der Gedanke hineinleuchtet.

K.-D.N.: Wie kann man das Gemüt nachträglich bilden, wenn durch die Kindheit und die persönliche Entwicklung die Gemütskräfte des Ausgleichs zu schwach ausgebildet sind?

O. Koob: Das ist sicher nicht so einfach. Es hat mal ein Symposium über das Gemüt gegeben, das dann unter dem Titel „Die Verachtung des Gemüts" (Frankfurt 1974) veröffentlicht wurde. Da hat man ganz deutlich herausgearbeitet, daß sich gerade in der frühen Kindheit durch Mythen, Märchen und Weltbezug diese mittlere Kraft des Gemüts bildet.

Das nachzuholen wird später sehr schwierig. Je nachdem, wo der Mensch seelisch steht, wird man zunächst versuchen, seine Seelenkräfte überhaupt zu aktivieren und seine Vergangenheit aufzuarbeiten – also Schmerzen, Schockerlebnisse, Blockaden –, damit im Seelenleben erstmal wieder etwas ins Fließen kommt. Desweiteren kann man durch das künstlerische Element sehr viel erreichen, was wir bei unseren jüngeren Patienten auch in der Drogenklinik erleben. Später wird dann auch die Auseinandersetzung mit geistigen, weltanschaulichen und auch religiösen Fragen folgen müssen, um die Willenskräfte zu aktivieren.

K.-D.N.: Kommt es im Gemüt nicht vordringlich darauf an, daß das Gefühl tätig wird, um einen Ausgleich herbeizuführen? Alles, was der Mensch erkenntnismäßig aufnimmt, wird durch das Gefühl individualisiert und so zu seinem Eigentum. Und über das Gefühl wird die Brücke zwischen Denken und Handeln geschlagen.

O. Koob: Gefühle können im gesunden Sinne nur an der Welt aktiviert werden. Es ist immer die Gefahr im Gefühlsleben, daß das Gefühl in sich selber steckenbleibt und man selbstsüchtig wird. Das würde man aber nicht als Gemüt bezeichnen. Denn beim Gemüt kommt es hauptsächlich darauf an, daß der Mensch auch Gefühle entwickeln kann für das, was in der Welt ist.

Denken Sie an Goethe, den Meister des Gemüts: Wenn er über den Granit oder über Pflanzen spricht, hat er immer einen seelischen Bezug zu den Dingen. Sie sind nicht fern von ihm, er hat aber auch nicht nur etwas Gefühlsmäßiges in sie hineingepreßt, sondern sie sind gewissermaßen Teil seines Wesens und trotzdem selbständig. Das Gemüt ist manchmal schwer zu charakterisieren.

Die Organe sind ein verdichtetes Seelisches

K.-D.N.: Kommen wir zur körperlich-seelischen Ebene der Depression. Wie ist das anthroposophisch-medizinische Organverständnis?

O. Koob: Generell ist es so, daß es in der anthroposophischen Medizin keinen psychophysischen Parallelismus gibt, d.h. daß Organ und Seele nicht nebeneinander existieren, sondern man das Leibliche eigentlich als ein verdichtetes Seelisches bezeichnen könnte. Denken Sie z.B. daran, wie Rudolf Steiner 1911 in der „Okkulten Physiologie" (GA 128) den Organbegriff entwickelt und dazu ein Organ an die Wandtafel zeichnet, das von Lebenskräften, also ätherischen Kräften, Astralischem und Ichhaftem durchdrungen ist.

Wenn man einen Planeten, z.B. den Saturn, am Himmel beobachtet, dann sieht man zwar den äußeren Ort des Saturns, aber das, was Saturnkraft oder Saturnssphäre ist, wirkt im ganzen Weltall. Und so muß man sich auch ein Organ vorstellen. Der Organort Leber ist nur der physische Ort, aber die Lebertätigkeit wirkt sowohl in den anderen Organen als auch in der Seele. Rudolf

Steiner vergleicht das manchmal mit einem Klumpen Eis, der auf dem Wasser schwimmt, und sagt: Wenn wir das Wasser nicht sehen könnten, sondern nur den Klumpen Eis, dann hätten wir ein Organ, aber das Eis ist eigentlich verdichtetes Wasser.

So kann man also ein Organ als ein verdichtetes Seelisches auffassen. Ein Organ braucht einen Lebensleib, und jedes Organ hat auch einen seelischen Aspekt. Das Organ tritt aber erst in den Vordergrund, wenn es krank wird. Dann können wir es überhaupt erst wahrnehmen. Wenn ein Organisches in den Vordergrund rückt oder seelische Aspekte vereinseitigen, dann kann man bei den psychosomatischen Krankheiten die Brücke zwischen dem Seelischen und Organischen studieren: wenn ich z.B. etwas „nicht schlucken kann", wie man sagt, und plötzlich eine Angina bekomme oder mir etwas „an die Nieren geht" und ich plötzlich Nierenprobleme bekomme.

K.-D.N.: Können Sie anhand eines Beispiels zeigen, wie die einzelne Organtätigkeit im gesamten Organismus wirkt?

O. Koob: Da ist uns die asiatische Medizin oft voraus, weil sie noch die feineren Wirkungen der Organtätigkeiten im Gesamtorganismus kennt. Ich gebe einmal ein typisches Beispiel für eine Leberfunktionsstörung: Ein Patient kommt zu uns, der bestimmte Dinge nicht mehr verträgt, unter Blähungen leidet, Wechsel hat zwischen Durchfall und Verstopfung, mißmutig morgens aufwacht, sehr oft wach wird zwischen 2 und 4 Uhr morgens, der manchmal einen bitteren Geschmack im Mund hat, vermehrten Durst, vielleicht auch Sehstörungen.

Das sind alles Lebersymptome. Die Leber muß rein organisch gesehen, von den Leberwerten her, noch gar nicht krank sein. Anthroposophisch ausgedrückt sind das Störungen, die noch im Funktionell-Ätherischen, also im Bereich der Lebenskräfte liegen. Bevor diese Funktionsstörungen organisch manifest werden, zeigt sich die Leber in verschiedenen Symptomen, manchmal auch als Hautkrankheit, indem der Hautturgor, das Hautwasser sich verändert.

K.-D.N.: Würde man dann schon die Leber behandeln?

O. Koob: Ja. Das ist die große Domäne der Homöopathie und der anthroposophischen Medizin, diese Störungen schon im Vorfeld zu erkennen und sie mit entsprechenden mineralischen, pflanzlichen oder tierischen Mitteln zu behandeln. Es gibt in der Homöopathie und auch in der anthroposophischen Medizin keine nur klassisch-leiblichen Symptome, man wird immer auch auf die seelischen Aspekte schauen. Denken Sie an ein homöopathisches Arzneimittelbild, da haben Sie bei den Leitsymptomen immer auch seelische Aspekte: bestimmte Ängste oder andere Gemütszustände. Auch bei der Depression behandeln wir gleichzeitig das Organische, besonders mit den Metallen, und das Seelische.

Das Organische kann rein seelische Symptome erzeugen

K.-D.N.: Daß das Seelische auf das Organische wirkt, einem „eine Laus über die Leber läuft" etc., findet man als Redewendung in der Sprache vielfältig wieder. Ungewöhnlich ist die umgekehrte Vorstellung, daß nämlich Organisches in der Seele rein seelische Symptome erzeugen kann. Wie ist das zu erklären, daß innere Organe seelische Einwirkungen früherer Jahre – z.B. der Kindheit und Jugendzeit – in bestimmten Lebensphasen in die Seele zurückspiegeln?

O. Koob: Das ist sozusagen das Herzstück der anthroposophischen Medizin. Sie haben Recht: Da unsere Seele uns erstmal näher steht als unser organischer Leib, ist es auch leichter einzusehen, daß ein seelisches Problem auf das Organische schlägt. Weil die Organe für uns gar nicht erfaßbare Wesen sind und wir auch einen viel zu materialistischen bzw. zu physischen Organbegriff haben, können wir uns auch nicht so leicht vorstellen, daß aus einem so relativ kleinen Organ wie der Milz oder dem Herz Beeinträchtigungen in unserem Seelenleben entstehen, die überdimensional sind und unsere ganze Biographie beeinflussen.

Das läßt sich nur verstehen, wenn man die entsprechenden Ausführungen Rudolf Steiner in der Pädagogik und Medizin hinzuzieht. Um es kurz zu sagen: Ab einem gewissen Alter stellt sich beim Kind ein Teil der organischen Lebenskräfte für das Seelenleben zur Verfügung. Organische Tätigkeit wandelt sich also in Seelisches um. Die Brücke zwischen Seele und Organ bleibt aber immer bestehen.

Es gibt von anthroposophischer Seite auch Untersuchungen, die herausarbeiten, wie sich die Funktionen von Lunge, Leber, Herz usw. ins Seelische spiegeln. Das ist auch eines der großen Anliegen der anthroposophischen Psychiatrie. Da sind wir aber erst am Anfang. Wir haben hier noch nicht so viele Forschungsresultate, weil das auch nicht so einfach ist. Denn dazu müssen neue Untersuchungskriterien entwickelt werden, weil sich diese Wirkungen den relativ groben biochemischen Untersuchungen entziehen. Hier müssen noch ganz andere Beobachtungen gemacht werden.

Wenn die Lunge zu sehr Erde wird

K.-D.N.: Wie kommt es zu krankhaften Erscheinungen in der Seele, die von den Organen ausgehen?

O. Koob: Das hat auch mit Vereinseitigungen zu tun. Ich will einmal ein Beispiel geben: Ich bin jetzt gerade dabei, Biographien zu untersuchen, um Rudolf Steiners These zu verifizieren, daß die Lunge – ich kann das jetzt nicht alles im einzelnen erklären – gewissermaßen identisch ist mit allem, was wir als Erde bezeichnen. Nach Steiner inkarnieren wir uns auf der Erde in die Lunge. Bei Krankheiten ist es so, daß es kein Organ gibt, das so stark auf geographische Verhältnisse anspricht wie die Lunge. Also, wenn jemand Asthma, Tuberkulose oder Bronchitis hat, dann überlegen wir uns als erstes, wo wir den Menschen hinbringen. Dabei spielt z.B. der Granit eine große Rolle.

Rudolf Steiner spricht davon und sagt: Wenn die Lunge zu sehr Erde wird, dann spüren wir das im Seelenleben als Zwang. Im Seelischen mineralisiert sich dann etwas. Beim Asthmatiker z.B. läßt sich das sehr gut zeigen. Wenn Sie demgegenüber an die Tuberkulose denken, an die Schwindsucht, dann verläßt der Mensch zu sehr die Erde.

Die Lunge ist unser stärkstes Umweltorgan. Durch die Ein- und Ausatmung kommunizieren wir ständig mit der Welt und teilen die gleiche Luft mit den Mitmenschen, insofern ist sie auch unser soziales Organ. Da sind wir auch am ungeschütztesten.

Rudolf Steiner nennt die Lunge manchmal das Organ des Zwiespaltes, des Zweifels. Aus Erfahrung kann ich sagen, daß viele Lungenkranke Skeptiker sind, die im Grunde genommen etwas festhalten. Bei der Untersuchung von Biographien bin ich auf Robert Louis Stevenson gestoßen, den berühmten Autor der „Schatzinsel", aber auch des „Dr. Jekyll and Mr. Hyde". Er war ganz schwer lungenkrank. Wie kommt er dazu, diese Geschichte einer Spaltung, einer Entzweiung zu schreiben? Das wäre einmal eine ganz interessante Untersuchung. Ich denke, das ließe sich auch aus seiner organischen Krankheit heraus erklären.

K.-D.N.: Sie sagten gerade, Steiner hätte gemeint, die Lunge sei das Organ des Zweifels. In Ihrem Buch schreiben Sie aber, das Herz-Lungen-System, also beides zusammen, sei das Organ des Zweifels.

O. Koob: Ja, er differenziert das nicht so und spricht tatsächlich auch vom Herz-Lungen-System. Ich denke, daß das Herz insofern auch dazugehört, weil es das innerste Organ ist, das wir haben, und die Lunge das äußerlichste Organ. Ich könnte mir vorstellen, daß zwischen diesem Verinnerlichen und Veräußerlichen die Problematik liegt.

K.-D.N.: Für unser Thema ist weiter von Bedeutung, inwiefern zwischen Denken und Fühlen der Zweifel sitzt. Wie kann durch den Bruch zwischen diesen beiden Seelentätigkeiten Verzweiflung entstehen?

O. Koob: Rudolf Steiner nennt mal im Zusammenhang mit dem „Parzival" das Verhältnis von Denken und Fühlen die eigentliche Amfortas-Wunde in uns. Sie ist ganz einfach dadurch charakterisiert, daß der Mensch zwischen dem, was er fühlt, und dem, was er denkt, immer einen Zwiespalt fühlt.

Man kann sich vorstellen, daß dieser Zwiespalt immer größer wird, wenn ein Mensch z.B. gezwungen ist – denken Sie an die Magersucht –, ständig gewisse Dinge nach außen zu vollziehen, die innerlich seinem zentralen Gefühlswesen entgegengesetzt sind. Man kann diesen Bruch vielleicht eine Zeitlang kaschieren, aber wenn die Entzweiung immer größer wird, dann hat man schließlich dieses Zerrissenheitsgefühl. Der Zweifel wird zur Verzweiflung.

Aus der Verzweiflung, wenn sie nicht aufgearbeitet oder gelöst werden kann, kann dann entweder ein Anstürmen gegen die Welt resultieren, so daß man versucht, eine Situation auch durch Aggression zu ändern, oder man fällt in sich zurück, resigniert und entwickelt eine Depression.

K.-D.N.: Können Sie das in bezug auf die Magersucht nochmal konkretisieren, inwiefern jemand etwas nach außen tun muß, was mit dem Inneren nicht zusammenklingt?

O. Koob: Das gilt auch generell. Es gibt ein Familienmilieu, in dem der Mensch gefordert ist, gewisse Dinge zu zeigen, zu tun oder zu sagen, die mit seinen eigenen Gefühlen nicht übereinstimmen. Er zieht sich mit seinem Gefühl immer heraus. Man kennt das nun bei der Entstehung der Magersucht, daß das Kind belohnt wird, wenn es sich so verhält, wie es die Umgebung von ihm verlangt. Innerlich kommt es aber zu einem Rückzugsmanöver. Das meine ich.

„Wir sehen immer nur den Hut"

Zwischen den Anforderungen von außen und dem, was man in seinem eigenen Gefühl und Gemüt spürt, was man vielleicht auch mitbringt an Sehnsüchten, wird die Kluft immer größer, und das halten manche Menschen nicht aus. Es ist interessant, daß viele Menschen, mit denen ich gesprochen habe, auch die Studenten in Ottersberg, das als eine gravierende Zeitsignatur sehen. Die Studenten haben immer ein großes Interesse, sich mit der Schizophrenie zu beschäftigen, weil sie spüren, daß es heute zwischen dem, was der Mensch denkt, und dem, was er eigentlich fühlt, enorme Unterschiede gibt.

K.-D.N.: „The world is so cold, cares nothing for your soul", so ein Liedtext von Van Morrison. Der Text gibt das Gefühl vieler Menschen wieder, daß sie heute in einer Welt leben, in der ihre Seele gar keine Berücksichtigung findet. Sie müssen ständig ihren eigenen Gefühlen entgegengesetzt handeln oder können sie zumindest nicht zur Geltung bringen.

O. Koob: Für mich war eine Erkenntnishilfe, daß Rudolf Steiner einmal – auch in bezug auf die Jugendproblematik – vom inneren und vom äußeren Menschen gesprochen hat. Wir sehen ja meistens nur den äußeren Menschen.

Ich sage das einmal im Bild von Saint-Exupéry: Wir sehen immer nur den Hut und nicht den Elefanten in der Schlange, wie in „Der kleine Prinz". Wir schauen nicht auf das, was eigentlich im Inneren eines Menschen mitkommt. Man hat ein Bild vom Menschen und interessiert sich meist gar nicht für das, was der Mensch wirklich will. Manchmal ist das ja sehr absonderlich. Ich denke, im Bemühen um den inneren Menschen liegt auch eine ganz wichtige antidepressive Prophylaxe.

Auch in der Therapie muß natürlich ein Interesse dafür da sein, was ein Mensch in seinem Leben überhaupt gewollt hat und wer er wirklich ist. Ist er vielleicht in einer Situation gewesen, die mir vielleicht gutgetan hätte, aber für ihn ein Horror gewesen ist, z.B. als Kind fünf Jahre auf dem Bauernhof gelebt zu haben? Normalerweise geht man davon aus, daß das toll sein muß.

Das Wirken der Seele auf die Organe in der Kindheit

K.-D.N.: Ein Teil der Frage zur Wirkung der Organe in die Seele hinein ist noch offen. Mir wäre noch der Aspekt wichtig, daß es nicht von irgendwo her geschieht, daß Organe seelische Symptome bzw. Störungen erzeugen, sondern daß das – wie Rudolf Steiner es nennt – „unordentliche Hereinwirken der Seele" auf die Organe vorangegangen ist. Also das ist das Primäre.

O. Koob: Das ist eine Aussage Steiners im ersten Medizinerkurs von 1920 (GA 312), die ich einmal kurz wiedergeben kann. Wir wissen, daß im ersten Lebensjahrsiebt das Äußere in die Organe hereinwirkt und sie mit aufbaut. Sie sind also noch nicht fertig. Steiner bezeichnet das einmal so, daß das Kind das ganze Äußere bis in die tiefsten Tiefen seiner Organe hinein konsumiert. Die Organe bauen sich also auch aus den seelisch-peripheren Erlebnissen des Kindes auf. Die Eindrücke, die das Kind konsumiert, wirken auf die Organbildung ein.

Nach den ersten sieben Jahren befreit sich ein Teil der organischen Lebensbildekräfte – Ätherisches, aber auch Astralisches – aus den Organen und steht dann der seelischen Entwicklung zur Verfügung. Organisches wird Seelisches, so daß sich ein unordentliches Hereinwirken der Seele auf die Organe im ersten Lebensjahrsiebt dann später krankhaft bzw. störend in das Seelenleben hineinspiegeln kann.

Möglicherweise kommt diese Wirkung aber auch erst durch äußere Ereignisse und Anlässe zum Tragen. Das könnte dann zur Erklärung der endogenen Depression beitragen, bei der durch kleine Anlässe plötzlich von innen starke Depressionen auftauchen, die gar nicht durch diese äußeren Ereignisse verstehbar sind.

K.-D.N.: Trifft das auch auf das Erwachsenenleben zu, daß durch unordentliches Hereinwirken der Seele Prägungen der Organe vorgenommen werden, die dann wiederum zu Rückspiegelungen führen?

O. Koob: Ich glaube nicht. Das ist ein Ereignis in früher Kindheit. Zum Erwachsenwerden gehört nun mal, daß das Organ in seiner inneren Struktur fertig ist und das Seelische ganz frei wird für den oberen Menschen. Natürlich gibt es auch besondere Fälle von Regressionen, in denen keine genügende Befreiung aus den Organen geschieht. Aber normalerweise ist es so, daß das Seelische sich befreit und das Organ dann auch in seiner inneren Struktur geschützt ist.

K.-D.N.: Müssen solche frühen Belastungen der Organe später unbedingt zu seelischen Erkrankungen führen?

O. Koob: Nicht unbedingt. Einwirkungen in der Kindheit – z.B. durch Unterdrückung der Willenskräfte oder durch einen stark jähzornigen Elternteil – können, aber müssen nicht zu organischen Störungen führen. Und auch, wenn etwas organisch manifest geblieben ist, ist es möglich, daß es rein organisch bleibt.

Die Tränen der Leber

K.-D.N.: Gehen wir weiter zur Betrachtung einzelner Organen, die für das Thema der Depression relevant sind. Ich denke besonders an Leber, Galle, Milz und Nieren. Sehen wir zunächst einmal auf Milz und Galle. Was hat die Milz mit dem melancholischen Temperament zu tun, und wodurch ist das melancholische Temperament überhaupt charakterisiert?

O. Koob: Das melancholische Temperament ist – wörtlich übersetzt – das schwarzgallige Temperament. In der antiken Medizin betrachtete man die Milz als Ursache der schwarzen Galle und als Saturnorgan, d.h. die Milz hat auch die Aufgabe, den Menschen nach außen abzuschirmen, auch organisch. Alles mögliche dringt in den Menschen ein, und er braucht einen Innenraum, in dem sein Ich sich inkarnieren kann, im Gegensatz zum Nicht-Ich, zu dem, was außen ist. Diese Sphäre abzuschirmen – so die alte okkulte Medizin – ist Aufgabe der Milz. Wir wissen heute, daß die Milz auch ein ganz entscheidendes Immunorgan ist.

Denken Sie jetzt an das englische Wort „Spleen", das heißt übersetzt Milz. Wenn der Mensch eine zu starke Milztätigkeit hat, dann ist er zu sehr in sich selbst abgesondert, zu eigenwillig und eigensinnig. Ein Mensch kann sich zu sehr in sich selber verfangen und aus dem Allgemeinen herausfallen. Das wäre das saturnische Element, das schwere, verhärtende, isolierende Element, das mit der Milz und der Melancholie zusammenhängt.

Demgegenüber hat die Lebergalle, die feurige, gelbe Galle, mit der Aktivität zu tun. Die Galle ist ein Tatorgan. Wir müssen – wie Steiner das nennt – immer etwas gallig sein, im gesunden Sinne auch ein wenig aggressiv. Das hängt mit der Cholerik zusammen.

Wenn die Galle nicht richtig fließt, es zu Stockungen kommt, beginnt dieser Prozeß in der Milz, denn die Milz zerstört das Blut, führt es in die Leber über, und aus diesem Blut wird schließlich auch ein Teil der Gallenflüssigkeit. Die Milz tötet das lebendige Blut, in der Leber wird es weiterverarbeitet und tropft dann sozusagen als bittere Galle herauf. Steiner gibt dafür ein schönes Bild: Die Leber wäre eigentlich ein viel kosmischeres Organ, sie ist aber immer an die Ernährung und dadurch an die Leidenschaften des Menschen gefesselt. Und das behagt ihr nicht. Weil sie irdisch gefesselt wird, weint sie immer bittere Tränen. Und das ist die Gallenflüssigkeit.

K.-D.N.: Können Sie einmal skizzieren, wie die Leber mit dem Willen des Menschen zusammenhängt?

O. Koob: Die Leber ist nicht nur ein Lebens- und Aufbauorgan, sondern auch ein Wasserorgan. Wasser ist fließend, und dem Fließenden entspricht in der menschlichen Seele das Gemüt. Das vorstellende Denken ist das mineralisierende Element in der Seele, das Gemüthafte das fließende. Die Russen nennen die Leber „Petschen", „das kleine Öfchen", und bringen damit den Zusammenhang mit der Wärme zum Ausdruck.

Wenn die Leber nicht richtig funktioniert, gehen die ganzen Lebens- und wässerigen Vorgänge in die Erstarrung über. Daß die Lebensfunktionen geschwächt sind, ist auch eines der ersten Symptome, die wir bei der Depression haben: Die Menschen können sich einfach nicht mehr aufraffen, sie kommen morgens nicht mehr aus dem Bett etc.

K.-D.N.: Steiner sagt dazu im „Heilpädagogischen Kurs":

„Die Leber [...] ist [...] dasjenige Organ, das dem Menschen die Courage gibt, eine ausgedachte Tat in eine wirklich ausgeführte umzusetzen. [...] Sehen Sie, so etwas enthüllt sich manchmal auf eine merkwürdige Weise, wenn eine Stockung des Willens auftritt. Wenn aber so etwas auftritt, dann liegt immer ein feiner Leberdefekt vor. Die Leber vermittelt immer das Umsetzen der vorgenommenen Ideen in die durch die Gliedmaßen durchgeführten Handlungen. So ist jedes Organ dazu da, irgend etwas zu vermitteln." (GA 317/1979/25.06.1924/S.22)

Welche Rolle spielt dabei der Zucker?

O. Koob: Die Leber hat eine wichtige Funktion als Zuckerorgan. Sie verwandelt den Zucker und speichert ihn. Dadurch haben wir überhaupt die Möglichkeit, daß die Muskulatur arbeiten kann und wir denken können. Durch den

MELANCHOLIA.

Hienauß/dortnauß/mein sinn sich senckt/   Vnd manche seltzam Kunst erdenckt.
Bist du mein freundt/thu mich nicht jrren/   Sonst wirstu mir mein Hirn verwirren.

Mir bringt kein freud d der Kinder schreyen/   Der Hüner getzen/Eyer legen.
Laß mich nur bleiben bey meim sinn/   Sonst wirstus haben klein gewin.
***

Melancholie, Frankfurt 1589

Zucker kann sich das Ich inkarnieren, wir spüren das als Willenskraft. Was die Muskulatur verbrennt, wenn wir uns bewegen, das stellt ihr die Leber zur Verfügung. Insofern hat die Leber auch tatsächlich mit Willenskräften, mit Aktivität zu tun.

Und seelisch gesehen heißt das: Wenn ich etwas ausdenke, eine Idee habe, muß da ein Willensaspekt rein, sonst bleibt es im Kopf hängen.

Das dumpfe Augenpaar der Nieren

K.-D.N.: Kommen wir zu den Nieren. Welche Aufgaben haben sie, und in welchem Zusammenhang stehen sie mit der Depression?

O. Koob: Die Nieren sind ein ganz reines astrales Organ. Sie befinden sich außerhalb des Bauchraums und gehören nicht mehr zu den eigentlichen Stoffwechselorganen.

In dem Vortragsband „Eine okkulten Physiologie" (GA 128) sagt Rudolf Steiner, daß wir die Nieren deswegen haben, weil wir in unserem Leib individuell ausgleichen müssen. Das Herz gleicht uns objektiv zwischen Kosmos oder Schicksal und unserer Persönlichkeit auf der Erde aus, und die Niere als persönlichstes Organ gleicht uns individuell aus. Wenn ich sage: „Das geht mir an die Nieren", oder: „Herr, prüfe mich auf Herz und Nieren", dann klingt das auch an.

Die Niere hat sehr stark mit dem Stickstoffprozeß zu tun, auch mit dem Seelischen, und wenn die Nierentätigkeit nicht richtig vollzogen wird, tauchen Ausscheidungsprobleme auf, sowohl organisch als auch seelisch. Alles Überflüssige, das nach außen müßte, auch die Gefühle, staut sich. Der Mensch bekommt dann eine seelische Dumpfheit. Dieses Gestaute, Dumpfe – Steiner nennt die Niere auch Organ der Tumbheit – führt dazu, daß der Mensch in seinem eigenen Seelenleben absäuft.

K.-D.N.: In den Giften?

O. Koob: Ja, in den alten Gefühlsgiften. Wenn ein Patient wieder in alte Strukturen verfällt, die ihn einmal vergiftet haben, seine Gefühle zurückhält, sie gewissermaßen staut, kann sich das interessanterweise in einer Harnverhaltung ausdrücken, die auf einmal auftritt. Wenn man das Organ dann mit anthroposophischen Heilmitteln wieder zum Funktionieren bringt, lichtet sich auch das Seelische wieder auf.

K.-D.N.: Was bedeutet es, daß Sie in Ihrem Buch die Nieren als dumpfes Augenpaar bezeichnen, das nach innen die Stoffwechselvorgänge wahrnimmt?

O. Koob: Man kennt aus der psychosomatischen Medizin den Zusammenhang zwischen den Augen und den Nieren. Wenn z.B. ein Mensch Emotionen hat und weinen müßte und er die Tränen unterdrückt, führt das oftmals zu einer Harnflut. Er muß also dauernd auf die Toilette. Und wenn sich dann die Emotionen, die Tränen lösen, dann hört auch die Harnflut auf.

Die Augen schauen in die Sinneswelt, und die Nieren mit den Nebennieren – im Zusammenhang mit dem Blutdruck z.B. und dem ganzen Vegetativen –, schauen das Problem und die ganzen Funktionen im Bauchraum an. Das habe ich in ein Bild gebracht, die Nieren sind sozusagen seelische Augen.

Elemente leiblicher Therapie

K.-D.N.: Warum bedarf es bei der Depression oft einer begleitenden leiblichen Therapie und medikamentösen Behandlung?

O. Koob: Die Bezeichung Depression ist ja zunächst einmal eine Abstraktion. Wenn man voraussetzt, daß Leib und Seele einen Zusammenhang haben, und daß das, was dem Leib guttut, immer auch der Seele guttut und umgekehrt, wird man sich immer auch von den leiblichen Symptomen leiten lassen müssen. Ich gebe ein Beispiel, das jeder kennt: In der Depression ist sehr oft der Wärmeorganismus gestört. Und man spürt unmittelbar, daß eine Besserung eintritt, wenn man dem Menschen Wärme zuführt, z.B. auch durch Eigenbewegung.

Die Organe müssen wieder richtig arbeiten, und die Entgiftung, die Ausscheidungen müssen funktionieren. Denken Sie nur, was die chinesischen Ärzte oder unsere Vorfahren noch für einen Begriff von der Entgiftung hatten. Ich habe einmal mit indischen Ärzten gesprochen und auch mit einem schamanischen Heiler aus Amerika. Für sie ist es ganz eindeutig, daß bei allen seelischen Störungen erst einmal eine leibliche Entgiftung, eine Reinigung stattfinden muß.

Und dazu haben wir gerade durch die Homöopathie und die anthroposophische Medizin die Möglichkeit. Wenn wir das Leibliche behandeln – ich denke jetzt besonders an die Metalle –, können wir gleichzeitig auch immer das Seelische mitbehandeln. Also, das ist meines Erachtens eine dringende Notwendigkeit, die in der klassischen Medizin zu wenig berücksichtigt wird.

Licht und Wärme

K.-D.N.: In welche Richtung muß die Therapie gehen? Warum sind Wärme und Licht so wichtig?

O. Koob: Weil das zwei kosmische Elemente sind, die mit unseren Gesundheitskräften und mit der Leichte zu tun haben. Die Wärme in unserem Organismus entspricht der Tätigkeit unseres Ich. Licht und Wärme haben mit unserem höheren Wesen zu tun, während das wässerige und das irdische Element, das auch mit der Schwerkraft zu tun hat, mehr die Erdenseite repräsentieren.

Wir haben bei jeder Depression ein Nachlassen der Lichtkräfte im Seelischen, manchmal sogar auch im Leiblichen, so daß die Betreffenden dumpf aussehen und kein Licht mehr in den Augen haben. Man sagt ja auch: Das innere Licht ist erloschen. Und wir haben die Wärmedefizite, die man auch psychisch verstehen kann. Dann wäre Wärme etwas, das vom Menschen wegströmt, sich mit der Welt verbindet. Liebeskräfte sind z.B. Wärmekräfte. Da liegt also ein Defizit.

Ich habe mir gedacht, daß aus der Natur und im Menschen selber etwas entwickelt werden muß, um generell der Vereinseitigung in der Depression, der Dunkelheit und Schwere, etwas Adäquates entgegenzusetzen.

K.-D.N.: Wie behandeln Sie die einzelnen Organe bei einer Depression?

O. Koob: Da gibt die anthroposophische Medizin z.B. Metalle, die zu bestimmten Planetenkräften und dadurch auch zu den jeweiligen Organen eine Beziehung haben, also z.B.: Zinn – Jupiter – Leber, Blei – Saturn – Milz. Da gibt es dann auch noch entsprechende Pflanzen. Man kann durch die Metalltherapie das Organ wieder an die gesundenden Planetenkräfte anschließen.

Für die Niere wäre z.B. der Kupferprozeß besonders wichtig, das durchwärmende Element und die Venus. Die Niere wird in der psychosomatischen Medizin als Partnerorgan bezeichnet. Und die Venus hat ja auch sehr stark mit der Liebe und den Gefühlskräften zu tun.

Bei der Galle ist es der Eisenprozeß, der Marsprozeß der Aktivität. Die entsprechende Pflanze wäre z.B. Schöllkraut, das die Galle reguliert.

Vorbeugung und aufbauende Maßnahmen

K.-D.N.: Das sind im einzelnen Medikationen, die in der ärztlichen Hand bleiben müssen. Welche Maßnahmen kann jeder bei leichteren Störungen unbedenklich für sich durchführen?

O. Koob: Wenn man erlebt, daß sich Gedanken im Kopf festsetzen und man immer wieder in die Vergangenheit gezogen wird, dann kann man z.B. den Ausgleich in der Bewegung suchen. Da gibt es eine ganze Palette von Möglichkeiten: Radfahren, Wandern, Spazierengehen, Gartenarbeit, also alles, was den Menschen in Bewegung bringt. Manche Patienten sagen: „Wenn ich im Garten grabe, dann geht es mir sofort besser."

K.-D.N.: Für mich ist der Aspekt wichtig, daß man bei anstrengender Bewegung – das kann auch eine sportliche Tätigkeit sein – eine Art Befreiung erleben kann, weil man einen Schritt der Überwindung schafft.

O. Koob: Sicher. Die Bewegungskultur ist notwendig zum Ausgleich gegen die Erstarrung des Seelisch-Gedanklichen. So sollten z.B. auch Menschen, die viel mit dem Kopf arbeiten – darauf hat auch Steiner hingewiesen –, sich viel körperlich bewegen, um diesem Ungleichgewicht vorzubeugen. Gerade auch Menschen, die sich sehr viel mit geistigen Dingen beschäftigen, leiden manchmal an subdepressiven Stimmungen, weil sie sich den Kopf voll lesen und oft auch bewegungsfeindlich sind.

K.-D.N.: Sie nennen in Ihrem Buch noch die positiven Elemente von Schwitzen und Wärme, die sich durch eine anstrengende Bewegung einstellen. Wäre demnach auch Saunen ganz gut?

O. Koob: Das ist eine passive Form des Schwitzens, besser wäre noch die aktive durch die Bewegung. Aber Saunen ist natürlich auch angenehm und seelisch entspannend.

K.-D.N.: Thomas von Aquin empfiehlt Baden, Schlafen und das Anschauen der Leiden des Herrn. Sie empfehlen nun speziell Rosmarinbäder. Warum?

O. Koob: Rosmarin ist eine südliche Pflanze mit starken ätherischen Ölen. Wir wissen aus der Naturheilkunde, daß Rosmarin durchblutungsfördernd ist, den Wärmeorganismus anregt, den Kreislauf stabilisiert. Rudolf Steiner spricht auch von einer Ich-Stärkung, also wenn man Rosmarin innerlich oder als Bad anwendet, stärkt man über die ätherischen Öle seine Ich-Organisation. Rosmarin hat auch einen sehr anregenden Geruch.

K.-D.N.: Worauf muß man bei der Auswahl von Pflanzen achten? Warum wird z.B. häufig Johanniskraut empfohlen?

O. Koob: Zunächst sieht man selbstverständlich auf die Inhaltsstoffe, die eine Pflanze bildet. Darüber hinaus betrachtet man, zu welchen Qualitäten – z.B. Licht und Wärme – eine Pflanze eine Beziehung hat, in welcher Umgebung sie wächst oder was sie im Jahreslauf zeigt.

Johanniskraut ist eine Pflanze, die zu Johanni blüht und Öle entwickelt, die den Menschen lichtaufnahmebereiter, manchmal sogar lichtempfindlich machen. Wir wissen heute auch aus der Naturwissenschaft, daß der Mensch tatsächlich einen Lichtorganismus hat. Und Rudolf Steiner weist darauf hin, daß der Mensch auch inneres Licht bildet. Johanniskraut macht den Menschen lichtoffener, es gibt ihm organisch das Licht, das er in der Depression innerlich nicht entwickeln kann.

K.-D.N.: Desweiteren empfehlen Sie Honig.

O. Koob: Ja. Über die Bedeutung des Zuckers haben wir schon gesprochen. Denken Sie jetzt nur daran, wie Menschen, die zu melancholischen Stimmungen neigen, sofort Zucker essen, aus Liebeskummer zur Schokolade greifen usw. Der

Körper holt sich etwas Süßes, um die Ich-Organisation ein wenig zu befriedigen und zu stärken.

Und ich denke, daß Honig der bessere Zucker ist. Der normale Rübenzucker ist degeneriert und kommt aus der Wurzel, die eine Beziehung zum Erdreich hat. Demgegenüber geht der Honig aus der Blüte hervor und ist daher – ähnlich wie z.B. das Olivenöl – eine Substanz, die an Licht und Wärme gebildet wird. Honig hat einen ichstärkenden Aspekt, ist auch ein gutes Lebermittel, da er leicht verstoffwechselt wird.

K.-D.N.: Insgesamt sagen Sie, daß zur Ernährung eine vegetarische Milch- und Pflanzendiät gut sei.

O. Koob: Wir wissen, daß eine Eiweißernährung, besonders mit tierischem Eiweiß, das Blut dickflüssig, den Menschen schwerer macht. Er gibt sich also noch mehr den Schwerekräften hin, wenn er z.B. Fleisch und Kartoffeln ißt.

Ich will nicht behaupten, daß es eine Antidepressions-Diät gibt, aber eine Ernährungsumstellung wäre sicher eine Mithilfe, um den Menschen durch das Vegetarische und besonders durch die Milch wieder für den Kosmos aufzuschließen. Ich bin darauf gekommen, als ich einmal gelesen habe, daß die indischen Heiler sich nur von Milch und Früchten ernährt haben, um ihre kosmischen Kräfte zu bewahren. Und es ist bestimmt angeraten, dem Oberirdischen, das zur Sonne und zum Kosmos eine Beziehung hat, den Vorrang zu geben – Milch und Honig, wie es im Alten Testament heißt. Die Milch ist eine vermittelnde Substanz zwischen Kosmos und Erde.

K.-D.N.: Den Hafer heben Sie noch besonders hervor.

O. Koob: Ja, denn Hafer enthält viel Phosphor, und Phosphor ist der Lichtträger. Man kennt den Ausdruck „Ihn sticht der Hafer". Hafer macht also ein bißchen cholerisch, wie wir das auch von den Pferden kennen.

K.-D.N.: Dann erwähnen Sie unter anderem noch das Magnesium.

O. Koob: Das Magnesium ist in der Medizin als ein Metall bekannt, das zu den Lichtkräften eine besondere Beziehung hat. Wer einmal gesehen hat, wie Magnesium brennt, der weiß, daß es heller ist als Sonnenlicht. Es kommt auch im Chlorophyll, im Blattgrün, vor, dem Lichtträger in der Natur. Man setzt es heute auch zur Herzinfarktprophylaxe ein, bei Verhärtungen generell, auch zur Krebsprophylaxe oder -nachbehandlung. Gegen alles, was ins Dunkle, Sich-Absondernde geht, ist Magnesium eine durchstrahlende, durchlichtende und erlösende Substanz.

Grundzüge seelischer Therapie

K.-D.N.: Kommen wir zur seelischen Therapie. In Ihrem Buch ist die Problemstellung der seelischen Therapie in bezug auf neurotische Depressionen ganz gut umrissen, und ich möchte diese Textstelle zitieren, weil dort vieles erwähnt wird, das einem aus dem alltäglichen Leben recht bekannt vorkommt:

„Unaufgearbeitete Seelenreste, Schockerlebnisse, bestimmte 'unverdaute' Verletzungen aus der Kindheit, die sogenannten 'neurotischen' Störungen, ziehen den Patienten immer wieder vom Momentanen und gesund Spontanen ab und lassen ihn verletzlich, unreif und widersprüchlich, eben 'regressiv', d.h. rückwärtsgewandt erscheinen.

Seine mehr infantil gebliebene 'Liebe' ist nicht frei von Selbstsucht (trotz anderweitiger Beteuerungen), sondern 'besetzt' gewissermaßen selbstisch (narzißtisch) das Gegenüber oder sucht sich anderweitige Ersatzstücke. Er wird somit zum seelischen 'Konsumenten', der aus mangelndem Ichempfinden und Selbstbewußtsein alles äußere überbewertet, davon abhängig bleibt und in dauernder Verlustangst lebt. Man sieht, wie ähnlich diese Strukturen denen der frühen Kindheit sind – nur daß es da 'normal' ist. Dies ist übrigens auch das Anstrengende und oftmals Aussaugende in der Arbeit mit solchen Menschen. Je mehr man für sie tut, desto undankbarer reagieren sie oft. Dieses Sich-'Einverleiben' des oder der anderen ('ohne Dich kann ich nicht leben', 'Du bist mein ganzer Lebensinhalt' etc.) ist aber Ausdruck der Angst vor der Selbstwerdung und verantwortlichen Eigenständigkeit. Sie führt dann zu bestimmten Formen erpresserischer Liebe und Tyrannei, die sich hinter einer Depression als Druckmittel verbirgt. Wir finden auch aus Mangel an Auseinandersetzungsvermögen ein fast krankhaftes Harmoniebedürfnis, zu dem der Betroffene meistens am wenigsten beiträgt.

Manche Patienten laufen mit permanenten Selbstvorwürfen und Schuldgefühlen herum, weil sie sich in früher Kindheit als Last empfanden, also die 'Ungeliebten' und 'Überflüssigen' waren. Ein sehr großes Problem ist der Charakterzug, immer andere oder äußere Situationen für seine momentanen Probleme und Stimmungen verantwortlich zu machen. Es gibt Patienten, die darin eine wahre Meisterschaft entwickelt haben. Würden sie doch diese Energie für sich im positiven Sinne benutzen. Alle diese genannten seelischen Störungen werden als 'neurotische Depressionen' bezeichnet."

Und etwas weiter:

„Schuldgefühle sich selbst oder anderen gegenüber können nur dadurch abgebaut werden, daß man willens ist, aus dem Vergangenen zu lernen, um es in

Zukunft besser zu machen, und indem man sich eingesteht, daß keiner im Leben frei von Sünde sein kann. Das dauernde Verdrängen des Unguten und Sündigen kann auch ein wesentlicher Grund für depressive Stimmungen sein. Viele Depressive leiden an sich selber, weil sie eine überzogene und überwertige Vorstellung von sich haben, ein 'Ich-Ideal', die Vorstellung der 'Grandiosität' (A. Miller), die angeblich deshalb nicht zum Tragen kommen kann, weil die 'anderen' sie nicht erkennen oder sogar verhindern." (Olaf Koob: Die dunkle Nacht der Seele. Wege aus der Depression. Stuttgart 1994, S.64 ff.)

Was ist in Anbetracht dieses Spektrums von Erlebnissen und Verhaltensweisen die vordringliche Aufgabe der seelischen Therapie?

O. Koob: An diesem, im Text beschriebenen Verhalten wird das Auseinanderklaffen von Ideal und Wirklichkeit besonders deutlich. Diese Diskrepanz habe ich bei Betroffenen sehr oft erlebt. Es ist wie das Verhalten des Diogenes in der Tonne: Man zieht sich aus dem Leben zurück, stellt sich das Leben und die Welt so vor, wie sie sein sollten, hat aber nicht die Willenskraft, auch nicht den Mut, gestaltend und verändernd ins Leben einzugreifen.

Wenn man sich immer so nimmt, wie man ist, und die Welt immer anders haben möchte, als sie ist, und man immer andere und etwas Äußeres für die eigene Situation verantwortlich macht, führt das zur Korruption des Willens, bis hin zur völligen Willenserstarrung.

Bei der Untersuchung konkreter Fälle, in denen die Seele in solchem Dauerkonflikt mit der Welt lebt, bin ich immer wieder auf Probleme in der frühen Kindheit gestoßen. Oftmals ist durch Erziehungsfehler und durch ein ungutes Milieu die frühkindliche Prägung ungesund verlaufen, so daß das Infantile, das Konsumelement, das ja im ersten Lebensjahrsiebt voll berechtigt ist, sich zu lange im Leben halten konnte. Dazu gehören z.B. auch Süchte, wobei man nicht nur an Alkohol oder Heroin denken muß. Man kann eben auch den anderen Menschen konsumieren, ihn benutzen und ihn, wenn er nicht so funktioniert, wie man es will, z.B. mit vorgetäuschten Krankheiten erpressen.

„Ich bin zu gut für diese Welt"

K.-D.N.: Die wesentliche Aufgabe wäre demnach bildlich die Befreiung aus dieser Tonne? Der Betroffene muß aus der Selbstfixierung rauskommen und sich wieder für die Welt öffnen. Er muß die Abkapselung überwinden.

O. Koob: Ja. Und vor allen Dingen muß er zu einem realistischen Bild von sich selber kommen. Das Gesundschrumpfen gehört eben auch dazu. Das ist für mich ganz merkwürdig, daß man eine Art luziferisches Bild von sich selbst hat

Melancholiker, 16.Jh.
Paris, École des Beaux-Arts

und dabei nicht fähig ist, in die Wirklichkeit seines eigenen Menschseins hinabzusteigen.

K.-D.N.: „Ich bin zu gut für diese Welt. Und keiner erkennt mich. Keiner hat mich lieb, obwohl ich so gut bin."

O. Koob: Wenn in der Kindheit der innere Mensch, den man mitbringt, nie angesprochen wird, kann das vielleicht auch eine Art Selbstschutz sein. Man ist nicht erlöst worden aus seinem Glassarg, den man sich selbst geschaffen hat. Diese Empfindung kann also durchaus auch gerechtfertigt sein, wenn ein Mensch in seinem innersten Wesen tatsächlich nie erkannt worden ist.

Die Arbeit des Therapeuten muß sich nun darauf richten, herauszufinden, wo das seine Wurzel hat. Mir erscheint das manchmal auch wie eine Art Verzauberung. Und man fragt sich, wieso der betreffende Mensch eigentlich gar nicht da ist. Er erträumt sich sein Bild. Ich denke, das betrifft sehr viele Menschen, denn fast jeder hat das Gefühl, das Eigentliche sei von den anderen noch gar nicht entdeckt worden.

K.-D.N.: Das Bild, das man von sich hat, wird aber auch in den allermeisten Fällen nicht gelebt.

O. Koob: Ja, genau. Wenn man den Mut hat, kann man versuchen, es zu leben. Dann wird man vielleicht Menschen verlieren, die ein ganz anderes Bild von einem hatten. Die wenigsten von uns haben aber den Mut, man paßt sich an, und dann kommt man in so ein innerliches Träumen hinein, das man auch mit vielen verschiedenen Dingen bedienen kann.

Schicksalsbejahung und Eigenverantwortung

K.-D.N.: Ein wichtiger Aspekt der seelischen Therapie ist die Aufarbeitung des Vergangenen. Wie geht man dabei praktisch vor? Wie kommt man zu einer Erlebnisbewältigung, insbesondere zur Bewältigung von schweren, traumatischen Erlebnissen?

O. Koob: Das ist im Grunde genommen ein anamnestisches Verfahren, das nach jeder psychologischen Schule anders vonstatten geht. Die erste Voraussetzung ist natürlich, daß der Therapeut ein echtes Interesse an dem jeweiligen Menschen hat. Dann muß er zunächst einmal schauen, was in der Vergangenheit passiert ist und welche Bedeutung das für den Patienten gehabt hat. Das herauszufinden ist nicht einfach, denn man kann sich leicht täuschen, wenn man nach einem abstrakten Verfahren vorgeht und danach beurteilen will, welchen Stellenwert bestimmte Erlebnisse haben. So kann es z.B. vorkommen, daß scheinbar nicht so schwerwiegende seelische Verletzungen in der Kindheit und Jugend, die dem Therapeuten vielleicht unbedeutend erscheinen mögen, für den Patienten einen ungeheuer hohen Stellenwert haben.

Im ersten Schritt kann man es also mit Nietzsche halten, der gesagt hat: „Alles, was ins Bewußtsein kommt, ist gut." Das Vergangene muß man erstmal heraufholen aus der Vergessenheit und ohne vorschnelle Beurteilung anschauen.

Im zweiten Schritt sollte man dann versuchen, ein Verständnis dafür zu bekommen, warum das gerade dieser Individualität passiert ist. Auch das ist gewiß nicht leicht. In den meisten Fällen gelingt einem das gar nicht, man steht zunächst vor einem Rätsel.

Der dritte Schritt wäre, daß man auch gemeinsam Gedanken vom Schicksal zu entwickeln versucht und etwa sagt: „Das ist ein Teil Deines Schicksals, und Du hast die Aufgabe, das anzunehmen. Das kann aus der Vergangenheit kommen, das kann Dir aber auch Impulse für die Zukunft geben. Es muß nicht alles mit der Vergangenheit zusammenhängen." Ich denke, daß die Identifikation mit dem, was nunmal da ist, ein ganz wichtiger Schritt ist. Und da müssen wir den Patienten hinbringen, denn sonst kann er sich nicht entwickeln. Das ist ja ein Merkmal des Infantilen, daß man etwas nicht in seine Verantwortung nehmen will oder kann.

K.-D.N.: Das Wichtigste ist also das Bejahen dessen, was ist?

O. Koob: Ja. Was man dann daraus macht, ist noch eine andere Sache. Man kann im Leben durchaus Wunden haben, die bleiben, aber die einen vielleicht auch nicht stören, wenn man gewisse Dinge machen möchte. Es gibt kein wundenfreies Leben, aber man kann auch nicht immer die Wunden lecken.

Den inneren Menschen verwirklichen

K.-D.N.: Wie kommt man dahin, sich wieder Lebensziele zu erarbeiten, die tatsächlich greifen und nicht nur im Kopf bleiben?

O. Koob: Wenn ein Lebensideal aus der Seele aufsteigt, aus den tiefsten Tiefen des Menschen, dann habe ich immer das Gefühl, daß der Mensch diese Verwirklichungssehnsucht aus dem Vorgeburtlichen mitgebracht hat, wie auch immer diese Sehnsucht sich zunächst äußern mag. Die kann einem zunächst vielleicht auch ganz absurd erscheinen.

Es ist ein fundamentaler Unterschied, wenn man bloß abstrakte Ideale entwickelt: „Der Mensch muß für die Zukunft dies und jenes entwickeln." Solche abstrakten Ideale könnte man auch aus der Anthroposophie begründen, indem man z.B. einen Text von Rudolf Steiner liest, wie der Mensch die Bewußtseinsseele entwickeln müßte. Das geht erstmal in den Kopf.

Aus der Seele steigen ganz andere Kräfte auf. Und für mich war es immer wichtig zu versuchen, an diese Kräfte heranzukommen, die man aus dem Vorgeburtlichen mitgebracht hat. Das ist mein erster Zugang: Wo sind innere Impulse durch Lebensumstände verschüttet worden? Wie kann ich wieder an die ursprünglichen inneren Bilder und Kräfte herankommen, die sich nie richtig entfalten konnten?

Und im zweiten Schritt: Gibt es Möglichkeiten, Dinge nachzuholen und ein Milieu zu finden, in dem sich dieser innere Mensch verwirklichen kann? Dazu muß man sehr individuell und intuitiv vorgehen. Das kann mal eine Sehnsucht nach Asien sein, mal zu einer bestimmten Berufsausübung usw.

K.-D.N.: Wie erzeugt man Aktivität im Denken, Fühlen und Wollen?

O. Koob: Wir leben in einer Zeit, in der man sehr stark in der Passivität versinken kann – auf körperlichem, seelischem und geistigem Gebiet –, wenn es einem nicht gelingt, eigene Ziele zu entwickeln. Man braucht diesen Antrieb, und man braucht auch immer ausgleichende Tätigkeiten.

Wenn man nicht das Glück hat, einen Beruf zu haben, in dem man schöpferisch und eigeninitiativ sein kann, muß man ausgleichende Interessensgebiete und Tätigkeiten finden. Hier ist insbesondere die künstlerische Betätigung zu nennen, die ja auch in der Therapie angewandt wird und bei der das gedankliche Element sicher das schwächste ist.

Man kann sich auch die Aufgabe stellen, ein bestimmtes Thema gründlich zu erarbeiten. Wenn ich z.B. ein Buch erarbeite – das muß natürlich nicht immer gleich ein Buch sein –, dann merke ich, daß meine Stimmungen ausgeglichen werden. Dann bessert sich auch meine leibliche Situation, mein Blutdruck wird besser etc. Mein gesamtes Befinden reguliert sich, ich werde im wahrsten Sinne des Wortes ausgeglichen. Wenn ich aber keine eigenen Ziele habe, eine Art Vakuum entsteht, spüre ich, daß es mir schlechtgeht. Aber wenn man weiß, daß diese Phasen vorübergehen, kann man solche Durststrecken auch durchstehen.

K.-D.N.: Das kann aber auch zur Übertünchung führen. Wenn man erlebt, daß die Niedergeschlagenheit und Bedrängnisse zurückstehen, sobald man arbeitet und konzentriert über sachliche Zusammenhänge denkt, besteht auch die Gefahr, daß man sich fortwährend in Arbeit stürzt.

O. Koob: Natürlich gibt es auch die Gefahr der Arbeitssucht. Daher wäre es auch ideal, wenn man im Denken, Fühlen und Wollen immer gewisse Ausgleiche findet. Die sind aber sehr individuell. Die müssen auch beim Patienten individuell aktiviert werden, ich muß Einseitigkeiten erkennen.

Damit kommen wir wieder auf das Gemüt zu sprechen: Wir finden in der Kultur und in der individuellen Entwicklung immer mehr Einseitigkeiten. Denken, Fühlen und Wollen verlieren den Zusammenhang. Ich habe den Eindruck, daß der Mensch in der Gemütssphäre immer mehr auseinanderbricht. Und das Manko, bei uns allen, liegt in der Mitte. Auch die Süchtigen beklagen immer wieder die soziale Kälte und Gemütlosigkeit. – Ich erlebe auch häufig unter Anthroposophen, daß in dieser mittleren Gemütssphäre viel an Erstarrung, an Kälte da ist. Man weiß womöglich sehr viel, aber die Gefühle kommen gar nicht richtig nach. Das hat vielleicht auch damit zu tun, was Rudolf Steiner in „Wie erlangt man Erkenntnisse der höheren Welten?" (GA 10) ausführt: „Jede Idee, die dir nicht zum Ideal wird, ertötet in dir Lebenskräfte." Man braucht sich nur vorzustellen, wie viele Ideen man aufnimmt und wie wenige zu Ideale werden. Dadurch gehen Lebenskräfte zugrunde, sie werden niedergeschlagen, deprimiert.

Weltinteresse stärkt das Ich

K.-D.N.: Ein gewissermaßen homöopathisches Vorgehen auf seelischer Ebene wäre, Gleiches mit Gleichem zu behandeln. Daher sagt Thomas von Aquin auch, man solle die Leiden des Herrn anschauen. Warum sollte man auf das Leid anderer und das Leid der Welt schauen?

O. Koob: In dem Maße, in dem man von sich wegkommt, gesundet auch das Seelenleben. In der Psychologie gibt es den interessanten Begriff der Paradoxie des Ich, d.h. je mehr der Mensch von sich wegkommt, sich für die Welt interessiert und sich mit ihr verbindet, desto reicher und stärker wird er.

Man darf nicht sein eigenes Elend fixieren, sondern sollte, je nach Art seines Charakters, Situationen aufsuchen, in denen man sich für andere, wie auch immer leidende Menschen engagieren muß. Dann läßt man sich selber los, dann geht es einem tatsächlich besser.

K.-D.N.: Rudolf Steiner sieht folgenden Zusammenhang von Weltinteresse und eigenem Befinden:

„Dieses Entgegengehen der Zukunftsbestimmung können wir uns aber nicht anders aneignen, als wenn wir unsere Interessen immer weiter und weiter machen; das heißt aber mit anderen Worten: Wenn wir immer mehr von uns loskommen lernen. [...] Geht man ganz ehrlich mit sich zu Rate, so wird man zuletzt doch finden, daß eigentlich das Alleruninteressanteste von der ganzen Welt dasjenige ist, was man selber über sich im Kreise des engsten Ich denken und empfinden kann. Über dieses engste Ich empfinden und denken allerdings viele Menschen in der Gegenwart sehr viel. Daher ist ihr Leben so langweilig, daher sind sie unbefriedigt im Leben." (GA 190/1980/30.03.1919/S.104 f.)

Warum ist das Weltinteresse heute vielfach so schwach ausgebildet?

O. Koob: Das Weltinteresse muß man schon frühzeitig aktivieren. Das ist ein ganz wesentliches pädagogisches Problem. Der Mensch wird heute viel zu stark auf seine eigene Leiblichkeit gerichtet. Die Jugendlichen werden viel zu wenig zum Weltinteresse und zur Weltoffenheit erzogen. Man bekommt zwar Informationen, aber das ist ja noch kein Weltinteresse.

Lebensrealismus und Geistesgegenwart

K.-D.N.: Warum ist es für einen depressiven Menschen gut, Tagebuch zu führen?

O. Koob: Das ist eine Erfahrung, die Patienten gemacht haben und die ich auch selber gemacht habe. Es ist immer gut, wenn man ein gewisses gestaltendes Element aus sich heraussetzt. Diese verobjektivierende Geste, etwas aus sich herauszusetzen und zu formen, zu formulieren, habe ich immer wieder – auch bei Patienten – als eine Art Befreiung erlebt.

Es ist schon ein großer Fortschritt, daß man überhaupt etwas aus sich heraussetzen kann. Das gilt auch für die Tränen: Wenn ein Depressiver weint, wenn er fähig ist, Emotionen zuzulassen und auszudrücken, verbal oder emotional, hat man in der Therapie einen immens wichtigen Schritt geschafft.

K.-D.N.: Ich benutze jetzt einmal eine Aussage Tolstois, die Sie auch in Ihrem Buch bringen, und formuliere sie gleich als Frage: Wie kommt man dahin, ein Lebensrealist zu werden und das zu lieben, was man gerade tut, den Menschen am wichtigsten zu nehmen, der vor einem steht, und die Zeit am meisten zu schätzen, die einem am nächsten ist, den Augenblick?

O. Koob: Man lebt seelisch immer in einem Ungleichgewicht der Kräfte, die einen entweder in die Vergangenheit reißen oder in die Zukunft ziehen. Ich habe mir gedacht, als ich diesen Satz von Tolstoi las, daß er gut zum Ausdruck bringt, daß man eine Form von Geistesgegenwart entwickeln muß, um wirklich im Moment leben zu können. Ich habe bei mir selber in Momenten, in denen ich das kann, festgestellt, daß das für die Seele enorm gesund ist.

K.-D.N.: Das ist klar, aber wie kommt man dahin? Wie schafft man es z.B., wenn man mit anderen Menschen am Tisch sitzt, und das eigene Denken kreist und kreist um Dinge, die mit der Situation und den anwesenden Menschen gar nichts zu tun haben?

O. Koob: Das kann man nicht immer vermeiden. Es bedarf einer kontinuierlichen Anstrengung und Übung. Man kann nicht immer in dieser Konzentration leben. Es ist ein Übungsweg, sein Ich immer mehr an die Geistesgegenwart anzubinden. Man kann dazu Übungen machen, die Rudolf Steiner gibt und die

Sie ja auch in den FLENSBURGER HEFTEN (FH 47: „Übungen zur Selbsterziehung") gebracht haben, z.B. die sechs sogenannten Nebenübungen oder Übungen aus „Nervosität und Ichheit" (in GA 143), „Praktische Ausbildung des Denkens" (in GA 108) usw. Sie führen allmählich dazu, diese Präsenz immer umfassender herzustellen.

Der notwendige Gang durch die dunklen Tiefen

K.-D.N.: Kommen wir zu einigen geistigen Aspekten der Depression. Was kann die Frucht aus der Überwindung einer Depression für das Leben eines Menschen sein?

O. Koob: Eine Möglichkeit ist, daß der Mensch sich und die Welt danach ganz anders sieht. Jede Depression bedeutet auch eine Vertiefung. Man hat vielleicht mit einem falschen Bild von sich, in einem falschen Gedanken- und Gefühlsleben gelebt und wird jetzt sozusagen innerlich durchgekocht, geht in die Tiefe, auf den Grund. Das kann durchaus sein, daß man dadurch eine ganz neue Lebenshaltung bekommt, daß man lernt, die falschen Kleider abzuwerfen.

Ich kann das aus meiner eigenen Erfahrung sagen: Wenn man das durchhält, ohne daß man – wie das einmal genannt wurde – der Nacht künstliche Lichter aufsetzt, indem man z.B. Psychopharmaka nimmt, kann das eine enorme Frucht sein für das Leben. Man kann dann auch eine Nachreifung erleben, in der vieles vom Ballast abschmilzt.

Der Ausdruck „Die dunkle Nacht der Seele", den ich als Titel meines Buches gewählt habe, kommt von den Mystikern. Die mußten, bevor sie das Licht Gottes schauen konnten, durch die ganzen Dunkelheiten hindurch, und diesen Durchgang nannten sie „die dunkle Nacht der Seele". Dieser Gang durch die dunklen Tiefen scheint mir auch notwendig, um überhaupt das eigentliche Wesen zu erfassen und zu erfahren.

K.-D.N.: Meinen Sie jetzt das eigene Wesen?

O. Koob: Ja, erstmal das eigene. Und dabei geht es um die Frage: Wie bekomme ich das Fremdwesen aus mir heraus? Denn vieles, von dem wir meinen, es sei unser eigenes Wesen, was uns vielleicht traurig, aggressiv, verstört und depressiv macht, ist in Wirklichkeit oft gar nicht unser eigenes Wesen. Es ist etwas Fremdes, das uns eingeprägt ist und das wir mit unserem eigenen Wesen verwechseln.

K.-D.N.: Warum sind Selbstwerdung und Schicksalsverwirklichung immer von Ohnmachtsgefühlen begleitet?

O. Koob: Ohnmachtsgefühle resultieren daraus, daß man die oberflächliche luziferische Natur seines Selbst abschmelzen muß, also alles Äußerliche seines

Selbst, mit dem wir in Beruf, Konvention usw. eingebunden sind. Wenn man wirklich in die Tiefe geht, spürt man – wie Blaise Pascal das auch beschrieben hat –, daß man erst einmal vor einem Nichts steht, vor einem ganz Neuen, von dem man noch gar nichts weiß. Und dieses Erleben ist natürlich von starken Ohnmachtsgefühlen begleitet.

K.-D.N.: Sie bezeichnen in diesem Zusammenhang die Depression als die große Heilerin, die bewirkt, daß die Maske aus Äußerlichkeiten und Ablenkungen abfällt.

O. Koob: Das ist eine Frage von Sein und Schein. Wenn man vom wahren Wesenskern des Menschen ausgeht, dann muß man konstatieren, daß viele Menschen, sicher auch notgedrungen, in einer Scheinwelt leben, die mit ihrem eigenen Wesen nichts zu tun hat. Diese Diskrepanz wird immer größer.

Das wahre eigene Wesen ist also zugedeckt, man kennt es zunächst gar nicht. In der Depression hat man plötzlich nichts mehr, man hat nur noch Dunkelheit, und man kann dann seinem eigentlichen Wesen nahekommen, weil man merkt, daß alle die Dinge, die man vorher als wesentlich angesehen hat, plötzlich ganz unwesentlich werden.

Die seelische Not der Gegenwart

K.-D.N.: Gibt es besondere Zeitumstände, die heute Depressionen begünstigen können? Warum sind heute so viele Menschen anfällig für Gemütszustände wie Unzufriedenheit, Angst, Neid, Interesselosigkeit und innere Lähmung?

O. Koob: In unserer westlich-materialistisch ausgeprägten Kultur wird die Tendenz immer stärker – wir erleben das tagtäglich –, daß sich der einzelne Mensch isoliert fühlt. Der Mensch ist früher von der göttlich-geistigen Welt entfremdet worden, dann von der Natur, und ich habe den Eindruck, er wird jetzt sogar von sich selbst entfremdet. Menschen wissen oft gar nicht mehr, was ihr eigentliches Wesen und was ihre Aufgabe auf der Erde ist. So daß wir auch immer mehr Menschen haben, die sich in sich selber isolieren.

Zudem läßt unter den Menschen immer mehr die Fähigkeit nach, sich zu helfen. Das ganze Leben ist staatlich reguliert und durch das Versicherungswesen abgesichert. Das öffentliche soziale Leben ist bürokratisiert. Die Menschen verlernen, im sozialen Leben schöpferische Phantasie zu entfalten und zusammenzustehen, um aus Notsituationen etwas zu machen. Wenn keine Organisation da ist, dann sind sie verloren.

Das ist eine seelische Not der Gegenwart, an der man auch wirklich verzweifeln kann. Manchmal ist es den Menschen aber gar nicht bewußt, woran sie

Ernst Barlach, Magdeburger Ehrenmal (Detail), 1929
© Ernst und Hans Barlach Lizenzverwaltung Ratzeburg, 1995

verzweifeln, sie fühlen nur, daß irgend etwas im sozialen Zusammenhang nicht stimmt.

K.-D.N.: Was bedeutet es, wenn Rudolf Steiner vom Zeitalter der Bewußtseinsseele spricht? Welche Entwicklungsanforderungen sind heute an den Menschen gestellt?

O. Koob: Für den Kulturkreis, in dem wir leben, würde ich ganz einfach sagen, daß ein Mensch heute am Zeitgeist vorbeilebt, wenn er nicht von innen heraus ein eigenes klares Urteilsvermögen entwickelt. Er muß das Leben mit Bewußtsein durchdringen, beurteilen und gestalten können, z.B. auch die Auswahl der Ernährung, der Bücher und Ideen usw. Es wird einem so viel angeboten, der Mensch wird geradezu überschwemmt, und ich denke, daß es eine ganz wesentliche Aufgabe ist, Unterscheidungen treffen zu lernen, Urteile zu fällen über die Dinge und Ideen, mit denen man zu tun hat.

Und hier liegt auch eine besondere zeitbedingte Schwäche, denn, wenn man heute die Bewußtseinskräfte nicht entwickelt, wird man zu einem Menschen, der nicht mehr urteilsfähig ist und der daher immer mehr von außen bestimmt wird. So verstehe ich auch die Aussage Rudolf Steiners, daß das Ich, d.h. die eigentliche Individualität des Menschen, eigentlich erst in der Bewußtseinsseele heraustritt.

K.-D.N.: Inwiefern ist dieses Heraustreten notwendig von Erlebnissen der Einsamkeit begleitet?

O. Koob: Zu jedem Ichwerdungsimpuls gehört erst einmal die Vereinsamung dazu. Das ist das Janus-Gesicht unseres Ich: Einerseits müssen wir isoliert, einsam sein, um zu uns selbst zu finden, und andererseits sendet das Ich immer einen Hilferuf aus, sich mit anderen Ichen zu solidarisieren. Das ist auch ein wesentlicher Zwiespalt unserer Zeit.

Ich kenne das auch aus meinem privaten Leben: Am liebsten würde ich mit anderen Menschen zusammenleben, weiß aber, daß das unendlich schwierig sein und zu permanenten Auseinandersetzungen führen würde. So schwanke ich immer zwischen dem Alleinsein, von dem ich dann auch das Gefühl habe, daß es für mich eigentlich nicht das Richtige ist, und dem Zusammenleben mit anderen Menschen. Wie löse ich das Problem? Das ist eine Konfliktsituation.

Vor dem Abgrund des Bösen

K.-D.N.: Nach Rudolf Steiner überschreitet die Menschheit in unserer Zeit unbewußt die Schwelle zur geistigen Welt, wodurch Denken, Fühlen und Wollen den natürlichen Zusammenhang in der menschlichen Seele verlieren. Welche

Rolle spielt der Schwellenübertritt für die Häufigkeit, mit der heute seelische Störungen auftreten?

O. Koob: Das ist im einzelnen noch nicht genügend erforscht, um da ein abschließendes Bild zu haben. Man kann aber, wenn man von den seelischen Symptomen ausgeht, wohl sagen, daß die menschliche Seele immer mehr auseinanderfällt. Nur wenn das Ich stark genug wird – so Rudolf Steiner –, kann es Denken, Fühlen und Wollen zusammenhalten und auch unterscheiden, kann also den natürlichen Zusammenhalt in der Seele ersetzen.

Wenn nun der Mensch nicht mehr die seelische Geschlossenheit früherer Zeiten hat, die Ich-Kräfte aber noch nicht stark genug sind, dann fallen die Seelenkräfte auseinander, und der Mensch wird auch offener für äußere Einflüsse. Viele Störungen, die heute auftreten – die Dämonisierung von Seelenbereichen, Besessenheiten und partielle Verrücktheiten, wie Steiner das nennt –, sind wohl tatsächlich Resultate dieses nicht mehr vorhandenen Geschlossenseins. Der Mensch ist nicht mehr Herr im Hause, wenn er nicht bewußt etwas dafür tut.

K.-D.N.: Welche anderen geistigen Zeitumstände kämen noch als Dispositionen für seelische Störungen, insbesondere für die Depression, in Betracht?

O. Koob: Es gehört zur Zeitsignatur unseres Jahrhunderts, daß wir in der Welt einen Abgrund des Bösen und der Zerstörung erleben, den wir oft nicht mehr verstehen können. Rudolf Steiner weist darauf hin, daß wir heute die Aufgabe haben, uns mit dem Bösen auseinanderzusetzen. Wenn man diese Aufgabe nicht versteht, kann man doch wirklich depressiv und verzweifelt werden. Das Verstehen der Zeitereignisse ist heute eine wichtige Aufgabe. Wenn man den Zeitgeist nicht versteht, wird man von ihm in irgendeiner Art und Weise überrollt oder krank, oder wie auch immer man das nennen will.

Keine schnellen Heilungserfolge erwarten!

K.-D.N.: Wie kann man als Freund oder Partner einem Depressiven helfen?

O. Koob: Das ist sicherlich nicht einfach, das ist ganz klar. Zunächst muß man darauf verzichten, schnelle Erfolge haben zu wollen oder Dank zu ernten. Man hört ja oft Klagen von Angehörigen: „Jetzt kümmere ich mich schon zwei Monate um ihn, und es geht ihm immer noch nicht besser. Und er hat nicht einmal 'Danke' gesagt."

Man muß seinen Egoismus zurücknehmen und den Betreffenden einfach begleiten, so daß er langsam spürt: „Es ist jemand da, der mich auf dem notwendigen Gang durch die Dunkelheit begleitet." Man sollte versuchen, die Dunkelheit mit ihm zu teilen, ohne überall Kerzen anzustecken. Das scheint mir eine ganz wesentliche Sache zu sein. Daher ist ein Verständnis dafür notwendig, daß der betroffene Mensch nicht unwillig ist, sondern einfach nicht kann. Gerade bei der Depression braucht es seine Zeit, bis die Dinge verdaut worden sind.

Über die Wichtigkeit von Licht und Wärme haben wir bereits gesprochen. Licht hängt mit dem Bewußtsein zusammen, und Wärme hängt mit Zuwendung, mit Liebe zusammen. Wenn man einem Depressiven helfen will, kommt es darauf an, daß man eine soziale Wärmehülle aufbaut, aus der er nicht herausfällt, ohne dabei immer zu warten und ihn unter Druck zu setzen, daß er bald gesund werden muß. Sonst isoliert er sich nur noch mehr und endet vielleicht im Selbstmord.

K.-D.N.: Oft rufen bestimmte Lebensumstände die Depression mit hervor oder stützen sie, so daß man auch immer sehen muß, inwiefern die soziale Situation geändert werden muß, an der man als Angehöriger beteiligt ist.

O. Koob: Unbedingt. Das ist ganz wichtig. Es ist eine altbekannte Tatsache, daß derjenige, der die Krankheit auslebt, nicht der Verursacher der Krankheit sein muß. Es kann sein, daß ein Mensch in einem gestörten sozialen Zusammenhang lebt und diese Störung sich stellvertretend in ihm als Krankheit darlebt. Dann ist es ganz eindeutig, daß man eigentlich seine ganze Umgebung sanieren muß.

Das ist allerdings nicht einfach, weil man natürlich geneigt ist zu sagen: „Du bist depressiv, das ist Dein Problem, geh zum Arzt." Es gehört zu den schwierigsten Aufgaben, einem Menschen, der meint, er sei seelisch völlig gesund, klarzumachen, daß er eigentlich ein krankhaftes bzw. krankmachendes Verhalten hat.

Das Ich steht nackt auf sich selbst

K.-D.N.: Warum treten oft Anfang der 40er Jahre, in der Midlife-crisis, Depressionen auf?

O. Koob: Da gibt es natürlich sehr viele Aspekte. Einerseits ist es das Nachlassen der ganzen körperlichen Verfassung, der Mensch tritt in die Abbauphase ein. Das merkt man, man ist nicht mehr so wie früher. Und manche Dinge, die man bis dahin verdrängt hat, holen einen jetzt auf eine ganz merkwürdige Art und Weise ein. Man spürt auf einmal eine ganz andere Verwobenheit mit seiner Vergangenheit.

Dann habe ich erlebt, daß über 40 plötzlich ein Punkt kam, an dem ich den Eindruck hatte, daß das Ich gewissermaßen nackt dasteht: „Du stehst jetzt ganz auf Dir selbst." Man bekommt Einsamkeitsgefühle und eine ganz andere Beziehung zur Vergangenheit und Zukunft. Während man vorher das Gefühl hatte, noch unendlich viel vor sich zu haben, hat man jetzt plötzlich den Eindruck, schon das meiste hinter sich und kaum noch etwas vor sich zu haben.

K.-D.N.: Das Ziel liegt im Tal.

O. Koob: Ja, und die drängende Frage taucht auf: „Was hast Du überhaupt aus Deinem Leben gemacht?" Es können sich dann auch starke Gewissenskräfte regen: „Hast Du die Ziele, die Du Dir gesetzt hast, und Deine Hoffnungen und Sehnsüchte tatsächlich verwirklicht?" Dann kann einen manchmal das Gefühl beschleichen, daß man gar nicht richtig weitergekommen ist.

Das kann man auch erfahren, wenn man intensiv mit der Anthroposophie lebt, auch öffentlich mit ihr zu tun hat und dann einmal wieder „Wie erlangt man Erkenntnisse der höheren Welten?" (GA 10) liest und sich eingestehen muß, daß man eigentlich geistig gar nicht so recht weitergekommen ist. Man ist immer noch voller Vorurteile und und und.

Ich denke, daß man in diesem Alter die Aufgabe hat, sein Leben noch einmal auf eine andere Art und Weise in die Hände zu nehmen. Und wenn das ein Mensch nicht kann, wenn der geistige Aspekt nicht da ist, dann kann er an seinem eigenen Schicksal wirklich verzweifeln.

K.-D.N.: Was bedeutet in diesem Zusammenhang die fruchtbare Resignation?

O. Koob: Man muß in dieser Zeit lernen, das Versagen zu integrieren und gewisse äußere Dinge, die einem wertvoll gewesen sind, aufzugeben, und seinen inneren Menschen entwickeln. Wenn diese Wandlung nicht vollzogen wird, kann man immer wieder beobachten, daß Menschen in dieser Krise noch mehr nach außen gehen, Präsidenten von Tennisklubs werden usw. Das sind die Hochgefährdeten, wenn dann auch noch äußerlich etwas passiert. Wenn sie keine innere Substanz haben und dann in die Depression geraten, wird es wirklich sehr schwierig.

Johannes Rogalla von Bieberstein
**Die These von der Verschwörung
1776–1945**
Philosophen, Freimaurer, Juden, Liberale
und Sozialisten als Verschwörer gegen
die Sozialordnung
216 S., kt. DM 33,00
ISBN 3-926841-36-2

Carola Cutomo
**Medialität, Besessenheit,
Wahnsinn**
188 S., kt. DM 19,80
ISBN 3-926841-19-2

Klaus Engels
**Destruktive Kulte im Spannungs-
feld von Kirche und Gesellschaft**
212 S., kt. DM 28,00
ISBN 3-926841-46-X

Hans-Diedrich Fuhlendorf
**Rückkehr zum Paradies oder
Erbauen des Neuen Jerusalem?**
Geschichtsbetrachtungen in
apokalyptischer Zeit
352 S., kt. DM 39,00
ISBN 3-926841-37-0

Wolfgang Gädeke
**Anthroposophie und die
Fortbildung der Religion**
448 S., Leinen, DM 48,00
    ISBN 3-926841-23-0
    kt. DM 36,00
    ISBN 3-926841-24-9

Dieter Hornemann
Geheimnisvolles Afrika
Anthroposophische Arbeit im Urwald
102 S., 32 farb. Abb., kt. DM 26,00
ISBN 3-926841-60-5

Johannes Kiersch
Fragen an die Waldorfschule
148 S., kt. DM 19,80
ISBN 3-926841-33-8

Peter Krause
Das Judasproblem
Von den spirituellen Hintergründen der
Gewalt
128 S., kt. DM 19,80
ISBN 3-926841-38-9

Peter Krause
Feuer in Tschernobyl
Die Ukraine nach dem SuperGAU
168 S., 37 farb. Abb., kt. DM 28,00
ISBN 3-926841-58-3

Anschrift, Abo- und Bezugsbedingungen
siehe Impressum, 2. Umschlagseite.
Alle Titel auch im Buchhandel erhältlich.
Preisänderungen vorbehalten.

Peter Krause, Faustus Falkenhahn (Hg.)
Einsam – gemeinsam
Jugend im Gespräch
192 S., kt. DM 22,80
ISBN 3-926841-43-5

Ernst-Martin Krauss
Holzwege, Steinwege ...
Erlebnisse mit Elementarwesen
92 S., Großformat, 13 farb. Abb., geb. DM 56,00
ISBN 3-926841-35-4

Jukka Kuoppamäki
Einsam – gemeinsam
Jugendliche singen Lieder mit
Jukka Kuoppamäki
Musikkassette, DM 22,00

Andreas Meyer (Hg.)
Seele und Geist
Ansätze zu einer spirituellen
Seelentherapie
160 S., kt. DM 26,00
ISBN 3-926841-47-8

Heinz Schimmel (Hg.)
Tanz der Seelen
Der Tod als Verwandler der Seele. Die
Totentanzdichtung von Joachim Fernau
und ihre eurythmische Darstellung
108 S., 14 farb. Abb., kt. DM 25,00
ISBN 3-926841-53-2

FH 11
Über Tod und Sterben
3. Aufl., 264 S., kt. DM 24,80
ISBN 3-926841-11-7

FH 13
Hexen, New Age, Okkultismus
3. Aufl., 196 S., kt. DM 19,80
ISBN 3-926841-08-7

FH 14
Erneuerung der Religion
Die Christengemeinschaft, Sakramen-
te, Kirche und Kultus
4. Aufl., 184 S., kt. DM 16,80
ISBN 3-926841-07-9

FH 15
**Waldorfschule und
Anthroposophie**
3. Aufl., 132 S., kt. DM 9,80
ISBN 3-926841-00-1

FH 16
**Kulturvergiftung: Rauschgift,
Sucht und Therapie**
2. Aufl., 228 S., kt. DM 16,80
ISBN 3-926841-21-4

FH 17
Kulturvergiftung: Alkohol
2. Aufl., 160 S., kt. DM 16,80
ISBN 3-926841-34-6

FH 18
**Biologisch-dynamische Landwirt-
schaft, Ökologie, Ernährung**
2. Aufl., 184 S., kt. DM 19,80
ISBN 3-926841-03-6

FH 19
Musik
2. Aufl., 184 S., kt. DM 16,80
ISBN 3-926841-06-0

FH 20
Sexualität, Aids, Prostitution
2. Aufl., 170 S., kt. DM 14,80
ISBN 3-926841-09-5

FH 21
Aids
164 S., kt. DM 14,80
ISBN 3-926841-10-9

FH 22
Erkenntnis und Religion
Zum Verhältnis von Anthroposophischer
Gesellschaft und Christengemeinschaft
132 S., kt. DM 14,80
ISBN 3-926841-13-3

FH 23
Engel
2. Aufl., 172 S., 9 farb. Abb., kt. DM 19,80
ISBN 3-926841-15-X

FH 24
Direkte Demokratie / 1789–1989
240 S., kt. DM 14,80
ISBN 3-926841-16-8

FH 25
**Rechtsleben und soziale
Zukunftsimpulse**
Von der Dreigliederungsidee Rudolf
Steiners zur Volksgesetzgebung
244 S., kt. DM 16,80
ISBN 3-926841-17-6

FH 26
Michael
Januskopf Bundesrepublik
184 S., 8 farb. Abb., kt. DM 16,80
ISBN 3-926841-22-2

FH 27
**Strafprozeß, Strafvollzug,
Resozialisierung**
224 S., kt. DM 16,80
ISBN 3-926841-20-6

FH 28
Naturwissenschaft und Ethik
204 S., kt. DM 16,80
ISBN 3-926841-25-7